はじめに

　本書は日本語能力試験対策のためのテキストです。著者らは実際に国内外の日本語教育機関で、主に中国人学習者を対象に試験対策の授業をしてきたベテラン日本語教師です。

　日本語能力試験対策のテキストは数多く出版され、それぞれの用途に合わせて活用されています。本シリーズは N3〜N1 まで、各レベルに合わせて 3 冊用意しました。今回まず出版するのは N3 と N1 対策であり、N2 対策は本年 12 月出版予定です。このシリーズの筆者はすべて、既に 10 年前後日本語教育に携わってきています。

　本書の執筆者の郭冰雁氏は、小学校から国際学校で日本式の基礎教育を受け、高校時代にはすでに、中国の日本語学校で日本語教師として活躍した経歴の持ち主です。その後、名門、上海外国語大学で日本語学・日本文学を専攻しました。卒業後に来日、大学院で中国人日本語学習者の日本語文法習得および日本語教授法と関連づけて研究を続けています。今度出版するテキストは、院生時代に学んだ文法理論や記述分析を吸収し、長年民間の日本語学校で教えながら、改善を重ねてきたものです。したがって、どのようにしたら学習者にわかりやすく、文法理論を理解してもらえるのかについての配慮が、テキスト全体に反映されます。郭冰雁氏は、高度な日本語力、真面目な研鑽の姿勢をもって、今まで『直撃考点　新日本語能力試験 N１/N2 全真模擬』（2013 外文社・中国北京）『中国人日本語学習者ための初級日本語文法新講義（N4 ・ N5 対応）』（2016 星雲社・東京）などを多数出版し、好評を博しました。

　共同執筆者の雍婧氏は、中国国内有数規模の日本語学習拠点—大連外国語大学で日本語・朝鮮語（韓国語）を専攻しました。卒業後に来日、一橋大学大学院西谷まり教授のもとで、日本語教育ための文法研究を続けています。そのため、学習者に対して、いかにわかりやすく伝えるかに配慮した記述になっています。また、雍婧氏は来日以来、中国人対象の日本語能力試験受験対策塾において、熱心な指導を続け、塾業界のカリスマ教師として学生に慕われています。

本書の主な特徴は、以下の４点です。

1．過去 25 年分（旧能力試験時代からの）出題文法項目・例文を網羅してあること。
2．詳しい解説・分析で、総合実力の短期間でアップを目指す構成になっていること。
3．豊富な例文・中国語の丁寧な解説対訳付きであること。
4．日本語学習者のためだけでなく、日本語教師が授業に活用しやすいように、配慮していること。

　本書が、自習用教材としても、授業用教材としても有効に活用されることを期待しています。

NPO 法人国際教育開発協会理事長
一般社団法人応用日本語教育協会会長
高見澤　孟　平成 28 年 7 月

読者の皆さんへ

　2010 年度から「新しい日本語能力試験」実施されて以来、N1 試験を受たことがある受験生、あるいは公式問題を練習としてやったことがある準受験者は、こういうことに気づいたでしょう。文法部分の問題は旧来の 1 級レベル、いわゆる『出題基準』項目からだけでなく、初級・中級文法項目からも毎回 5 ～ 8 問ぐらい出ているということです。「旧来の 1 級文法なら、一応大きな問題がない。一番頭を痛めさせられるのは、初級・中級の応用文法と 1 級レベルよりも若干高めの「超級表現」（文法項目）でしょう。次回の試験にどんな問題が出るのか、どんな問題が出やすいのか、まったくわかりません。」と不安そうな顔をして苦情を訴えてくる学習者が少なくありません。

　著者は実際 25 年分の過去問パターンを分析してみると、旧来の『出題基準』を超えて、出題される文法問題と言っても、そんなに難しいというほどでもありませんが、大部分の表現は日常生活においてよく使われるものだったり、文章表現としてわりに多く用いられるものだったりです（極端に難しくてめったに使いそうもないものもあるが、それは例外とみなす）。つまり、日ごろ日本語の文章を丁寧に読んでいれば、そんなに心配することはないのです。

　また、一度出題されたものは、再び出題される傾向も高いものですから、これらの文法項目の意味や使い方を身に付けるのはとても必要だと思います。

　本書では、旧来の『出題基準』にある文法項目および過去実際に出題されていた『出題基準』にない文法項目をまとめたうえで、説明すると同時に、出題傾向を踏まえて、「超級表現 115 項目」と「助詞・副詞・接続詞」を厳選し、詳しい解説と豊かな例文と注意事項を添えておきました。いわば、「日本語能力試験に出るかもしれない文法・表現」の本です。もちろん、本書に出ている項目が全て能力試験に出題されるという保証は、ありません。ただ、語学のレベル試験というものは、「これを知っていれば～級」という性格のものではなく、「～級なら、この程度のことを知っている」というのが本来の姿なのではないかと思います。N1 試験に合格しても、初級で基礎項目として学んだ助詞の使い方やヴォイスなどがうまく使えない、コミュニケーションができない、という学習者も大勢います。そこで、本書には、いわゆる「基準」だけにとらわれることなく、できるだけ実用性に富んでいる表現を載せるように心がけまし

た。たとえ、能力試験に出なくても、役に立つ表現がたくさんあるはずです。

　最後に、僭越ではありますが、本書をご覧になった先生方が「こんな表現もある」「これより必要なことがある」と学習者たちのニーズや状況の変化に対応した日本語教育を行っていってくださるなら、筆者としては、非常にうれしく思います。そして、学習者の皆さんが日本語能力試験という枠を超えて、より自然で豊かな日本語を身に付けることができるように心から願っています。

　本書の内容については至らない点、使いにくい点があると思います。お使いになった方々からお気付きの点、ご批評などをお寄せいただければ幸いでございます。なお、本書の作成にあたり、筆者の恩師、日本語教育界の大家である高見澤孟先生、一橋大学大学院言語社会研究科教授西谷まり先生にはたいへんお世話になりました。深く感謝いたします。

著　者

平成 28 年 9 月・東京

品詞・活用の呼び方

〈動　詞〉

五段動詞（グループⅠ・動詞１）	例	行く
一段動詞（グループⅡ・動詞２）	例	食べる
サ変動詞（グループⅢ・動詞３）	例	する、勉強する
動詞辞書形	例	食べる、行く
動詞ます形	例	食べ、行き
動詞て形	例	食べて、行って
動詞ない形	例	食べ、行か
動詞ている形	例	食べている、行っている
動詞た形	例	食べた、行った
動詞ば形	例	食べれば、行けば
動詞意向形	例	食べよう、行こう
動詞可能形	例	食べられる、行ける

〈名　詞〉

名詞	例	学生、雨

〈イ形容詞〉

イ形容詞辞書形	例	高い
イ形容詞ない形	例	高く
イ形容詞て形	例	高くて
イ形容詞た形	例	高かった
イ形容詞ば形	例	高ければ
イ形容詞語幹	例	高

〈ナ形容詞〉

ナ形容詞辞書形	例	元気だ
ナ形容詞ない形	例	元気では
ナ形容詞て形	例	元気で
ナ形容詞た形	例	元気だった
ナ形容詞語幹	例	元気

〈普通形〉

動詞	例	食べる、食べない、食べた、

食べなかった、食べている、

食べていない、食べていた、

食べていなかった

名詞	例	学生だ、学生ではない、

学生だった、学生ではなかった、

学生である、学生であった

イ形容詞	例	高い、高くない、高かった、

高くなかった

ナ形容詞	例	元気だ、元気ではない、

元気だった、元気ではなかった、

元気である、元気であった

〈名詞修飾形〉連体形

動詞	例	食べる、食べない、食べた、

食べなかった、食べている、

食べていない、食べていた、

食べていなかった

名詞	例	学生の、学生ではない、

学生だった、学生ではなかった、

学生である、学生であった

イ形容詞	例	高い、高くない、高かった、

高くなかった

ナ形容詞	例	元気な、元気ではない、

元気だった、元気ではなかった、

元気である、元気であった

活用の呼び方の対照（国語教育と日本語教育における称呼）

国語教育における呼び方	日本語教育における呼び方
体言（名詞・代名詞・数詞を含む）	⇒名詞
用言（動詞・形容詞・形容動詞）	○
五段動詞（行く）	⇒グループⅠ・Ⅰ類・動1（行く）
一段動詞（食べる）	⇒グループⅡ・Ⅱ類・動2（食べる）
サ変動詞（する）	⇒グループⅢ・Ⅲ類・動3（する）
カ変動詞（来る）	⇒グループⅢ・Ⅲ類・動3（来る）
形容詞（おいしい）	⇒イ形容詞
形容動詞（静かだ）	⇒ナ形容詞
敬体	⇒丁寧体
簡単体	⇒普通形
基本形	⇒辞書形
未然形	⇒ない形
連用形	⇒ます形/て形/た形
終止形	○
連体形	○
仮定形	⇒ば形
命令形	⇒命令形
推量形	⇒意向形

日本語能力試験過去問から抜粋した例文記号説明

試験改定前の例文記号（2010年以前、ただし2009年から年に2回実施される）

例：

…… （2008年1級）―過去の能力試験問題で、2008年1級の出題問題

…… （2009-1　1級）―過去の能力試験問題で、2009年7月1級の出題問題

…… （2009-2　1級）―過去の能力試験問題で、2009年12月1級の出題問題

試験改定後の例文記号（2010年以降）

例：

…… （2010-1　N1）―過去の能力試験問題で、2010年7月N1の出題問題

…… （2010-2　N1）―過去の能力試験問題で、2010年12月N1の出題問題

第1章　日本語能力試験 N1 基礎文型総整理

VI

x

第2章　差をつける重要「超級表現」115項目

第３章　文法付録　（助詞・副詞・接続詞）

第 1 章

日本語能力試験 N1
基礎文型
総整理

★スコアアップ

1 ～あっての

接 続	名詞A＋（が）あっての＋名詞B
意 味	AがあるからこそBの存在がある、AがなければBの結果も成立しない、という意味。
訳 文	表示条件，"有了Aオ有B；即如果没有A，B也无法成立"。
例 文	◇愛**あっての**結婚生活だ。愛がなければ一緒に暮らす意味がない。
	◇家族**あっての**私だ。仕事のために家族を犠牲にする気はない。
	◇国民**あっての**政治だから、国民の考えを大切にするべきである。
	◇あなた**あっての**私です。あなたがいなければ生きていけない。
	◇ことわざに『命**あっての**物種』というのがある。何事も命あってこそ成し得るのである。命がなくなればおしまいだ、ということだ。
	✎「物種」は、ものごとの元になるもの。
	有了生命オ会有一切；留得青山在，不怕没柴烧。
説 明	「～**あっての**ことだ/～**あっての**ものだ」の形式もよく使われる。
	后项也会以「こと」、「もの」的形式出现，构成「～あってのことだ/～あってのものだ」。
例 文	◇どんな小さな成功も努力**あっての**ことだ。（1997年1級）
	◇こうして私たちが商売を続けられるのも、お客様**あっての**ものと感謝しております。（2005年1級）
	◇つらい治療に耐え、病気を克服することができたのは、家族の励ましが**あっての**ことだ。（2007年1級）
	◇山田監督は私の恩人です。今の私があるのも監督**あっての**ことです。
	（2010-2　N1）
注 意	「A」の意義や恩恵を強調する。話者が必要・不可欠と思うことを表す言葉に付く。

2 ～（は）言うに及ばず

接 続	名詞＋は言うに及ばず、～も/さえも/まで
意 味	前件のことはもちろん、後件のことも同様である。前件のことは言うまでもなく、後件も同じである。付け加えを表す表現の一つで、書き言葉である。
訳 文	"前项自不必说，就连后项也同样……"。这个句型表示累加、递进。一般用于书面语。
例 文	◇連休中、海や山**は言うに及ばず**、公園や博物館まで親子連れで溢れていた。（2003年1級）
	◇彼は国内**は言うに及ばず**、世界的にも有名な映画監督だ。
	◇女性**は言うに及ばず**、男性も化粧をするようになってきた。

◇あの人は数学**は言うに及ばず**、他の科目の成績も抜群である。

◇テレビ**は言うに及ばず**、ラジオも新聞紙も東日本大震災のことを大いに取り上げて報道していた。

◇ウイルスはコンピューター**は言うに及ばず**、最近携帯電話にまで侵入しているらしい。

3 〜いかにも〜そうだ/らしい/ようだ

接続　いかにも〜イ/ナ形容詞語幹＋そうだ

いかにも〜動詞ます形＋そうだ

いかにも〜名詞＋らしい

いかにも〜ナ形容詞語幹＋らしい

いかにも〜イ形容詞/動詞普通形＋らしい

いかにも〜名詞の＋ようだ

いかにも〜ナ形容詞な＋ようだ

いかにも〜イ形容詞/動詞普通形＋ようだ

意味　外観の印象による推断と動作、行為の動き・変化を起こす兆候を表す様態助動詞「そうだ」、推量を表す助動詞「らしい」、比況を表す助動詞「ようだ」はすでに初級段階で学んだ。ここでは、副詞「いかにも」と呼応して、「まさにそのとおりの様子で、本当にそのとおりさまである」という意味を付け加えて、「〜そうだ/らしい/ようだ」を強調する用法である。

訳文　「そうだ」是表示根据视觉印象做出推断或动作行为变化的征兆的样态助动词，「らしい」是表示推测性判断的推量助动词，「ようだ」是表示比喻的比况助动词。这三个助动词我们在初级阶段也已经学过。这里同副词「いかにも」一起搭配使用时，带有"很像……"、"简直太像……"、"确实像……"的语气。「いかにも」是为了强调「〜そうだ/らしい/ようだ」的。

例文　◇帰国する日にパスポートをホテルに置き忘れてくるなんて、**いかにも**彼のやり**そうな**ことだ。（1994年1級）

◇食事にも困っているのに、彼女の前で「おれは銀行には貯金が1千万はある」なんて、**いかにも**見栄っ張りの彼**らしい**。

◇いつも時間にルーズな彼女のことだから、15分ぐらい遅れるのは**いかにも**あり**そうな**ことだ。

◇授業中先生に注意されたら、隣の席の友だちが、**いかにも**バカにした**ように**、ぼくを見て笑った。

◇韓国製テレビドラマ「冬のソナタ」のストーリーを聞くと、**いかにも**おもしろ**そうだ**が、あんなことは現実には起こりえない。

◇新しく登場したパソコンはいろいろな新機能が付いて、**いかにも**便

利<u>そうなんだ</u>が、値段が高くて私には買えない。

説　明	副詞「いかにも」は接尾語「〜らしい」と呼応して「いかにも〜名詞＋らしい」という形でも使える。「まさに、本当に、非常にその名詞の表す典型的性質にふさわしい」という意味を強調する言い方である。「名詞＋らしい」は初級文法項目に入っている。

例　文	◇今日は暖かくて<u>いかにも春らしい</u>天気だ。 ◇長い髪の毛にコートのボタンを外している彼の格好は<u>いかにも</u>芸術家<u>らしい</u>。 ◇彼女は<u>いかにも</u>国語教師<u>らしく</u>いつも丁寧で上品な言葉遣いをしている。 ◇黙って花を送ってくるなんて<u>いかにも彼らしかった</u>。今まで「あなたが好きだ」というどころか、手を握ってくれたことさえなかったのに。

4　〜いかんで（は）/いかんによっては　〜いかんにかかっている/いかんだ

接　続	名詞（の）＋いかんで/いかんでは/いかんによっては 　　　　　　　いかんにかかっている/いかんだ

形　式	（１）〜いかんで/いかんでは/いかんによっては

意　味	主として程度や種類の違いを表す語に続き、「その状態次第で」という意味。書き言葉。「いかん（如何）」は漢語で「どうであるか」という意味。

訳　文	主要接在表示程度或种类差异的词语后面，表示"根据前项的情况来决定后项或采取相应的措施"。书面语。「いかん（如何）」是汉语词，"怎么样"的意思。

例　文	◇国の情勢<u>いかんによっては</u>訪問を中止することもある。 　　　　　　　　　　　　　　　　　　　　　　（1998 年 1 級） ◇出席状況・学業成績の<u>いかんでは</u>、奨学金の支給を停止することもある。（2006 年 1 級） ◇君の今学期の成績<u>いかんでは</u>進級できないかもしれないよ。 ◇出席するかどうかは、その日の体調<u>いかんで</u>決めさせていただきます。 ◇あなたの努力<u>いかんで</u>、入れる大学が決まるから、しっかり頑張ってね。 ◇向こうの対応の<u>いかんによっては</u>、更に強い措置を取るかもしれない。

注　意	①「〜いかんで」は「前件に対応して、あることが変わる。あることを決める」と言いたいときに使う。「次第で」と意味・用法が同じだが、硬い形式ばった言い方。

② 「〜いかんでは/いかんによっては」は、「そのうちのある場合は
…のこともある」と言いたいときに使う。後には、いろいろ事態の
うち可能性があるものが来る。例えば「〜かもしれない/〜ことも
ある/〜違う/〜可能性がある」。「次第では」と意味・用法が同じ
だが、硬い形式ばった言い方。

形　式	（2）〜いかんにかかっている/いかんだ
意　味	文末に置くと、「ある事柄が実現するかどうかはその内容・状態による」という意味を表す。書き言葉。「次第だ」と意味・用法が同じだが、硬い形式ばった言い方。
訳　文	置于句末，表示"某事态能否实现全取决于前项的内容、状态"。书面语。用法与「次第だ」一样，只是本句型是较为生硬郑重的说法。
例　文	◇わが社の将来は、君たち若い社員の努力**いかんだ**。 ◇試合で逆転できるかどうかは、選手たちの意志**いかんだ**。 ◇幸福な人生を送れるかどうかは、本人の考え方**いかんだ**。 ◇今回の不祥事をどう扱うかは社員の考え方**いかんにかかっている**。 ◇成績が伸びるかどうかは本人のこれからの努力**いかんにかかっている**。 ◇今回のスピーチコンテストに入賞できるかどうかは、出場前の準備**いかんにかかっている**。
慣用句	「いかんせん」：残念ながら、どうにもしようがない。 　　　　　　　　　　　　（很遗憾，无可奈何） 「いかんともしがたい」：どうしようもない。 　　　　　　　　　　　　（怎么也没办法、怎么也不好办）
例　文	◇新しいパソコンを購入したいのだが、**いかんせん**予算がない。 ◇今回の親睦旅行には、行きたいのはやまやまだが、**いかんせん**、この日出張が入っていてどうすることもできないんだ。 ✎「やまやま」は実際にはそうはいかないが、この上もなくそうしたい、ということを表す。 　表示实际上虽然没有或无法那样做，但却是一种极其渴望想要去做的心情。 ◇助けてやりたい気持ちはやまやまだが、私の力では、**いかんともしがたい**。 ◇ここまで癌が転移しているのでは、手術のしようがありません。申し訳ありませんが、**いかんともしがたい**です。

5　〜いかんにかかわらず/いかんによらず/いかんをとわず

接　続	名詞（の）＋いかんにかかわらず/いかんによらず/いかんをとわず
意　味	前のこととは関係なく、という意味。あらたまった言い方。

訳　文	不管前项如何，都不影响后项。是郑重的说法，多用于比较正式的场合。"不管…（如何）"、"不论……（如何）"。

例　文	◇参加不参加の**いかんをとわず**、15 日までにご返事をください。 ◇理由の**いかんにかかわらず**、無断欠勤は認めない。 ◇成否の**いかんをとわず**、やってみることが何よりも大切だ。 ◇わが社は学歴の**いかんによらず**、優秀な人材を採用する方針だ。 ◇最近は世論の影響で、国籍の**いかんにかかわらず**、採用試験を受けることができる自治体が増えてきている。 ◇この奨学金は留学生のためのものです。出身国の**いかんによらず**応募することができます。（1997 年 1 級） ◇出席欠席の**いかんによらず**、同封した葉書にてお返事くださるようお願いいたします。（2002 年 1 級） ◇一度使用した商品は理由の**いかんにかかわらず**、返品、交換には一切応じることはしません。（2009-1　1 級）

注　意	いろいろな違いや幅がある意味の言葉（学歴・天候・国籍・出身・成績・理由など）に付く。また、対立した語（成否・合否・出欠・採否・晴雨など）に付くことが多い。後には、前項に影響されないことを表す文が来る。

6　～（は）否めない（いな）

接　続	名詞（は）＋否めない
意　味	否定することができない、という意味。書き言葉。
訳　文	表示前项内容"不能否定、不能否认"。书面语。
例　文	◇介護制度の整備が遅れているという事実**は否めない**だろう。

（2014-1　N1）

◇この写真を見ると、彼がその時そこにいたという事実**は否めない**。
◇彼の失踪したということは決して**否めない**。
◇この地球上の多くの国がまだ発展途上国にあることは、**否めない**事実である。
◇パチンコをしている間、子供を車の中に放置していたための事故だから、親の保護能力がないこと**は否めない**。
◇この絵を見ると、不思議な幻想の世界へ導いていかれる感が**否めない**。

7　～（は）言わずもがな

接　続	（1）慣用表現として使われる。

意　味	「言わないほうがいい」、または「言わなくても知れる」という意味で、文語表現である。「〜もがな」は願望を表す助動詞で「〜といいなあ」という意味に相当する。
訳　文	相当于「言わないほうがいい」或「言わなくても知れる」的意思。"不说为好的……"、"不说也知道的……"。这是一个文语用法，"〜もがな"是表示愿望的助动词，相当于"〜といいなあ"的意思。
例　文	◇無用なことは**言わずもがな**だよ。（＝無用なことはむしろ言わないほうがよろしい） ◇彼女の前で**言わずもがな**のことを言ってしまって後悔した。 ◇あんまり腹が立ったので、つい**言わずもがな**のことを言ってしまった。（2000年1級）

接　続	（2）名詞＋は言わずもがな、まで（も）/は言わずもがなだ
意　味	「前件は言うまでもなく、後件まで〜」と言いたい時に使われる。「〜は言うまでもなく/は言うに及ばず」と同じ意味で古い言い方である。
訳　文	表示"前项自不必说，甚至连后项也是同样"的意思。跟「〜は言うまでもなく/は言うに及ばず」的用法和意思相同，也是一种比较陈旧的说法。
例　文	◇子ども**は言わずもがな**、大人までもこの新しいゲームに夢中になっているそうだ。 ◇水が無ければ生物のすべてが生きられないということ**は言わずもがな**のことだ。 ◇彼女はイギリスに住んでいたから、英語**は言わずもがな**だが、独語も仏語も達者だ。 ◇初心者に難しいの**は言わずもがな**だが、上級者でも登るのが難しい山だから、十分な装備が必要だ。 ◇単語を覚えようとしないのでは、外国語が上達しないの**は言わずもがな**だ。

8 　〜（よ）うが/（よ）うと

接　続	動詞意向形/イ形容詞-かろう＋が/と ナ形容詞・名詞-だろう・であろう＋が/と
意　味	「〜ても」の書き言葉的な表現で、たとえどんなことがあっても、後のことは成立する、自由だ、かまわない、という意味。前に、疑問詞（どんなに・いくら・たとえ・誰・何）がよく来る。「たとえ〜ても」と同じ。

訳　文	「～ても」的书面用语，表示不管有任何事情，后项的事情都是成立的、自由的、没关系的。前项常接（どんなに・いくら・たとえ・誰・何）等疑问词。 与「たとえ～ても」相同。"无论……都……"。
例　文	◇誰が何と言おうと、私の決意は変わりません。 （2007年1級） ◇私がだれと結婚しようが、お前にま関係はない。 ◇どんな悪人であろうと、どこかに良心は残っているはずだ。 　　　　　　　　　　　　　　　　　　　　　　　　　（2012-1　N1） ◇相手の意見に対して、どんな反論をしようと自由だが、自分の考えを一方的に押しつけるのはよくないと思う。 （2016-1　N1） ◇周囲がいかに反対しようが、自分でやると決めた以上は最後までやりぬいた。 ◇どんなに高かろうと、彼女の好きな物なら買ってあげます。
注　意	この文型は前件と無関係を強調する逆説の「～ても」なので、次のような用例では使えない。その点、「～ても」はどんな場合でも使える。 ◇歩いて行っても（×行こうが）、十分で着く。

9　～（よ）うが～（よ）うが/～（よ）うと～（よ）うと

接　続	動詞意向形＋が/と＋動詞意向形＋が/と イ形容詞-かろう＋が/と＋イ形容詞-かろう＋が/と ナ形容詞-だろう＋が/と＋ナ形容詞-だろう＋が/と 名詞-だろう・であろう＋が/と＋名詞-だろう・であろう＋が/と
意　味	「～ても～ても」の書き言葉的な表現で、たとえどんな条件があっても、後のことは成立する。また、対立した語や類似した語を重ねて使うことが多い。
訳　文	「～ても～ても」的书面用语，表示不管是任何条件，后项的事情都是成立的、不变的。另外，经常接续对立意义的词或类似意思的词进行连用叙述。"无论……也好，……也好（都……）"。
例　文	◇あいつ死のうが生きようが私に何の関係もない。 ◇ほかの人に笑われようがバカにされようが、やりたいことをやるつもりです。 ◇タバコの値段が上がろうと下がろうと、タバコを吸わない私にとってはどうでもいいことだ。 （2012-1　N1） ◇国会議員だろうが、公務員だろうが、税金を納めなければならない。 　　　　　　　　　　　　　　　　　　　　　　　　　（2005年1級） ◇彼は自転車がよほど好きらしい。雨だろうと雪だろうと、毎日楽しそうに自転車で通勤してくる。 （2012-2　N1）
注　意	後には、前の条件に影響されないことを表す表現（～変わらない/変

えない/かまわない）が来る。話者の判断・決意などを表す表現（〜
つもりだ/たい/自由だ/勝手だ）が来ることが多い。

10 〜（よ）うが〜まいが/（よ）うと〜まいと

接続	動詞意向形＋が/と＋動詞まい形＋が/と
意味	対立することがらを仮定してどちらの場合にも後のことが成立する、という意味。「〜ても〜なくても、関係なく〜」と無関係を強調する。
訳文	假定相对立的情况，不管在任何情况下（不管前项做或不做），后项情况都成立（结果都不会改变）。强调「〜ても〜なくても〜関係なく」这一与前项内容无关的意思。"无论是……还是不……都……"。
例文	◇雨が降**ろうが**降る**まいが**、私はピクニックに行きます。 ◇周囲の人が反対**しようとしまいと**、私の気持ちは変わらない。 <div align="right">（2004年1級）</div>◇もう君とは別れたのだから、私が結婚**しようがしまいが**、私の勝手でしょう。 ◇彼が来**ようが**来る**まいが**、時間になったら出発しましょう。 ◇部長が賛成**しようとしまいと**、このプロジェクトはぜひ実行に移したい。 ◇親が留学のための学費をくれ**ようが**、くれ**まいが**、僕は必ずなんとかして日本へ留学に行く。
注意	注意するのはAの場合もBの場合も成立することを表す「AにしろBにしろ/AにせよBにせよ」との違いであるが、意味の違いが、用法の違いを生むことがある。 ◇行こうが行くまいが、参加費はもらうよ。 （→行くにせよ行かないにせよ　○） ◇結婚しようとすまいと、私の自由よ。 （→結婚するにせよしないにせよ　×）

11 〜（よ）うか〜まいか

接続	動詞意向形＋か＋動詞まい形＋か
意味	前の行為について、するかどうか迷う場合に使う。
訳文	表示对是否做前项行为感到犹豫不决或不确定。"是不是……呢"。"是做……还是不做……呢"。
例文	◇そのことを彼に言**おうか**言う**まいか**、まだ決めていない。 ◇明日のパーティーに参加**しようかしまいか**、ずいぶん迷っている。 ◇大切な試験があるので、冬休みに国へ帰**ろうか**帰る**まいか**、考えて

います。

◇本物かどうかはっきり分からないから、買**おうか**買う**まいか**、決め
かねている。

◇本当のことを彼女に話**そうか**話す**まいか**とずいぶん迷っていました。

◇皆疲れてきたが、時間も限られているため、ここで暫く休憩し**よう**
かする**まいか**悩むところである。

注意	「〜（よ）うか〜まいか」は相手に行為の選択を迫る場合は使えない。

◇行くか行かないか（×行こうか行くまいか）、早く決めなさい。

12　〜（よ）うとも/くとも

接続	動詞意向形/イ形容詞-く＋とも
意味	「とも」は「ても」と同じ使い方。古めかしい言い方。「多くとも・少なくとも・早くとも・遅くとも・多少とも・ぜひとも」など副詞用法。
訳文	「とも」的用法与「ても」相同，是较为陈旧的说法。有「多くとも・少なくとも・早くとも・遅くとも・多少とも・ぜひとも」等副词用法。
例文	◇たとえ失敗しよう**とも**、やると決めた以上は必ずやります。

◇どんなに反対されよう**とも**、自分が正しいと思う道を進みたい。

（2001 年 1 級）

◇母はどんなに辛く**とも**、決して愚痴を言わなかった。

（2002 年 1 級）

◇どんなに離れていよう**とも**、家族のことを一刻も忘れたことはない。

◇どんなに語学力が高く**とも**、日々の情報収集を疎かにしてはいけな
い。

◇山田さんの送別会には、少なく**とも** 50 人は集まるだろう。

◇長年の大雪でこの一帯は多少**とも**被害を受けた。

◇都合のいいときに、ぜひ**とも**遊びに来てください。

注意	前に、疑問詞（どんなに・いくら・たとえ・誰・何）がよく来る。後には、前の条件に影響されないことを表す表現（〜変わらない/変えない/かまわない）が来る。話者の判断・決意などを表す表現（〜つもりだ/たい/自由だ/勝手だ）が来ることが多い。

13　〜うちに（は）/うちが

接続	（1）動詞普通形/イ形容詞普通形＋うちに（は）入らない 　　　　ナ形容詞＋な＋うちに（は）入らない

意　味	ある範囲には入らないという意味である。
訳　文	表示还不能进入某一范围。"算不上……"。"还称不上……"。
例　文	◇A「あなたは毎日運動しているそうですね。」 　B「いや、通勤の行き帰りに駅まで歩くだけで、運動する**うちに入らない**よ。」 ◇A「あなたは書道の練習をしているって、本当。」 　B「うん。でも、一日10分ばかり書いたって、それでは書道をやってる**うちには入らない**。」 ◇A「あたし、炊飯器でご飯を炊くことが得意だよ。」 　B「それだけじゃ、料理ができる**うちに入るだろうか**。」 ◇年下の子をやっつけたからって強い**うちには入らない**。それはいじめというものだ。 ◇一日二、三回トイレに行くぐらいは、仕事をサボった**うちに入らない**だろう。

接　続	（２）動詞普通形/イ形容詞普通形＋うちが～ 　　　ナ形容詞＋な＋うちが～ 　　　名詞＋の＋うちが～
意　味	ずっとある状態が続くなら一番いいという意味である。述語には「一番いい・最高だ・花だ・幸せだ」などが来る。
訳　文	表示某状态不发生变化而持续下去则最好、最宝贵。"在……时候最……"。
例　文	◇いくら福祉施設が充実してもやっぱり人生は丈夫な**うちが**一番楽しい。 ◇人生は若い**うちが**花だ。おれのような年になったら何もすることができなくなるんだ。 ◇どんなに苦労が多くつらい毎日でも、生きている**うちが**一番幸せなのだ。死んでしまえばそれまでだから。 ◇今の私にとっては、日本に残っている**うちが**最高だ。帰国したら最後、大家族の面倒を見なくちゃならない。

14　～（よ）うにも～ない/～に～ない

接　続	動詞意向形＋にも＋（可能）動詞ない形 動詞辞書形＋に＋（可能）動詞ない形
意　味	そのようにしたくてもできない、という意味。後の動詞は不可能動詞。
訳　文	表示因为既定的原因，即使想做某事也做不成、也没法做到。后续表示不可能的动词。"即使想……也不能/也没办法……"。

例　文	◇強風で、家から出よ**うにも**出**られなかった**。（1999 年 1 級）

◇強風で、家から出よ**うにも**出**られなかった**。（1999 年 1 級）

◇こんなに騒がしい部屋では、赤ん坊を寝かせよ**うにも**寝かせ**られない**。（2005 年 1 級）

◇風邪で喉が痛くて、声を出そ**うにも**出**せない**。（2009-1　1 級）

◇仕事がまだ終わっていないから、帰ろ**うにも**帰れ**ない**。

◇金もないし、働くこともなく、結婚しよ**うにも**でき**ない**。

◇何しろ言葉が通じないのだから、自分の意志を伝えよ**うにも**伝えら**れなくて**困った。

◇勉強に専念するためにアルバイトをすぐにでもやめたいがスタッフ不足からやめる**に**やめられ**ず**困っている。（2012-2　N1）

◇彼女が会社を辞めたのには、**言うに言えない**事情があったに違いない。（2008 年 1 級）

◇子供に大切な書類を汚されて、**泣くに泣けない**心境だ。

◇初めてのけんかでお互いに**引くに引けず**、仲直りのきっかけをつかめないでいた。

慣用句	「**言うに言えない苦労**」（无法用言语表达的辛苦）「**引くに引けない**」（想抽身也不可能）「**泣くに泣けない気持ち**」（想哭也哭不出来的心情）

注　意	前後は同じ動詞を使う。後の動詞は可能の動詞を使う。「～（よ）うにも～ない」は物理的事情で、「～したいと望んでいるが、何かの状況で制限されているのでできない」という気持ちを表す。「～に～ない」は心理的事情で、話し手自身が不可能なことを認めている。

15　おいそれとは～ない

接　続	おいそれと（は）～動詞可能形＋ない おいそれと（は）～動詞辞書形＋わけにはいかない
意　味	ある原因・理由により、安易に、気軽に行動をとることができない。
訳　文	表示因为某种原因而不能轻而易举地或不能贸然做某事。"不能贸然……"。"不能轻易……"。
例　文	◇私はまだ若くて経験が浅いので、そんな責任が重い仕事は**おいそれとは**引き受け**られない**。

◇私はまだ若くて経験が浅いので、そんな責任が重い仕事は**おいそれとは**引き受け**られない**。

◇その時、相手がナイフを突きつけたので、**おいそれとは**反抗でき**なかった**よ。しかたがなく有り金(がね)を全部出してやった。

◇檻(おり)の中の猛獣(もうじゅう)だからといって、**おいそれとは**近づけ**ない**。唸(うな)り声を聞いただけでも怖い。

◇有名大学を卒業したからといって、就職難の今の時代には**おいそれとは**いい仕事が見つかる**わけではない**。

◇翻訳という仕事は**おいそれとは**できるものでは**ない**。

16 〜思いをする/〜思いがする

接　続	名詞＋の＋思いをする/思いがする
	ナ形容詞＋な＋思いをする/思いがする
	動詞/イ形容詞辞書形＋思いをする/思いがする
意　味	物事から自然に感じられる心の状態を表すときに用いられる。過去の経験を感嘆する場合、「〜思いをした」を使う。感情を表す言葉に付くのが多い。前に来る言葉が比喩的表現の場合は「〜思いがする」。
訳　文	用于讲话人触景生情时抒发内心的感受。在叙述过去的经历时要用过去时的形式「〜思いをした」。多接在表示感情的词之后。当前项接续带有比喻意义性质的词时则常用「〜思いがする」。"我觉得……"。
例　文	◇山田さんは、この間彼自身が入院した時の話をして、「ぼくは手術の前には水が飲めなくて、それはつらい**思いをした**。」と言った。

（2002 年 1 級）

◇はじめてデートで相手の名前を間違えて呼んでしまい、ちょっと恥ずかしい**思いをした**。

◇とてもいい海外修学旅行で、楽しい**思いをした**。

◇嫌がらせをされたら、誰でも不快な**思いをする**だろう。

◇「巨大津波に夫も娘も奪われて、それこそ断腸（だんちょう）の**思いがした**」と彼女は涙ながらに語った。

◇医者のおかげで、危機を脱し、生き返った**思いがした**。

17 〜おり（に）/〜おりから

接　続	名詞＋の＋折（おり）（に）
	動詞辞書形・た形＋折（に）
意　味	あるいい機会に、という意味。あらたまった丁寧な言い方。後の文にはマイナスの事柄は来にくい。また、「イ形容詞/動詞＋おりから」「おりからの名詞で」の形で、手紙文などで「雨・嵐・寒さ・暑さ」などの気候や「円高・不況・不景気」などの社会状況を表す語に付いて、ちょうどそのようなときなのでと、相手を気遣ったり、ちょうどそのようなときに、あることが起こった、ということを表す。
訳　文	表示"以一件好事为契机"的意思。属于较为正式礼貌的说法。后半句很少出现消极的事情。另外，用「イ形容詞/動詞＋おりから」「おりからの名詞で」的形式，在书信体中接「雨・嵐・寒さ・暑さ」等表示气候或「円高・不況・不景気」等表示社会状况的词，意为"由于正处于这样的时候，所以……"等，表示对对方的关心，或正在这种时候，发生了某种事情。"当……的时候"、"值此……之际"。

例　文	◇このことは今度お目にかかった**折に**詳しくお話しいたします。

◇先月北海道に行った**折**、偶然昔の友だちに会った。

◇今度お宅にお伺いする**折には**、おいしいワインをお持ちします。

◇何かの**折に**わたしのことを思い出したら手紙をくださいね。

◇冷え込みの厳しい**折から**、お風邪など召されませんように。

◇寒さ厳しい**折から**、くれぐれもお体を大切にしてください。

◇海外旅行ブームがますます盛んになっているところへ、**おりからの** 円高で、連休の海外旅行客は40万人を越えるそうだ。

18 ～甲斐がある/甲斐があって/甲斐がない/甲斐もなく/～がい

接　続	（1）名詞＋の＋甲斐がある/甲斐があって/甲斐がない/甲斐もなく 　　　　動詞た形＋甲斐がある/甲斐があって/甲斐がない/甲斐もなく
意　味	行動の結果として予期どおりの効き目・効果がある（ない）。また、してみるだけの値打ちがある（ない）。「～かいもなく」は「～かいがなく」の強調の言い方である。主に文章語として使われる。
訳　文	肯定句表示某行为或动作收到了预期的效果，得到了应有的回报。或表示某行为动作做的有价值。否定句表示某行为或动作没收到预期的效果，没有得到应有的回报。或表示某行为动作做的没有价值。「～かいもなく」是「～かいがなく」的强调形式。主要用于书面语。"（不）值得……"、"（没有）白费……"、"（没）有……价值"。
例　文	◇応援の**かいもなく**、私のクラスのチームは一勝もできなかった。

(2008年1級)

◇必死の練習の**かいもなく**、オリンピックの代表選手には選ばれなかった。（2001年1級）

◇努力の**かいがあって**/努力した**かいがあって**、無事に大学院に進学した。

◇懸命の説得の**かいもなく**、彼女はとうとう大学を中退し、帰国して結婚した。

◇なんという見事な滝なんだろう。ああ、来てみた**かいがあった**ね。

◇今になってまったく違う意見を言われたのでは、みんながこれまで議論してきた**かいがなく**なるじゃないか。

接　続	（2）動詞ます形＋がいがある（ない）
意　味	基本的な意味は（1）と同じで、「～がい」が接尾語として使われるのが特徴である。文章語として用いられる。しかし、「生きがい」はよく口語で使われて、一つの単語としてすでに定着している。
訳　文	基本的意思同（1）一样。只不过是作为接尾辞的用法而已，属于书面

語用法。但是「生きがい」这个单词已经成为一个固定用语，常出现在
会话中。"（没）有……的价值·意义"、"（不）值得……"。

| 例　文 | ◇人間だれでも生き**がいのある**人生に憧れている。しかし、「生きがいのある人生」に対する理解は人によってさまざまであろう。 |

◇もっとやり**がいのある**仕事を見つけるためにと言って、彼は転々と
　　仕事を変えた。

◇彼がおいしい、おいしいと言ってくれるから、作り**がいがある**の。

◇忠告のし**がいがなく**、彼はバグダードに行ったきり帰ってこない。

◇映画を見た後に原作を読むほうが、人物像がはっきりしているので
　　読み**がいがある**。

19　～限りだ

接　続	イ形容詞＋限りだ
	ナ形容詞＋な＋限りだ
意　味	「たいへん～だ」という意味。自分の気持ちや感情を表す形容詞などに付く。
訳　文	"极其……、非常……"的意思。表示一种强烈的感情，接在自己的心情或感情的形容词后面。
例　文	◇小学校からずっと仲のよかった彼女が遠くに引っ越すのは、寂しい**限りだ**。（2005年1級）

◇自分の作品がこんなに大勢の人に評価されるとは、本当にうれしい
　　限りだ。（2008年1級）

◇ご結婚の披露宴に出席できないことは、残念な**かぎりだ**。

◇言葉が分からない外国で暮らして寂しい**かぎりだ**。

◇こんなすばらしい賞をいただけるなんて、幸せな**かぎりです**。

◇彼が宝くじで1000万円当たるなんて、羨ましい**かぎりだ**。

◇君たちが僕の味方になってくれるとは、心強い**かぎりだ**。

◇あの人は自分が悪いのに謝ろうとしない。全く腹立たしい**かぎりだ**。

慣用句	「あらん限り」（尽其所有）　「命の限り」（拼命的）
	「力の限り」（竭尽全力的）「贅沢の限り」（穷奢极侈的）
注　意	その事物の性質を述べるのではなくて、話者の感情を言う。感情を表す形容詞「寂しい・嬉しい・羨ましい・心細い・悲しい・残念な」などに付く。
説　明	多くの類義表現もあるが、代表的なものを挙げると、名詞に直接接続する「～極まる/極まりない」、「～の極み」や、「～といったらない」、「～のなんのって」や「～てたまらない/てしかたがない」などである。

20 〜が最後／〜たら最後

接 続	動詞た形＋が最後／ら最後
意 味	Xをすると必ずYという事態になる、という意味で、後には好ましくない動作がよくきて、もう全てがだめだ、という気持ちがある。前は確定の事実が強調されるので、「もし・もしも・万一」などの仮定を表す副詞とは使えない。
訳 文	表示做了前项X，就必然会出现后项Y的状况。后项常接不希望发生的动词，表示"一切全完了"的消极心情。前项强调确定的事实，不能与「もし・もしも・万一」等表示假定的副词连用。"一旦…就……"。
例 文	◇あの子はいったん遊びに出た**が最後**、暗くなるまで戻って来ない。 　　　　　　　　　　　　　　　　　　　　　　　（1997年1級） ◇こんな貴重な本は、一度手放した**が最後**、二度とこの手には戻って来ないだろう。（2005年1級） ◇信用というものは、いったん失った**が最後**、取り戻すのは難しい。 　　　　　　　　　　　　　　　　　　　　　　　（2008年1級） ◇このチャンスを逃した**が最後**、もう二度とチャンスは訪れまい。 ◇ここで保証人の印を押した**が最後**、借金に肩代わりをさせられるぞ。 ◇このキーをいったん押し**たら最後**、フロッピーの中のメモリーは全部消えてしまいます。 ◇それを言っ**たら最後**、君たち二人の友情は完全に壊れてしまうよ。 ◇恋愛は、煙草や麻薬のようなものだ。知らないうちはなくても平気なのに、味を覚えた**が最後**、理性では抑えがたい依存性につきまとわれる。
注 意	「ある出来事が起こったら、必ず」という意味を表し、後ろには話し手の意志や必然的に生じる状況を表す表現が続く。

21 〜かたがた

接 続	名詞＋かたがた
意 味	二つの目的を持って、あることをする、という意味。後には、「訪問・上京」などの移動動詞が来る。あらたまった、ビジネス関係の場面や手紙文でよく使う。「お礼」「お祝い」「お詫び」「お見舞い」「ごあいさつ」「ご報告」など限られた名詞にしか使えない。
訳 文	表示带着两个目的做某件事情。后项经常是「訪問・上京」等的移动动词。经常在郑重的商务场合或书信当中使用。一般只能用于「お礼」「お祝い」「お詫び」「お見舞い」「ごあいさつ」「ご報告」等名词。

例　文	◇帰国のあいさつ**かたがた**、土産を持って先生のお宅にお寄りしました。（1996 年 1 級） ◇先日お世話になったお礼**かたがた**、部長のお宅にお寄りしました。 （2000 年 1 級） ◇近くに用事があったものですから、先日のお礼**かたがた**伺いました。 （2008 年 1 級） ◇遅くなりましたが、本日はお詫び**かたがた**、ご注文の品をお届けにまいりました。 ◇友達が病気にかかったというのでお見舞い**かたがた**家を訪ねることにした。 ◇無事に卒業できたので、恩師にご報告**かたがた**、手紙を書いた。
注　意	「A かたがた B」の形をとり、同一主語文で使われ、同一時間帯の中で「A をする機会を使って、B をする」並行動作を表す。中級文型「A ついでに B」も似た意味を表すが、B は付け足しの行為で異なる時間帯の動作である。

22 ～傍ら（かたわ）

接　続	名詞＋の＋かたわら 動詞辞書形＋かたわら
意　味	長期間の職業を表す語について、何か決まった主要なことをしているほかに、別のこともしていることを表す。職業や立場を両立させているときに使う。書き言葉的な表現。
訳　文	前项接长时间的表示职业意义的词，表示在做规定的主要事情的同时，也做另外一件事。表示职业或立场两者兼顾。是属于书面用语的表达。
例　文	◇彼は勉学の**かたわら**、パン屋でアルバイトをしている。 ◇あの老人は小説を書く**かたわら**絵も書いている。　　（1998 年 1 級） ◇彼は会社勤めの**かたわら**、福祉活動に積極的に取り組んでいる。 （2004 年 1 級） ◇彼は歌手としての活動の**かたわら**、小説家としても活躍している。 （2009-1　1 級） ◇山川さんは不動産業を営む**かたわら**、暇を見つけてはボランティア活動をしている。 ◇田中教授は日本文学を教える**かたわら**、ロシア文学の翻訳もされている。
注　意	本業となる仕事を表す言葉に付く。後には、本業とは別の仕事や活動を表す文が来る。前後の動作は異なる時間帯で行われ、しかも習慣的な行為に用いることが多い。

23 ～がてら

接　続 名詞/動詞ます形＋がてら

意　味 あることをしに出かけたときに、それをよい機会に、それもする、という意味。主に移動を含む動作を表す名詞「散歩・買い物」などに付く。後にも、「歩く・行く・立ち寄る・買う」などの移動動詞がよく使われる。

訳　文 表示趁出去做某事的机会顺便兼做后项。主要接在「散歩・買い物」等移动性名词之后，后项也常接「歩く・行く・立ち寄る・買う」等移动动词。"顺便……"。

例　文 ◇散歩**がてら**、ちょっとたばこを買ってきます。　　　（1993年1級）
◇駅前のスーパーまで散歩**がてら**買い物に行った。　　　（1996年1級）
◇週末にはドライブ**がてら**、新しい博物館まで行ってみようと思う。
（2006年1級）
◇沖縄へ旅行し**がてら**昔の友人を訪ねました。
◇近くにお越しの際は、遊び**がてら**、うちにお寄りください。
◇来週、家族と墓参り**がてら**、ドライブに出かけるつもりだ。

注　意 「～がてら」は「Aをしている時間を使って、Bをする」と言う意味を強調する表現で、同一時間帯の中で、主たる動作Aに並行して、従たる動作Bをすることを表現する。

24 ～が早いか

接　続 動詞辞書形・た形＋が早いか

意　味 前の動作が起こってすぐ次の動作が起こることを表す。普通は自然現象の文や状態発生には使えない。瞬間的なことを表す動詞に付く。後には、少し気が急いで、期待感・意外感がある事実を表す文が来る。すでに起こった事柄を描写するので、後には「た」で過去時制を表す文がよく使われる。話者の希望・意志・命令・否定を表す文は来ない。また、話し手自身の動作には使えない。前件と後件は同一主体でも異主体でもよい。書き言葉。

訳　文 表示前项动作发生之后，紧接着马上发生了后项动作。一般不用于自然现象和表示状态发生的句子。接在表示瞬间性动词的后面。后项接续带有些许迫不及待的期待感、意外感的句子。因为是描述已经发生的情，所以后项常用表示过去时态的「た」结句。后项不能用表示说话人希望·意志·命令·否定等的句子。也不能接说话人自身的动作。前后两项可接同一主体，也可接不同主体。属于书面语。"刚刚……就……"、"一……就……"。

| 例　文 | ◇子供たちは動物園に着く**が早いか**おやつを食べだした。 |

（1996 年 1 級）

◇授業終了のベルを聞く**が早いか**、生徒たちは教室を飛び出して行った。（2006 年 1 級）

◇主人の足音を聞く**が早いか**子犬は駆け寄ってきた。

◇店が開く**が早いか**、お客はバーゲンセールのコーナーに殺到した。

◇その車は青信号に変わる**が早いか**、すごいスピードで飛び出していった。

◇その人気歌手のコンサートのチケットは発売になる**が早いか**、たちまち売り切れた。

×皆さん、会社が終わる~~が早いか~~すぐにビアガーデンに行きましょう。

→意志行為（終わったら　○）

×家に帰る~~が早いか~~、雨が降り出した。

→自然現象（帰るか帰らないうちに　○）

×娘は家に帰る~~が早いか~~、涙が出てきた。

→状態発生（帰ったとたん　○）

25　～がましい

接　続	名詞＋がましい
意　味	その名詞に近い様子であるという意味で、好ましくないことに用いられる。大抵決まった言い方のほうが多い。
訳　文	表示同所接続的那个名词的样子很近。用于消极评价。基本上为固定搭配。"近似……"、"类似……"、"有点……似的"。
例　文	◇親切も度が過ぎると、押し付け**がましく**感じられる。 ◇彼女は何か言い訳**がましい**目付きで私を見ていた。 ◇振られたらそれまでだ。女性には未練**がましい**振る舞いをするな。 ◇確かに色々お世話をしてくれたが、あの恩着せ**がましい**態度には呆れる。 ◇彼は催促**がましく**昨日貸してくれたお金の話を持ち出した。
注　意	そのほかの例：「弁解がましい、恨みがましい、晴れがましい」など。

26　～がやっとだ

接　続	名詞＋がやっとだ 動詞辞書形＋の＋がやっとだ
意　味	前項のことをするのが精一杯で、それ以上の余裕がない、それをすることぐらいしかできない、という意味。

- 19 -

| 訳 文 | 表示做前项已经是竭尽了最大的努力，没有精力或能力做更进一步的事情，勉强也就只能做前项了。"也就只能……"、"勉强能……"。 |

| 例 文 | ◇この本はすごく難しくて、一日に５ページ**がやっとだ**。 |

◇私の給料では、食べていくの**がやっとです**。

◇家の前の道は、狭くて、車一台が通るの**がやっとだ**。

◇手術後、退院したといっても立って歩くの**がやっと**といった状態だ。

◇あまりのショックに、彼はただ作り笑いでこたえるの**がやっとだ**った。

27　～からある/からする/からの

| 接 続 | 名詞＋からある/からする/からの |

| 意 味 | 量・数・値段の大きさ・高さ・多さを強調して、「だいたいそれぐらいか、それ以上」という意味。「～からある/からの」は、大きさ・長さ・重さ・広さ・深さなどを表す数量詞の後に付いて、それぐらいかそれ以上であることを強調する。値段を言う場合は「～からする」、人数を言う場合は「～からの」を使う。 |

| 訳 文 | 表示强调量、数、价格的大、高、多，"大致如此，在此之上"。「～からある/からの」接在表示大小、长度、重量、面积、深度等的数量词后，笼统的强调数量、数值之多之大。特指商品交易金额时使用「～からする」、特指人数时使用「～からの」。"多达……"、"高达……"、"重达……"、"超过……"、"足有……"。 |

| 例 文 | ◇身長２メートル**からある**大男が、突然、目の前に現れた。 |

(1999 年 1 級)

◇あそこの島には、20 メートル**からある**大蛇が棲んでいるそうだ。

◇このクラスの時計になりますと、150 万円**からする**でしょう。

◇新聞によると今度のテロ事件で 50 人**からの**死傷者が出たそうだ。

◇100 キロ**からある**荷物を３階まで運ぶには、足腰の強い人が３人は必要だ。（2006 年 1 級）

◇今日のスピーチ大会には 500 人**からの**人が集まった。

◇近所の人の話によると、彼は 2000 万円**からする**遺産を相続したそうだ。

| 注 意 | 時間に関する数やあまり少ない数量には使わない。例えば実際は１万円でも、その数量をどう感じるかで表現は異なる。 |

◇１万円ぽっちの鞄　＜その鞄をとても安いと感じている＞

　１万円しかない鞄　＜その鞄を安いと感じている＞

　１万円ばかりする鞄＜その鞄を少し高いと感じている＞

　１万円からする鞄　＜その鞄をとても高いと感じている＞

28 ～からなる

接 続	名詞＋からなる
意 味	名詞の後に付いて、「それによって構成されている」という意味を表す。文末に用いられるときは「～からなっている」となることが多いが、あらたまった書き言葉では「～からなる」も可能である。
訳 文	接在名词之后，表示“由其所构成”的意思。用在句末时常用「～からなっている」的形式，但在较为郑重的书面语中也可以使用「～からなる」。“由……所组成”、“由……构成”。
例 文	◇このテキストは 12 章<u>からなっている</u>。 ◇日本という国は四つの大きな島<u>からなっている</u>。 ◇この委員会は委員長以下 5 人の委員<u>からなっている</u>。 ◇日本の議会は参議院と衆議院と<u>からなる</u>。 ◇三つの主要な論点<u>からなる</u>議題を提案した。 ◇地震の被害を受けた地域に、10 数名の専門家<u>からなる</u>救援隊が派遣された。（2009-2　1級）
注 意	類形文型に「～からある」があり、混同しやすいので注意する必要がある。 ◇当校のサッカーチームは 20 人の部員から成る（×からある）。 ◇試験まで、まだ 10 日からある（×から成る）。

29 ～かれ～かれ

接 続	イ形容詞語幹＋かれ、反対語のイ形容詞語幹＋かれ
意 味	A であろうと、B であろうと同じ後件になる、という意味を表す。慣用語として使われるのが多いので、用いられる語がごく限られている。
訳 文	表示无论是 A 还是 B 都会出现相同的后项结果。多数为惯用形式，能使用的词汇有限。“不论……还是……”、“或……或……”。
例 文	◇遅<u>かれ</u>早<u>かれ</u>彼は必ず来るから、ちょっと待っていよう。 　　→（＝遅かろうと早かろうと） ◇世の中の人は誰でも多<u>かれ</u>少な<u>かれ</u>、悩みを持っているものだ。 ◇良<u>かれ</u>悪し<u>かれ</u>、自分の子なんだから、大切にしなければならない。 ◇値段が高<u>かれ</u>安<u>かれ</u>、彼女の好きなものだから、買わざるをえない。 ◇おいし<u>かれ</u>まず<u>かれ</u>、お腹が空いているから、どれもおいしく見える。
慣用句	「遅かれ早かれ」（或早或晚）「暑かれ寒かれ」（无论是冷是热） 「多かれ少なかれ」（或多或少）「高かれ安かれ」（无论便宜与否） 「良かれ悪しかれ」（无论是好是坏）

30 ～きどり

接　続	名詞＋きどり
意　味	それらしいふり・様子をする。話し手は普通好ましくないと思っている。たいしたことではないのにおおげさに、という話し手の非難・軽蔑の気持ちがある。動詞「気取る」の「ます形」。「ぶる」と同じ。
訳　文	装腔作势。说话人对此表示反感，没什么了不起的，却要摆出大派头。带有说话人责备、轻蔑的语气。是动词「気取る（装模作样）」的「ます形」。跟「ぶる」相同。"装出副……样子"、"摆出……姿态"。
例　文	◇あの先生のいかにも学者きどりの話し方が耳に障る。 ◇大学院に入ったばかりの彼は芸術家きどりで作品の解説を始めた。 ◇パーティーに現れた彼女は女優きどりで周囲に愛嬌を振りまいている。 ◇課長は評論家きどりでいろいろ批判はするくせに、実際には何も動こうとしない人だ。 ◇三年生になった長女は、先輩きどりで一年生の妹にいろいろ教えたりしている。

31 ～嫌いがある

接　続	名詞＋の＋嫌いがある 動詞辞書形＋嫌いがある
意　味	その人がそのようになりやすい、という意味で、本質的な傾向について批判的に使う。自然現象などの客観描写には使えない。マイナス評価の場合に用いる。
訳　文	表示某人具有某种消极倾向，是对于本质性倾向的一种批判性评价。不能用于自然现象等客观描写。使用在消极的评价上。"有…的倾向"。
例　文	◇人は年をとると、周りの人の忠告に耳を貸さなくなる嫌いがある。 ◇彼はいつも物事を悲観的に考える嫌いがある。　　　（2009-2　1級） ◇うちの社長はやさしくて、人は良いのだが、独断専行の嫌いがある。 ◇彼は性格は悪くはないが、人の言うことに耳を貸さない嫌いがある。 ◇あの新人は別に悪い人じゃないけど、馴れ馴れしく振る舞う嫌いがある。 ◇話をおもしろくするためだろうか、彼は物事を大げさに言う嫌いがある。
注　意	主に人を批判して言う。普通話者自身のことには使わない。全体的に強い言い方はせず、強さを抑える副詞（どうも・すこし・とかく・ともすれば）などを一緒に使うことが多い。

接　続	ナ形容詞語幹＋極まる/極まりない
	イ形容詞/ナ形容詞連体形＋こと＋極まりない
意　味	その状態が我慢できる極限である、という意味。話し手の主観的感情
	がある。書き言葉。「〜極まりない」も同じ。
訳　文	表示某种状态达到了承受的极限。带有说话人主观的感情色彩。书面
	语。「〜極まりない」表示的也是相同的意思。

例　文

◇食事をしているときまで、他人のたばこの煙を吸わされるのは、迷惑**きわまりない**。（2006年1級）

◇自ら進んでプロジェクトを企画したのに、途中で辞めるなんて無責任**きわまりない**。（2009-2　1級）

◇間違い電話をかけてきて謝りもしないとは、失礼**極まりない**。

（2010-1　N1）

◇酒、マージャン、女遊びと、君の生活は不健康**きわまりない**。

◇せっかくのいいチャンスを逃して、残念**極まりない**。

◇子供を駐車場で遊ばせるなんて、危険**極まりない**。

◇丁重**極まりない**ご挨拶をいただき、まことに恐縮でございます。

◇いかに平凡**極まる**人でも、その人なりの考えを持っている。

◇その話は他の人には面白く聞こえても私には退屈**極まる**ものだった。

注　意	マイナス評価の意味の形容動詞（漢語）「失礼・危険・迷惑・退屈・
	卑劣」に付くことが多い。また、過去時制・否定を表す「極まりなか
	った・極まらない」は使わない。

慣用句　「感極まる」（非常感動）

◇ついに初優勝を決めたその選手は、インタビュー中、**感極まって**涙を流した。

接　続	（1）動詞普通形＋くらい（ぐらい）なら、（むしろ・いっそ）〜
意　味	「前件をやるというより、むしろ後件をしたほうがいい」と軽く言っ
	たりする時に使う。
訳　文	"与其做前项还不如做后项的好"；"与其……倒不如……"。带有轻
	视的语气。

例　文

◇そのパソコン、捨てる**ぐらいなら**、私にください。（2003年1級）

◇途中でやめる**くらいなら**、（むしろ）やらないほうがましだ。

◇この暑い中を歩く**くらいなら**、（むしろ）家で寝ていたほうがいいと思う。

◇古いスタイルのものを模倣する**くらいなら**、（むしろ）新しくデザインしたほうがいい。

◇あのけちな男と結婚する**くらいなら**、死んだほうがましだ。

◇こんなつらい練習をする**くらいなら**、（いっそ）優勝を諦めてしまおう。

接　続	（2）動詞普通形＋くらい（ぐらい）なら、〜
意　味	普通ありえない事態が出てしまったら、こんな結果になるとは想像できる。
訳　文	如果连本不该出现的前项都出现了的话，更何况后项（后项会怎么样完全可以想象了）。
例　文	◇先生が分からない**ぐらいなら**、学生の私に分かるはずがない。 ◇いつも元気な山田さんが風邪を引く**ぐらいなら**、他の人は肺炎になっちゃうだろう。 ◇田中さんでも、怖がる**ぐらいなら**、私だったら泣き出してしまうだろう。 ◇公園を散歩するだけで疲れる**ぐらいなら**、山に登ったら途中で倒れてしまうだろう。 ◇ここが寒いと感じる**ぐらいなら**、北海道へ行ったら、びっくりするだろう。

34　〜こそすれ/こそなれ/こそあれ

接　続	名詞＋こそすれ、〜ない 動詞ます形＋こそすれ、〜ない イ形容詞く形＋こそなれ、〜ない ナ形容詞で形＋こそあれ、〜ない
意　味	「必ずAであり、決してBではない」と対照的に強調する気持ちを言う時に使う。
訳　文	以对照的形式表示只能是「こそすれ/なれ/あれ」所表明的事项而不是后者。"只能……而非……"。"唯有……决不……"。
例　文	◇A「あの男の話はユーモラスだろう。」 　B「いいえ、私はそう思っていません。彼の言い方は皮肉で**こそあれ**、決してユーモアとは言えません。」 ◇この製品を使えば家具の光沢を増し、美しく**こそなれ**、決して染みが残るようなことはない。 ◇今になっては前進**こそすれ**、後退など決してない。 ◇両国の溝はさらに深まり**こそすれ**、意見の一致を見るようなことは

期待できない。

◇私は英語を読め**こそすれ**、話すことは一向にできない。

35 ～（かの）ごとき/（かの）ごとく/（かの）ごとし

接　続	（1）動詞辞書形・た形＋（が）ごとき/ごとく/ごとし
	名詞＋の＋ごとき/ごとく/ごとし
意　味	文語の助動詞「ごとし」。連用形は「ごとく」、連体形は「ごとき」。
	何かに喩えて、「～ようだ」という意味。書き言葉。
訳　文	文言助动词「ごとし」。连用形是「ごとく」、连体形是「ごとき」。
	表示比喻。「～ようだ」的意思。书面语。"宛如……""好像……"。
例　文	◇あの人は氷の**ごとく**冷たい人だ。
	◇人生は航海の**如し**。光陰は矢の**如し**。
	◇人生は無常で、あたかも夢の**ごとし**。明日何が起こるか誰にでも分
	からない。
	◇彼女の心はさながら秋の空の**如く**移り変わってとてもつかめない。
	◇暑い日に草むしりをしていたら、汗が滝の**ごとく**流れてきた。
	（2005年1級）
	◇「反省」とは、あたかも他人を眺めるが**ごとく**自らを客観的に観察
	して行う精神活動である。（2011-2　N1）
注　意	前には、比喩を表す陳述副詞「あたかも・さながら・さも・まるで」
	よく来る。

接　続	（2）名詞/ナ形容詞＋である＋（かの）ごとき/ごとく
	イ形容詞/動詞連体形＋（かの）ごとき/ごとく
意　味	事実はそうではないが、そうであるかのようだ、という意味。
訳　文	表示看起来像是那样，而事实上并非如此。
例　文	◇彼の部屋は何ヶ月も掃除していない**かのごとく**汚い。
	◇彼は、事件には関係していない**かのごとく**、知らぬふりをしていた。
	（2000年1級）
	◇彼女の、春が来た**かのごとき**顔を見て、何かめでたいことがあった
	に違いないと思った。
	◇あの男は自分が無能である**かのごとき**ふりをしているが、実は非常
	にずる賢いだ。
	◇彼女はこのことを知っているはずなのに、全然聞いたことがない**か**
	のごとき態度だった。
	◇あの政治家は、いつも優柔不断である**かのごとく**振舞ってはいるが、
	実はそう簡単には真意を見せない狸である。

| 注　意 | 辞書形の「～かのごとし」は今ではほとんど使わない。 |

接　続	（3）名詞＋（の）ごとき
意　味	前の（人物）名詞を見下したり、否定したりする。前の名詞が自分自身の場合には謙遜の意味になる。
訳　文	表示鄙視或否定前項人物。当前項人物是自己的时候表示的則是謙虚的意思。
例　文	◇私ごとき能力は到底できない。（謙遜）

◇私ごとき能力は到底できない。（謙遜）
田中ごとき能力は到底できない。（軽蔑）
◇私のごとき未熟者にこんな重要な役が果たせるでしょうか。

（1997 年 1 級）

◇私ごとき新人にこんな大切な仕事ができるものかと心配です。
◇私の気持ちが、あなたごときに分かるものか。
◇今度の試合では、あいつごときに負けるものか。
◇うちのせがれごとき青二才(あおにさい)に、そんな立派な仕事ができるわけがない。

36　〜ことだし

接　続	動詞/イ形容詞普通形＋ことだし/ことですし
	ナ形容詞な＋ことだし/ことですし
意　味	判断・決定・希望などの理由や根拠となる状況を表す。話し言葉。丁寧な話し言葉は「～ことですし」。「し」は、緩やかな因果関係で、他にも理由がある、という含みがある。
訳　文	表示判断、決定、希望等的理由或根据。口語。郑重的口語是「～ことですし」。「し」表示前后的因果关系不是那么密切，并暗含有其他的理由。"也因为……"。
例　文	◇皆さんはもうお帰りになったことだし（＝帰ったし）、そろそろ会場を片付けましょう。（2003 年 1 級）

◇皆さんはもうお帰りになったことだし（＝帰ったし）、そろそろ会場を片付けましょう。（2003 年 1 級）
◇外国語が達者で、頭もいいことだし、いい仕事がきっと見つかるでしょう。
◇委員も大体揃ったことだし、予定時間も過ぎているので、そろそろ会を始めてはいかがですか。
◇お宅は私の家に近いことだし、ときどき遊びにおいでくださいね。
◇まあ、今日のプールをやめておきましょう。お子さんも風邪を引いていることですし。
◇できた料理もおいしそうなことだし、さあ、みなさん席にお就きになってください。

後には、判断・決定・要求・呼びかけを表す表現「～ましょう」、「～ましょうか」よく来る。

37 ～こととて

接　続	動詞/イ形容詞普通形＋こととて

ナ形容詞な＋こととて

名詞＋の＋こととて

意　味	「とて」は、原因や理由を表す接続助詞。よく後に謝罪や許しを求める言葉が来て、その理由を述べる。古めかしい丁寧な言い方。

訳　文	「とて」是表示原因、理由的接续助词。后项常接表示请求原谅、谢罪的词汇，阐述其理由。属于比较陈旧、委婉正式的说法。

例　文	◇新しい家を買うため見に行ったが、夜の**こととて**日当たりのことは分からなかった。（1998年1級）

◇連絡もなしにお客様がいらっしゃったが、急な**こととて**、何のおもてなしできなかった。（2001年1級）

◇知らぬ**こととて**、ご迷惑をおかけして、本当に申し訳ございませんでした。

◇先生に質問したいことがあったが、休み中の**こととて**、連絡が取れなかった。

◇司会が不慣れな**こととて**、会の進行に支障が出たことをお詫びします。

◇学会での発表は初めての**こととて**、すっかり緊張してしまった。

◇昼夜は賑やかなこの町も、早朝の**こととて**あたりに人影はなかった。

◇最近試験がある**こととて**、クラス会には欠席させていただきます。

38 ～ことなしに

接　続	動詞辞書形＋ことなしに

意　味	（1）XをしなかったらYはできない、という意味。硬い表現。「～がなくては/がなければ」と同じ。

訳　文	（1）如果没有做X，那么就不能做Y。生硬的表达方式。相当于「～がなくては/がなければ」。

例　文	◇人間は誰しも努力する**ことなしに**成功することは難しい。

◇リスクを負う**ことなしに**新しい道を切り開くことはできないだろう。

◇学年末試験を受ける**ことなしに**、進級は認められない。

◇人事部の許可を得る**ことなしに**、勝手に休みを取ることはできない。

◇農業での品種改良の技術は日々進歩している。しかし、どんなに優

れた技術であっても自然への影響を考える**ことなしに**は進められない。（2000年1級）

| 注意 | あることの成立のために、「X」が絶対に必要であると話者が評価していることを表す。話者が絶対に必要だと考えていることを表す言葉に付く。後には、否定表現が来る。 |

| 意味 | （2）XをしないでそのままYをする、という意味。書き言葉。「～をしないまま」と同じ。 |

| 訳文 | （2）在没有做X的状态下就那样做Y。书面语。相当于"～をしないまま"。 |

| 例文 | ◇私たちは三時間休む**ことなしに**歩き続けた。
◇先輩のアドバイスを聞く**ことなしに**仕事を始めた。それで失敗した。
◇私は一日も欠かす**ことなしに**日記をつけている。
◇溺れている子供を助けた男性は、名乗る**ことなしに**立ち去った。
◇戦時中、帰国の望みを叶える**ことなしに**大勢が亡くなった。
◇親友は、細かい事情を聞く**ことなしに**、私にお金を貸してくれた。
（2006年1級） |

39　～（た）ことにする

| 接続 | 名詞（だ）＋ということにする
ナ形容詞（だ）＋ということにする
動詞た形/動詞ない形＋ことにする |

| 意味 | 事実に反する前件を事実であるかのように扱うという意味であり、虚偽やごまかしを表す。 |

| 訳文 | 表示虽然不是这样的或虽然没有发生，但就当作是这样的或已经发生了，即将某事情按照事实相反的情况处理的意思。"就当作……"。 |

| 例文 | ◇私は妻が病気だという**ことにして**会社を休んだ。
◇敵をごまかすために、急死した将軍は非常に健康だという**ことにして**おこう。
◇レポートを10枚出して、試験を受けた**ことにして**もらった。
◇昨日の会に行かなかったが、どうか私が参加した**ことにして**くれないか。
◇今日のこと、あなたも知らない**ことにして**おいてね。 |

40　～ことは～が/けど

| 接続 | ナ形容詞な＋ことは、～が/けど |

イ形容詞普通形＋ことは、～が/けど

動詞普通形＋ことは、～が/けど

意味	前件のことを一応認めるが、積極的に評価を与えられない。過去のことを言う場合、前項は現在形でも過去形でもいい。

訳文	表示承认前项，但是并不给予积极评价。叙述过去发生的事情时，前项既可以用现在时，也可以用过去时。"虽然……但是……"、"尽管……但是……"。

例文	◇A「お元気ですか。」

　　B「元気な**ことは**元気だ**が**、お金に困っている。」

◇仕事がきつい**ことは**きつい**が**、家族のことを考えてやるしかない。

◇あの店の料理はおいしい**ことは**おいしい**けど**、ちょっと高すぎるよ。

◇A「彼に会いに行くの。」

　　B「ええ、会いに行く**ことは**行く**けれども**、いい顔を見せたくないわ。」

◇A「この本を読んだ？」

　　B「うん。読む/読んだ**ことは**読んだ**けど**、筆者が何を言いたいのかさっぱり分からなかった。」

41　～こともあって

接続	ナ形容詞な＋こともあって

イ形容詞普通形＋こともあって

動詞普通形＋こともあって

意味	一つの原因だけでなく、いくつの原因から一つを取り立てて言うときに使う。会話文の「～し、～」に相当する。

訳文	举出一个原因，暗示还有其他因素。与会话文中的「～し、～」意思基本一样。"也是因为……"、"再加上……的原因"。

例文	◇もともと体が弱い**こともあって**、すぐ病気になった。

◇脚本があまりよくなかった**こともあって**、このドラマの視聴率は低かった。

◇日本語を勉強した**こともあって**、一度は日本に行ってみたかった。

◇初めて東京に来た**こともあって**、私の目に映るものはすべて新鮮だった。

◇アルバイト先の仲間は、みんな年が近い**こともあって**、同世代ならではの話でいつも盛り上がっています。（2010-1　N1）

◇口述試験で先生の質問によく答えられなかった**こともあって**、落ちてしまった。

42 ～この上ない

接 続	ナ形容詞（なこと）＋この上ない イ形容詞辞書形＋こと＋この上ない
意 味	程度が非常に高いという意味である。話し手が感情的な言い方をする時に用いられる。普通はマイナス評価で使うことが多い。あらたまった書き言葉。
訳 文	表示程度非常高。用于抒发说话人的感情。一般多用于消极的评价，属于较为正式的书面语。"无比……"、"非常……"。
例 文	◇夜中に電話をかけてくるなんて、迷惑（なこと）**この上ない**。 ◇あの店員の態度は乱暴（なこと）**この上ない**。 ◇丁寧（なこと）**この上ない**あいさつをいただき、恐縮しております。 ◇その頃の留学生活は、寂しいこと**この上ない**毎日でした。 ◇いよいよ明日は結婚式です。嬉しいこと**この上ありません**。 ◇今年に入ってから年賀状は最低限の枚数を書いたが、デザインを考えたり印刷したり、おっくう（なこと）**この上ない**。

43 ～始末だ

接 続	動詞辞書形＋始末だ この/その/あの＋始末だ
意 味	誰かの行為によって、困った迷惑な情況が生じることを表す。話し手自身の行為にも使える。第三者の行為に使うと非難の気持ちがあり、自分の行為に使うと情けない、という気持ちがある。「始末」は名詞で、①よくない結果、②処理・対応の意味がある。
訳 文	由于某人的行为，发生了令人困惑或为难的后项状况。也可以用于说话人自身的行为。对第三者的行为使用时，带有对此人谴责的心情，对自身的行为使用时，带有令人泄气、遗憾的心情。"最后（沦落到）……"、"竟然到了……的地步"、"最后到了……的境地"。 「始末」是名词，有以下两种意思：①不好的结果，②处理、应对。
例 文	◇彼は散々借金をしたあげく、ついには人のお金まで盗む**始末**だった。 ◇彼は本当に仕事をする気があるのかどうか、疑いたくなる。遅刻はする、約束は忘れる、ついには居眠り運転で事故を起こす**始末だ**。 　　　　　　　　　　　　　　　　　　　　　　（2003年1級） ◇体を鍛えようとジョギングを始めたが、走りすぎて膝を痛めてしまい、病院に通う**始末だ**。（2006年1級） ◇「一人でできる」と言っていたあげく、結局は周りの人に大変な迷惑をかける**始末だ**った。

◇あの二人は犬猿の仲で、ちょっとしたことでもすぐ口論争になる<u>始末だ</u>。

◇最近仕事が忙しく、プライベートな時間がほとんどない。寝る時間さえ削る<u>始末だ</u>。

◇ああでもないこうでもないと迷惑をかけたあげく、あの<u>始末だ</u>。

（1996 年 1 級）

◇浮気を始めた彼は、妻のことを年寄り臭いとけちをつけたり、子供が邪魔だと不満を言ったりしていたが、ついに家を捨てて、愛人と一緒に暮らしている<u>始末だ</u>。

| 注　意 | 悪い結末を表す文に付く。普通、その前に悪い状態が続いていたことの説明がある。また始末を強調する言葉（あげく〜ついに・とうとう・〜まで）などを一緒に使うことも多い。 |

◇受ける大学の全てに不合格になる<u>始末だ</u>。　（悪い結末）

×必死に努力して志望大学に合格する~~始末だ~~。　（いい結果）

44　〜じみる

| 接　続 | 名詞＋じみる |

名詞＋じみた/じみている＋名詞

| 意　味 | 「〜の状態・様子のように見える」という意味。「〜めく」に近いが、話し手はそうであってほしくないと感じていて、消極的な意味に使われる。「じみる」は、動詞「しみる」で、好ましくないものがついて汚れる、という意味。 |

| 訳　文 | 表示"看起来像……的状态、样子"。意思类似「〜めく」，但带有说话人不希望是那种状态，所以多用于消极意义的表达。「じみる」是动词「しみる」浊音化而来，表示沾附着让人感觉肮脏的东西。 |

| 例　文 | ◇まだ若いのに、どうしてそんな年寄り<u>じみた</u>ことを言うんだ。 |

◇あの女は年を取ったのに、若い女の子<u>じみた</u>格好をしていて、どうも気に食わない。

◇そんな子ども<u>じみた</u>真似をして、恥ずかしくないんですか。

◇乞食（こじき）<u>じみた</u>格好をしているものの、銀行には金がうなっている。

◇彼の気違（きちが）い<u>じみた</u>行動を止めさせることはできなかった。

◇証人に脅迫（きょうはく）<u>じみた</u>言い方はやめなさい。

◇彼女は結婚してからというもの、すっかり所帯（しょたい）<u>じみて</u>しまったよね。

　✎「所帯じみた」は結婚などをしていつも家計のことばかり考えてはつらつとしたところがなくなる。

　　表示结婚后因总为家计等而烦心所累从而失去原有的生气，一副家庭妇女样。

45 〜ずくめ

接続	名詞＋ずくめ
	名詞＋ずくめの＋名詞

意味 身の回りであることが続いて起こったり、そのものでいっぱいだ、という意味。「黒ずくめ」「いいことずくめ」「ご馳走ずくめ」「規則ずくめ」「結構ずくめ」「異例ずくめ」など、定型化した言い方で使うことが多く、「赤ずくめ」「本ずくめ」などは使えない。

訳文 表示身边接二连三地发生或充满了某东西。经常使用「黒ずくめ」「いいことずくめ」「ご馳走ずくめ」「規則ずくめ」「結構ずくめ」「異例ずくめ」等固定的表达，不能使用「赤ずくめ」「本ずくめ」等。"全是……"、"都是……"、"清一色……"。

例文 ◇今日は朝からいいこと**ずくめ**で幸せな気分だ。（1996年1級）
◇今年は、息子の結婚、孫の誕生と、めでたいこと**ずくめ**の一年だった。（2005年1級）
◇この燃料は、空気も汚さないし、費用も安く抑えられる。本当にいいこと**ずくめ**だ。（2008年1級）
◇葬式だから、来ている人はみな黒**ずくめ**の服を着ている。
◇今日の夕食は新鮮な刺身や頂き物のロブスターなどご馳走**ずくめ**だった。
◇人生はそう結構**ずくめ**の毎日を送れるものではない。
◇今月は、毎日残業**ずくめ**で彼女に会う時間さえもない。
◇この会社は厳しい規則**ずくめ**で、私たちは圧迫されているような気がする。

注意 「〜ずくめ」は「全て〜ばかりだ/全て〜一色だ」を表す接尾語で、良いことにも良くないことにも使われる。注意してほしいのは類義語の「だらけ」との違いである。
◇間違い（だらけ/ずくめ）の作文
「だらけ」は「間違いが普通以上にたくさんある」こと、「ずくめ」は「最初から最後まで、全て間違いばかり」という点にある。また、「だらけ」は常に良くないことに使われるから、「いいことだらけ/幸せだらけ」という表現はない。しかし、「〜ずくめ」は日常生活のことでいいことが起こる場合によく使う。

46 〜ずじまいだ

接続	動詞ない形＋ずじまいだ/ずじまいになる
	（する→せず＋じまいだ）

| 意　味 | 前からやろうとしていたことを何らかの原因で結局やらなかった。話し手の後悔や自責のニュアンスが強い。古語「ず」は、否定助動詞「ぬ」の連用形で、「ないで」と同じ。 |

| 訳　文 | 原本想做的事情因某种缘故结果没有做成。说话人的后悔、自责等语气较强。古语「ず」是否定助动词「ぬ」的连用形，和「ないで」同义。"最终未能……"、"结果还是没能……"。 |

| 例　文 | ◇いなくなったペットを懸命に探したが、結局、その行方はわから**ずじまいだ**った。（2006 年 1 級）
◇有名な観光地の近くまで行ったのに、忙しくてどこへも寄ら**ずじまいだ**った。（2001 年 1 級）
◇私はせっかく大阪まで行ったのに、山田さんが急病で入院してしまい、とうとう彼に会わ**ずじまいだ**った。
◇連休明けのせいか、今日はエンジンがかから**ずじまいで**一日が終わった。
◇せっかく買ったブーツも今年の冬は暖かくて履か**ずじまいだ**った。
◇友達から本を借りたが、読もうと思いながら読ま**ずじまいで**、返してしまった。 |

47　～ず～ず

| 接　続 | 動詞ない形＋ず、動詞ない形＋ず
イ形容詞語幹＋からず、イ形容詞語幹＋からず |

| 意　味 | ＡもしないでＢもしないという状態でＣをする。或いはＡでもないＢでもない、Ｃだ。 |

| 訳　文 | 表示在不做Ａ也不做Ｂ的情况下去做后项Ｃ的事情。或表示既不是Ａ也不是Ｂ而是Ｃ。"既不……也不……"。 |

| 例　文 | ◇朝から飲ま**ず**食わ**ず**で、森の中を歩き続けた。
◇彼は鳴か**ず**飛ば**ず**に黙々と会社で 30 年を働いてきた。
◇彼は慌て**ず**焦ら**ず**に試験現場に入っていった。
◇展覧会に出品されている作品はいずれも負け**ず**劣ら**ず**の力作揃いだ。
◇5 月は暑から**ず**寒から**ず**ちょうどいい気候です。
◇パーティーに来ている客は多から**ず**少なから**ず**ほどほどだ。 |

48　～ずとも

接　続	動詞ない形＋ずとも～（分かる・いい）
意　味	～なくても（いい・分かる）という意味である。
訳　文	表示"即使不做前项的事情也行"、"不做前项的事情也能明白"。

例　文	◇そんな簡単なことぐらい人に聞か**ずとも**分かる。
	◇あの方は顔色を見ただけで体に触ら**ずとも**病気が分かる名医だ。
	◇「日本語の漢字には読み方を習わ**ずとも**意味が分かるものが多い」
	と中国人の彼が言った。
	◇40年も共に暮らしてきた二人は、何も言わ**ずとも**相手の気持ちが推
	測できる。
	◇よしよし、泣か**ずとも**いい。今日その玩具を買ってやるから。

49　〜ずにいる/ないである

接　続	自動詞/他動詞ない形＋ずにいる
	他動詞ない形＋ないである
意　味	あることをずっとやらないままになっている状態を表す。
訳　文	表示某行为或动作一直没有做。"一直没有……"。
例　文	◇彼女への手紙を書いたが、出さ**ずにいる**/出さ**ないでいる**。
	◇退院してからもう1ヵ月酒を飲ま**ずにいる**/**ないでいる**。
	◇三日新聞を読まず、テレビを見**ずにいる**と、世の中のことが分から
	なくなる。
	◇彼はお金がなくて、もう二日何も食べ**ずにいる**そうだ。
	◇祖母は自分一人では起き上がることができ**ないでいる**。

50　〜ずにおく/ないでおく

接　続	動詞ない形＋ずにおく/ないでおく
意　味	ある目的のためにそのことは、前もって意図的にしない、という意味。
	話し言葉では「〜ないでおく」。
訳　文	表示为某一目的而事先有意识地不做某事。「〜ないでおく」是口语的
	表达。"（为了…）不……"、"没……"。
例　文	◇明日は胃の検査なので、夕食は食べ**ずにおいた**ほうがいい。
	◇食事の時間だが、疲れて寝ている父の様子を見て、起こさ**ずにおい**
	た。
	◇宝くじに当たったが、子供の留学のことを考えて、そのお金は使わ
	ずにおいた。
	◇息子が戦死したことを彼女に言ったらどうなるか想像できるから、
	当分言わ**ずにおきましょう**。
	◇この後使うんならパソコンの電源を切ら**ずにおきましょう**。
	◇あの人には知らせ**ずにおく**ことにした。関係がない人にまでしゃべ
	られると困るから。

| 接 続 | 動詞ない形＋ずにすむ/ないですむ/なくてすむ　（する→せず）|

| 意 味 | （1）もともとやろうとすること、予定していたことをしなくてもいい。話し言葉では、「～ないですむ/なくてすむ」。|

| 訳 文 | （1）表示可以不必做原本想要去做的或预定要做的事情也可。口语用「～ないですむ/なくてすむ」。"不……（也可以解决）""没……也行"。|

| 例 文 | ◇レポートを出したから、試験を受け**ずにすんだ**。

◇幸い友人が冷蔵庫をくれたので、新しいのを買わ**なくてすんだ**。

◇友達が、余っていたコンサートの券を1枚くれた。それで、私は券を買わ**ずにすんだ**。　（2004年1級）

◇今回は風邪の症状が軽かったので、病院に行か**ずにすんだ**。

◇金持ちと結婚すれば、一生働か**ずにすむ**なあと、彼女は甘い夢を見ていた。

◇頼み事があって、友達の家へ行こうとエンジンをかけたところへ、当人が来て、行か**ずにすんだ**。

◇夫「見て。実家から米が届いたよ。」
妻「わあ、すごい。これだけたくさんあれば、私たち、当分お米は買わ**なくて済み**そうだね。」　（2014-2　N1）

◇来週、歯医者で歯を抜くことになった。抜か**ずに済む**ものならそうしたいが、もうほかに方法がないらしい。　（2015-2　N1）|

| 意 味 | （2）もともと起こるはずのこと、予測していた事態が避けられてよかった。話し言葉では、「～ないですむ/なくてすむ」。|

| 訳 文 | （2）表示避免了原本可能会发生或预测会产生的事态。口语用「～ないですむ/なくてすむ」。"避免了……""幸好没有……"。|

| 例 文 | ◇工場長の機敏（きびん）な判断のおかげで、大事故にならずにすんだ。

◇消防車（しょうぼうしゃ）が直ちに来たので、隣のビルに延焼（えんしょう）せ**ずにすんだ**。

◇今朝寝すぎた。幸いに道が空いていたので、遅刻せ**ずにすんだ**。

◇大きなミスを犯したので、解雇されると思ったが、田中さんが口をきいてくれたおかげで、首になら**ずにすんだ**。

◇暴漢（ぼうかん）に襲われたが、危ないところに警察が来てくれて、命を失わ**ずにすんだ**。

◇今朝乗っていた電車が一時運転見合わせになったけど、早めに家を出たので遅刻せ**ずにすんだ**。|

52 ～ずにはおかない/ないではおかない

<table>
<tr><td>接 続</td><td>動詞ない形＋ずにはおかない/ないではおかない　（する→せず）</td></tr>
<tr><td>意 味</td><td>（1）他動詞・使役形に付いて、外部からの力によって本人の意思に
かかわらず、そのような行動が引き起こされる、感情を表す言
葉に付くと、自然にそうなる、という自発的作用を表す。書き
言葉。</td></tr>
<tr><td>訳 文</td><td>（1）接在他动词、使役态后，表示与自己的意志无关，由于外界的原
因引发那种状态或行动，接感情意义的词时，表示自然而然会产
生那种心理。书面语。"一定会让人……"、"肯定会……"。</td></tr>
<tr><td>例 文</td><td>◇この映画は評判が高く、見る者を感動させずにはおかない。
 （2002 年 1 級） ◇この絵は本当に素晴らしい。見る者を感動させずにはおかない。
 （2009-2　1 級） ◇プロ野球選手たちからのプレゼントは子供たちを喜ばせずにはおか
なかった。
◇そんな失礼極まりない態度はお客を怒らせずにはおかない。
◇被災地のニュースは見ていた人々の心を動かさずにはおかない。</td></tr>
<tr><td>注 意</td><td>必ずそうなると言うことを表す文では、主語は無生物で、使役態を使
うのが普通。自然にある状況・心理状態に追い込むことを強調する。
その場合、「～ないではいられない/～ずにはいられない」と主語が
好対照の文型になる。
◇その映画は私を感動させずにはおかなかった。　（映画は→私）
◇私はその映画に感動せずにはいられなかった。　（私は→映画）</td></tr>
<tr><td>意 味</td><td>（2）動作性の他動詞に付いて、その人の強い断固とした決意を表す。
書き言葉。強い決意を表す文では主語は人物。</td></tr>
<tr><td>訳 文</td><td>（2）接在动作性的他动词后，表示某个人强烈的意志。动作的主体是
人。书面语。"一定要……"、"不……（不罢休）"。</td></tr>
<tr><td>例 文</td><td>◇いくら困難があっても力を尽くして行方不明者を捜さずにはおかな
い。
◇おもしろい本なので、最後まで読んでしまわずにはおかない。
◇息子は一流の音楽家になると言って家を出た。大変だが、きっと目
的を達成しないではおかないだろう。　（1996 年 1 級）
◇新企画の中止が決まろうとしているが担当した者たちは反対しない
ではおかないだろう。　（1999 年 1 級）
◇非常に感動的な話を聞いて、作家としての私は一気に書き上げずに
はおかない。</td></tr>
</table>

53 ～ずにはすまない/ないではすまない

接続	動詞ない形＋ずにはすまない/ないではすまない　（する→せず）
意味	周囲の状況や社会的な常識から、その行為をしないでそのままでは許されない、という意味。マイナス評価。「～ないわけにはいかない/ないままでは許されない」と同じ。
訳文	表示从周围的状况和社会常识出发来看，不那么做是不行的，必须要那么做。消极评价。「～ないわけにはいかない/ないままでは許されない」也是相同的用法。"不能不……"、"不…的话（说不过去）"。
例文	◇あの社員は客の金を使ったのだから、処罰され**ずにはすまない**だろう。（1998年1級） ◇子供の行為に対して親はその責任を取ら**ずにはすまない**。 ◇わが社のせいで、相手に損害を与えたのだから、弁償せ**ずにはすまない**。 ◇重要な会議なので出席し**ないではすまない**が、頭が痛くてどうしても行けない。 ◇大切な花瓶を壊したのだから、謝ら**ずにはすまない**だろう。 ◇国民の期待を裏切った以上、首相をやめ**ずにはすまない**。

54 ～（で）すら

接続	名詞＋（で）すら
意味	「～すら」は「～さえ」の古い形式。ある一つのことを取り上げて、それでこうなのだから、他のことはもちろんだ、という意味。前の名詞が主格の場合は「～ですら」の形をよく使って、「～であっても」の意味。書き言葉。
訳文	「～すら」是「～さえ」的陈旧的表达方式。表示"连前项名词都……样了，其他就更不用说了"。前项的名词是主格时，常用「～ですら」的形式，相当于「～であっても」的意思。书面语。"甚至……""连……也……"。
例文	◇そんなことは子供**ですら**知っている。 ◇彼女は寝る時間や食事する時間**すら**惜しんで、勉強に没頭している。 ◇あの患者は重い病気のため、一人では食事**すら**できない。 （1996年1級） ◇火災で自宅が全焼し、一冊のアルバム**すら**手元に残らなかった。 ◇この機械は重いので、力持ちの君で**すら**持ち運ぶことができないから、まして女性には無理だ。 ◇彼女は自分の親に**すら**知らせずに旅に出かけたのだから、友達に何

も言うはずがない。

◇この地域の再開発に自分がかかわることになろうとは想像<u>すら</u>して
いなかった。　（2005年1級）

◇この不況下において、A社はどんどん発展して最近海外へ<u>すら</u>進出
しているのに対して、B社は国内で存続するの<u>すら</u>できそうもない
状態だそうだ。

55　〜せられたい/られたい

接　続	名詞＋せられたい

動詞ない形＋られたい

意　味	命令の言い方で、「〜しなさい」という意味に近い。多くは政府筋の

書類に用いられる表現で、文語文で改まった言い方である。

訳　文	表示命令。相当于「〜しなさい」的意思。多用于政府公文中。文语式

的郑重的说法。"务必……"、"请……"。

例　文	◇至急、救援隊に被災地へ派遣<u>せられたい</u>。

◇なんらかの緊急事態の際は、直ちに連絡<u>せられたい</u>。

◇上記の者、直ちに法廷へ出頭^{しゅっとう}<u>せられたい</u>。

◇暴力団の違法集金活動の取り締まりを強化<u>せられたい</u>。

◇審議の結果を洩^もれなく市民たちに公表<u>せられたい</u>。

56　〜節^{せつ}は

接　続	名詞＋の＋節は

動詞た形＋節は

その＋節は

意　味	そのときは、という意味で、あとに相手に対してお礼を述べたり、話

し手がお願いしたりするときに使う。あらたまった丁寧な言い方。

訳　文	表示"那个时候"。正式礼貌的说法。事后对对方表示感谢，或表示说

话人的请求时使用。"……的时候"、"有当……之际"。

例　文	◇その<u>節は</u>、技術提携の件でお世話になり、誠にありがとうございま

した。

◇下記に転居しました。お近くにお越しの<u>節は</u>ぜひお立ち寄りくださ
い。

◇来週、東京へ行くことになりました。その<u>節は</u>よろしくお願いしま
す。

◇販売数に限りがありますので、売り切れの<u>節は</u>ご容赦ください。

◇上海へ出かけた**節は**、いろいろ案内していただき、また蟹のご馳走
　までふるまっていただき、たいへんお世話になりました。

◇ご相談にあがるかもしれませんが、その**節は**どうか、よろしくご教
　示くださいますようお願いいたします。

57　～そばから

接　続	動詞辞書形・た形＋そばから
意　味	XしてもXしてもYがすぐ起こる、という意味で、マイナス評価の表現が後にくる場合が多い。一回きりの動作には使えない。同じ場面で繰り返される動作を強調する。
訳　文	表示无论反复多少次做X，都马上会发生Y。后项多接消极的内容。不能用于一次性的动作。强调同一场面反复出现的动作。"刚…就…"
例　文	◇息子は小遣いをやった**そばから**使ってしまう。（1997年1級） ◇もう遅刻しないと言った**そばから**また遅れるなんて、彼は何を考えているのだろう。（2007年1級） ◇私は語学の才能がないようで、新しい言葉を習う**そばから**忘れてしまう。（2009-1　1級） ◇片付ける**そばから**子供が部屋を散らかすので、いやになってしまう。 ◇その人気商品は、店員が並べる**そばから**飛ぶように売れていった。 ◇約束をした**そばから**、破るなんてひどいね。そんな人間とは友達になれるもんか。

58　（ただ/ひとり）～だけだ/のみだ

接　続	（ただ/ひとり）＋名/動・イ形・ナ形の連体形＋だけだ/のみだ
意　味	それだけと限る意味を表す。他のものではない、前のことだけだと強調する。書き言葉的な硬い表現に用いられる。話し言葉では「だけ」や「ばかり」が用いられる。副詞「ただ/ひとり」がよく付く、「それ以外はない」という限定を強調する。
訳　文	表示仅限于此的意思。强调不是别的，仅仅只是前项事态。是用于书面语的生硬表达。口语中可以用「だけ」或「ばかり」。前项常接副词「ただ/ひとり」，强调没有其他办法只能如此。
例　文	◇一歩も後退はできない。**ただ**前進ある**のみだ**。（1993年1級） ◇試験は終わった。今は**ただ**結果を待って、合格を祈る**のみだ**。 ◇事故はあまりにも突然で、私は何もできず、**ただ**呆然とする**のみだ**った。（2004年1級） ◇彼女と別れてしまい、私の心には**ただ**寂しさ**のみ**が残った。

◇その店の料理は**ただ**見かけがきれいな**だけ**で、実はおいしくない。

◇彼女は**ただ**口がうまい**だけ**で、いざとなれば逃げてしまう。

◇準備はもう整った。後はスイッチを入れる**だけだ**。

◇成功するためには、ひたすら努力ある**のみだ**。

注　意	動詞に付く時、その動作が行われる直前の状態になることを示す場合やもっぱらその動作ばかりが行われることを表す場合がある。また、「前進・努力・忍耐」などの名詞を受けて、「すべきことはそれだけだ」という意味を表す。

59　（ただ/ひとり）〜だけでなく/のみならず/のみか/のみでなく

接　続	名詞＋だけでなく/のみならず/のみか/のみでなく 用言連体形＋だけでなく/のみならず/のみか/のみでなく
意　味	前に述べたことを受けて、それだけではない、という意味。他にも類似のものがあることを暗示する。副詞「ただ/ひとり」が付くことで、前のことだけではないという意味をさらに強調する。
訳　文	接前面的内容，表示不仅如此的意思。暗示还有其他类似的东西。接副词「ただ/ひとり」更加强调不只是前项的意思。
例　文	◇彼女は**ただ**美しい**のみならず**、知性も兼ね備えている。 ◇大災害により財産**のみか**肉親までも失った。　（2001年1級） ◇環境問題は、**ひとり**わが国**のみならず**、世界全体の問題でもある。 ◇若者**のみでなく**、多くの年配の方もボランティアに参加している。 ◇生活が苦しい**のみか**、精神状態も絶望のどんぞこに陥ってしまった。 ◇ロシア語は**ただ**表記が難しい**のみならず**、格変化も複雑だ。 ◇チンパンジーは人間の模倣をする**のみならず**、互いに協力して共同作業をしているらしいという報告もある。　（1994年1級） ◇留学する以上は、勉強**だけでなく**、その国の文化を学んだり交流をしたりしたいと思う。　（2005年1級） ◇彼はとても優秀で成績が学年の上位に入っていることが多い**のみならず**、授業に取り組む姿勢そのものが真面目で好感が持てる。 <div align="right">（2011-2　N1）</div>
注　意	後には、程度副助詞「も・まで・さえ」がよく使われる。また、「〜のみか」という表現があるが、「〜だけか」という表現がない。

60　〜だけですます/だけですませる

接　続	名詞/動詞普通形＋だけですます/だけですませる
意　味	本来ならそうしないのだが、ある意図があって簡単にそうした、とい

う意味。

訳　文	表示一般情况下不那么做，但是因为某种原因或意图，所以就简单地那样应付过去了。"光做……也就对付过去了"、"仅……就解决了"。

例　文	◇今日は大変忙しく、昼ご飯はパンと牛乳**だけで済ませた**。 ◇故人の遺志で葬儀・告別式は身内**だけ**で**すませた**。 ◇ちょっとした事故だからといって、見舞いに行った**だけでは済まされない**よ。 ◇私は医者として、できるだけ患者の不安や悩みを聞き、患者が安心して医療を受けられるよう努力している。しかし、そこまでせずに薬**だけ**出して**済ませる**医者もいる。　（2005年1級） ◇「自分の店を持ちたい」という夢のために、二人は挙式もせず、結婚写真も撮らず入籍する**だけで済ませた**。やがて子供が生まれ、結婚3年後に念願のお店を開くことができた。

61　〜だけのことだ

接　続	（〜ば/たら/なら）動詞辞書形・ない形＋だけのことだ
意　味	もし望ましくないことが起こっても、ほかに適当な方法がないから、そうするしかたがない、という話し手の覚悟を表す。
訳　文	表示如果出现了不希望看到的前项，因为找不到适当的好办法，也就只能去做后项了的意思。表达了说话人一种无望的心理准备。
例　文	◇もしこの台風で交通機関がストップしてしまったら、歩いて帰る**だけのことだ**。 ◇これだけ頑張ってどうしてもうまく行かなかったら、諦める**だけのことだ**。 ◇彼はよくミスをする。何度言っても無駄なら辞めさせる**だけのことだ**。 ◇値段が高かったら、買わない**だけのことだ**。借金までして買うつもりはない。 ◇生まれた時からスポーツが嫌いだったわけではなく、スポーツをする機会に恵まれなかった**だけのことだ**。 ◇いや、X社の担当者が不在ならこの書類を預けてくれればいい**だけのことだ**から、しなくていいよ。　（2011-2　N1）

62　〜だけましだ

接　続	動詞普通形/イ形容詞普通形/ナ形容詞な＋だけましだ
意　味	あまりよくない状況だが、もっとひどいことにならなくて、この程度

にとどまってよかったという意味を表す。「〜だけましだ」は、「これならまあいいほうだ」という意味である。やや口語的表現。

訳　文	前項虽然是不好的事情或是不理想的事情，但幸亏没有恶化，没有朝着更坏的方向发展。虽然其他方面不怎么样，但唯独这一点还算好。略带口语语感。"幸好……"、"好在……"。

例　文　◇石油の価格は上がったために、わが社の業績は下がった。しかし、損失が出ない**だけ**まだ**ましだ**。（2008 年 1 級）

◇今年は景気が非常に悪く、ボーナスが出なかった。しかし、給料がもらえる**だけましだ**。（2004 年 1 級）

◇泥棒にかなりの額の現金を取られはしたが、命を取られなかった**だけましだ**。（2001 年 1 級）

◇風邪で喉が痛いが、熱が出ない**だけましだ**。

◇携帯はすられたが、幸いにもポケットに入れていたパスポートが無事だった**だけましだ**。

◇あれだけ頑張ったのに点数がこれだけなんて、ちょっとがっかり。しかし、合格点以上な**だけましだ**った。

◇私の住んでいるところは駅からも遠いし、会社へも遠い。不便だが、空気がよくて静かな**だけましだ**。

◇この地方の料理は別においしいとは思わないが、味が辛い**だけましだ**。ぼくは辛いものに目がないんだ。

注　意　「まし」は「いいとは言えないが、ほかのもっとよくないものよりまだいい」という意味のナ形容詞。

63　〜ただでさえ

接　続　慣用表現として使われる。

意　味　普通の場合でもそうであるが、ましてこんな非常時には程度がよりひどくなる、という意味を表す。「たださえ」とも言う。

訳　文	表示即使在一般情况下也是这样，更何况是在非一般情况下，肯定程度更加严重。"平时就……"、"本来就……"。

例　文　◇**ただでさえ**勉強しないのに、正月に勉強するなどとてもできない。

◇お父さんは**ただでさえ**うるさいのだから、病気にでもなったら、ああしろ、こうしろと大変だろう。

◇**ただでさえ**疲れているのに、横腹（よこばら）が痛んできて大変苦しい。

◇**ただでさえ**人手が足りなくて困っているのに、こんな小さな会社で一度に三人も辞められたらどうしようもない。

◇あの子は**ただでさえ**食事にうるさいんだから、外国へ行ったらもっと大変になるだろう。

64 ～たためしがない

接続	動詞た形＋例（ためし）がない
意味	今まで一度もやった例がないという意味を表す。話し手の責めたり驚いたりする気持ちが込められている。
訳文	表示从来没有过这种先例情况。从来没有这样做过。"从来没有…"。
例文	◇時間にルーズな彼は、約束を守っ**たためしがない**。
	◇月に人が住んでいるなんて、そんなことは聞い**た例がない**。
	◇妻はよく宝くじを買っているが、当たっ**たためしがない**。
	◇よく彼とは食事をするが、奢ってくれ**た例がない**。
	◇息子は転々と会社を変える。一つの会社に半年と続い**た例がない**。
	◇彼と一緒に仕事をすると失敗ばかりで、うまくいっ**たためしがない**。

65 ～たて

接続	動詞ます形＋たて
意味	ある状態が出現したばかりという意味で、新しさ・新鮮さなどのプラス面を強調する場合が多い。「生む・炊く・入学する・入る・採る」などの生産動詞にしかつかない。使える動詞はごく限られている。
訳文	表示某种状态刚刚出现。多用来强调事物"新的、新鲜的"的积极方面。只接在「生む・炊く・入学する・入る・採る」等生产性的动词后面。能接续的动词极其有限。"刚……"。
例文	◇これは採り**立て**の桃で、どうぞお持ちになってください。
	◇焼き**立て**のパンはとてもおいしそうです。
	◇ペンキ塗り**たて**ですから、触らないように気をつけなさい。
	◇日本へ来**たて**のころは何も分からなくて困った。
	◇ボートから助けられた人々に、温かい食物と洗い**たて**の清潔な衣服が用意されていた。
注意	ほかの例：先生になり**たて**だ、絞り**たて**のオレンジジュース、覚え**たて**の単語、産み**たて**の卵、揚げ**たて**のフライ、でき**たて**のお菓子、捕れ**たて**の魚、などがある。

66 ～た手前（てまえ）

接続	動詞た形＋手前（てまえ）
意味	他人や世間に対する体裁を考慮しながら、どうにも引っ込みがつかなく後件をするしかない。原因・理由の言い方で、中級の「～た以上/

た上は/からには」の意味と類似する。話し手が自分のことを言うの
が普通である。

訳文 | 考虑到前项已经说出口的话，因为这关系到一个人的体面问题，所以只
好去做（或不能做）后项的事情。同中级文型「〜た以上/た上は/から
には」意思类似。一般用于叙述说话人自己的事情。"由于……只能……
…"、"既然……那就只好……"。

例文 | ◇皆の前でこれが正しいと言ってしまった**たてまえ**、今さら自分が間違
っていたとは言いにくい。（2003年1級）

◇必ず旅行に連れていくと約束した**たてまえ**、借金をしてでも行かなく
てはなるまい。

◇いつまででも待っていると誓った**たてまえ**、彼女の帰国を待つしかな
い。

◇このことは僕しかできないと威張った**たてまえ**、途中でやめられない。
つまり、最後までやらなければならないんだ。

◇自分で決め**たてまえ**、今さら後悔しても始まらない。やってみるま
でだ。

◇長い交渉の末、この価格で契約を結ん**だてまえ**、今になって見積も
りに間違いがあったなんて口が裂けても言えない。

67 〜たところ

接続 | 動詞た形＋ところ（では/によると）、〜

意味 | 情報源を表す。述語には「〜そうだ/ということだ/らしい」などのよ
うな伝聞を表す表現が来る。「〜たところ」のほうが驚いたり意外な
感じがしたりするニュアンスが強い。

訳文 | 表示信息的出处。常和表示传闻的谓语「〜そうだ/ということだ/らし
い」搭配使用。用「〜たところ」时，有种惊讶的或意外的语气。
"据……所说"、"据……报道"。

例文 | ◇本人に確かめ**たところ**、彼はそんな場所へ行ったことがないと言う。

◇田中さんの家族に聞い**たところでは/聞いたところによると**、田中
さんは体調が悪いらしい。

◇遺失物センターに問い合わせ**たところ**、無くした携帯がもう届いて
いるとのことだ。

◇ホテルに電話をし**たところ**、恵子という人は泊まっていないそうだ。

◇ジャーナリストが話し**たところによると**、シリアの国内情勢は悪化
の一途を辿っているそうだ。

◇テレビの伝え**たところによると**、今晩8時ごろ、長野県にある浅間

山が噴火したらしい。

68 ～たところで

<table>
<tr><td>接 続</td><td>動詞た形＋ところで</td></tr>
</table>

意 味 （１）前のことが成立しても、期待した結果は得られないだろう、と
いう話し手の否定的判断や、無駄だ・程度が低い、という評価
判断を表す。また、「問題ない・心配ない」という肯定的判断
を表す場合もある。これは前の事態には影響が及ばないという
関係である。「いくら・たとえ・どんなに・疑問詞・数量詞」
などが前に付く。後の文には過去・意志表現は来ない。「～だ
って」は話し言葉。「～ても」とほぼ同じだが、「～たところ
で」は話し手の主観的感情が強い。「～に（と）したところ
で」は「～にしても」と同じ。

訳 文 （１）表示即使前项成立，也得不到所期待的结果等的否定性判断或没
用、程度较低等的评价判断。但也有像"没问题、不必担心"等
肯定性判断的用法。这是即使前项的事态发生，也不会影响到后
项事态的关系。常跟「いくら・たとえ・どんなに・疑問詞・数
量詞」等一起使用。后句不用过去、意志的表达方式。「～だっ
て」是口语。与「～ても」基本相同，但「～たところで」带有
说话人强烈的主观感情。「～に（と）したところで」、「～に
（と）しても」相同。"即使……也（未必/不）……"。

例 文 ◇いくら急い**だところで**始発のバスにはもう間に合わない。

　　　　　　　　　　　　　　　　　　　　　　　　（2000 年 1 級）

◇あの企業が相手では、高層ビル建設の反対運動をし**たところで**、建
設の計画は中止にならないだろう。（2006 年 1 級）

◇社長一人が必死になっ**たところで**、この会社が大きく変わるとは思
えない。（2009-1　1 級）

◇まだ全員揃っていないから、到着が少しぐらい遅れ**たところで**問題
はない。

◇どんなに勤勉に働い**たところで**、上司に認められなければ、無に等
しい。

◇一夜漬けで勉強し**たところで**、明日の大切な試験に合格するわけが
ない。日頃の努力が肝心だ。

意 味 （２）後に少ない程度を表す表現を伴い、「仮にそのようなことが起
こった場合でも、その程度・量・数はたいしたものではない」
といった意味を表す。

| 訳 文 | （2）后项接程度少的表达，表示"即使发生了那样的事时，其程度、量、数都是微不足道的"。"即使……也就只……而已"。 |

| 例 文 | ◇どんなに遅れた**たところで**、せいぜい5、6分だと思います。 |

◇うちの夫は出世した**たところで**課長どまりだろう。

◇泥棒に入られた**たところで**、価値のあるものは本ぐらいしかない。

◇今年、ボーナスをもらった**たところで**、せいぜい1ヶ月分くらいだろう。

◇こんな歌ははやった**たところで**、半年ぐらいのものだろう。

◇独り身の私は、早くうちへ帰った**たところで**、犬が待っているだけだ。

| 注 意 | 後には、「〜にすぎない・〜ぐらいだ・〜だけだ」という表現がよく使われる。 |

69 〜だに

| 接 続 | 動詞辞書形/名詞＋だに |

| 意 味 | （1）「〜さえ全くしない」という意味。書き言葉で古めかしい言い方。「想像・予想・微動・一顧だにしない」など、慣用的表現がほとんど。 |

| 訳 文 | （1）意为"就连……也不……"。陈旧的书面语。基本上用于惯用的表达，例如「想像・予想・微動・一顧だにしない」。 |

| 例 文 | ◇彼女が負けるなんて。そんなことは予想**だに**しなかった。 |

◇一億円の宝くじに当たるなんて、夢**だに**思わないことだ。

◇絶好調のチャンピオンがKOされるとは、想像**だに**しなかった。

◇辺りは、風もなく木々の葉は微動**だに**しないほどの静かさだった。

◇今晩の空は厚い曇りに覆われて、星一つ**だに**見えない。

| 意 味 | （2）「思う・考える・想像するだに」の形で、そうするだけでも、という意味。多く慣用的表現。 |

| 訳 文 | （2）「思う・考える・想像するだに」的形式，表示"光是想想就……"。多用于惯用的表达。 |

| 例 文 | ◇地震のことなど想像する**だに**恐ろしい。（1997年1級） |

◇子供のころ、死については考える**だに**恐ろしかった。

（1994年1級）

◇ゴキブリを食べるなんて、考える**だに**嫌な気持ちになる。

◇地下鉄で毒ガスをまく人がいるとは聞く**だに**恐ろしい話だ。

◇幼い命が奪われた飲酒運転による事故は、思い出す**だに**腹が立つ。

| 説 明 | 「〜だに」は極端な例を取り上げて強調する古い表現で、「〜だけでも/〜さえ/〜すら」に相当する表現である。 |

70　〜だの〜だの／〜のなんの

接　続　（1）名詞・ナ形容詞語幹＋だの、〜だの
　　　　　　イ形容詞・動詞普通形＋だの、〜だの

意　味　並列助詞「〜とか、〜とか」「〜やら、〜やら」の意味に近いが、現
　　　　代日本語では否定的、または嫌いなニュアンスで用いられるのが普通
　　　　である。話し言葉。

訳　文　同并列助词「〜とか、〜とか」「〜やら、〜やら」的意思接近，用于
　　　　举例。不过，在现代日语中，多用于列举一些消极的或令人厌恶的例子
　　　　上面。属于口语表达。"……啦、……啦"。

例　文　◇郵便受けはチラシ*だの*／*やら*／*とか*、ダイレクトメール*だの*／*やら*／*と
　　　　*か*でいっぱいだった。

　　　　◇英語*だの*、ドイツ語*だの*、いろいろ勉強したが、ほとんど覚えてい
　　　　ない。

　　　　◇非行少年たちは被害者から恐喝したお金をゲーム*だの*パチンコ*だの*
　　　　に使っていたようだ。

　　　　◇日本に行ってはじめの頃、日本語も下手なの*だの*、仕事も不慣れな
　　　　の*だの*、大変苦労していた。

　　　　◇マラソンで3位に入賞した時、嬉しい*だの*悔しい*だの*、複雑な気持
　　　　ちだった。

　　　　◇午前中、荷物が壊れた*だの*、社員がトラブルを起こした*だの*で、い
　　　　やなことばかりだった。

接　続　（2）名詞＋だの、〜だの（と言う）
　　　　　　ナ形容詞語幹＋だの、〜だの（と言う）
　　　　　　動詞命令形＋だの、〜だの（と言う）
　　　　　　イ形容詞・動詞普通形＋だの、〜だの（と言う）
　　　　　　イ形容詞・動詞普通形＋の、〜の（と言う）

意　味　「〜とか、〜とか言う」とほぼ同じ意味で、同類の物を挙げて、あれ
　　　　これうるさく言う様子を表す。後には発言動詞が来る。前に列挙を表
　　　　す副詞「やれ」がよく付く。話し言葉。

訳　文　同「〜とか、〜とか言う」的意思相近，举出同类的事物，表示"一会
　　　　儿这样嘟囔，一会又那样嘟囔"烦人地、唠叨地说三道四。带有说话人
　　　　责备、抱怨的语气。后项接表示说话的动词。前项经常呼应表示例举的
　　　　副词「やれ」。属于口语。

例　文　◇やれデザインが単調*だの*、色が嫌い*だの*と気難しいことばかり言っ
　　　　ている。

　　　　◇彼は、やれ給料が安い*だの*／*の*、休みが少ない*だの*／*の*といつも文句

ばかり言っている。

◇頭が痛い**だの/の**、喉の調子が悪い**だの/の**と言って誘いを断っていた。

◇自分は何もしないのに部下にはあれしろ**だの**、これしろ**だの**といろいろ指図している。

◇高すぎる**だの**なん**だの**って、父は買ってくれなかった。

◇彼は足が痛い**のなんの**と理由をつけては、サッカーの練習をサボっている。 （2001年1級）

71 ～たまえ

接続	動詞ます形＋たまえ
意味	「～ことが望ましい」、「～ほうがいい」という意味で、主として成年男子が同輩以下の人に対して柔らかい調子で命令する表現であり、「～なさい」の意味に近い。今でも日常会話ではよく耳にする。
訳文	表示命令，但语气较柔和，主要用于成年男子对同辈或小辈说话时，接近「～なさい」的语气。日常生活中还时常用。
例文	◇もし君に反論があるなら、遠慮はいらん。言ってみ**たまえ**。 ◇おい、このお菓子、食べ**たまえ**。おいしいぞ。 ◇A「おじちゃん、私もちょっとビールを飲んでもいい？」 　　B「まあ、一杯ぐらいならいいだろう。飲み**たまえ**。」 ◇田中君、時間があれば俺のうちへ遊びに来**たまえ**。 ◇社員「課長、私にやらせてください。」 　　課長「そうか。じゃ、やってみ**たまえ**。」 ◇あなたも旅行に行きたければ一緒に行き**たまえ**。

72 ～たものではない/たものでもない

接続	（1）可能動詞た形＋ものではない/もんじゃない
意味	口語体で、「～することが絶対に不可能だ」、「～することができっこない」と強く否定の意味を表す。マイナス評価の事柄に使う。
訳文	表示强烈的可能性否定。口语用法。"简直不能……"、"绝不可能……"。
例文	◇こんな酸っぱい蜜柑、食べられ**たもんじゃない**。 ◇こんな下手な絵なんか、人に見せられ**たものではない**。 ◇親にお金を貸してなんて、言え**たものではありません**。 ◇あいつに任せたら何をしでかすか分かっ**たもんじゃない**。 ◇欠陥品なんか市場に出せ**たものではない**。会社の存亡にかかわる問

題だよ。

接 続	（２）軽視の意味を表す動詞た形＋ものでもない
意 味	口語体である。「前件のことを一応認めるが、軽く見られているほどでもない」という意味を表す。
訳 文	表示虽然前项是事实，但也不能轻视前项的存在。口语用法。"不能小看……"、"并不是……（那么差）"。
例 文	◇新人選手ばかりのチームだが、なかなか強くてそうバカにし<u>たものでもない</u>。
	◇課長になったばかりの鈴木さんのことを若すぎて当てにならないと言っているが、彼の行動力はそう軽く見<u>たものでもない</u>。
	◇年をとったといっても、私のテニスの腕はまだまだ捨て<u>たものではない</u>。
	◇素人の作品といえども、優れたところもあり、そう貶し<u>たものでもない</u>。
	◇自分の言葉を持たない人たちとの会話ほど苦痛なものはないと思うが、皆が皆そんなに見くびっ<u>たものでもない</u>ことも知っているので続けている。

73 〜たら/ったら

接 続	人物・団体を表す名詞＋たら/ったら
意 味	その状態に愛想を尽くしたりする気持ちで、「親しみ、皮肉、非難、心配」などを言う時に使われる。普通は女性用語として多く用いられる。
訳 文	用于提出话题，表示说话人的亲密、取笑、责备、担心等各种心情。多数为女性用语。"我说……"、"说起……"。
例 文	◇お母さん<u>たら/ったら</u>、私の友達の悪口を言うのはやめてよ。
	◇あな<u>たったら</u>、もう、また「お茶をくれ」ですって。自分で入れればいいんじゃない。あたし、あなたに雇われたお手伝いさんじゃないのよ。
	◇与党も与党なら、野党も野党で、今の政治<u>ったら</u>、いい加減といったらない。
	◇A「このカレンダーの赤丸って、どういう意味なの。」
	B「もうあな<u>たったら</u>忘れたの。あたしの誕生日じゃないの。いやねえ。プレゼント弾んでもらうわよ。」
	◇あたし<u>ったら</u>、なんであんな人を信じていたんでしょう。

74 **〜たらきりがない/ばきりがない/ときりがない**

接　続	動詞た形＋ら＋きりがない
	動詞ば形＋きりがない
	動詞辞書形＋ときりがない

意　味	前件のことに触れたら限度がない、限りがないと言いたい時に使われる。「きり」は「終わり」という意味。際限がない、終わらないから、どこかで妥協するべきだというニュアンスが含まれる。

訳　文	表示如果提起或说起某事情来或一旦做起某事情来就没有终结、永无止境。此处的「きり」是「終わり」的意思。带有一种因为无止境、没完没了，所以应该某处进行妥协的语感。"……的话，就没完没了了"。

例　文	◇この計画の問題点をあげれ**ばきりがない**が、大事なのは解決策を考えることだ。
	◇あのおばさんに会ったが最後で、話し始め**たらきりがない**。
	◇人の欲望を言え**ばきりがない**ものだ。
	◇彼はいつも仕事が雑だ。間違いをあげれ**ばきりがない**。
	<div align="right">（2004年1級）</div>
	◇金持ちと比べる**ときりがない**ので、金銭欲もほどほどにしたほうがいい。
	◇日本に留学して困ったことですか。例を挙げれ**ばきりがない**ですね。

75 **〜たらしい**

接　続	名詞＋たらしい
	ナ形容詞語幹・イ形容詞語幹＋たらしい

意　味	「いかにも〜のような様子だ」という意味で、好ましくないことに用いられる。決まった表現が多い。「ったらしい」とも言う。

訳　文	表示十分像该名词或形容词所代表的性质、状态。仅用于消极意义的描述，多为固定的用法。

例　文	◇彼女の嫌味**たらしい**態度が我慢ならない。
	◇彼はいつも貧乏**たらしい**格好をしているが、実際は大金持ちだ。
	◇相手の自慢**たらしい**態度を見て、不愉快に思われた。憎**たらしい**やつだ。
	◇そのおばあさんは昔話を切り出すと、長**たらしく**話してなかなか終わらない。
	◇憎**たらしい**犬だ。おれの靴をどこへ銜えていっちゃったんだ。
	◇今の仕事がいやならやめてもいい。未練**たらしい**態度を取るなよ。

76 〜たら〜で

接 続	文の仮定形、文の「た」形＋で
	名詞＋は、同一名詞＋で
意 味	（1）望んでいる前項が実現したと言うものの、それに伴って好ましくない後項が起こった。「どちらにしても問題で困る、大変だ」という気持ちを表す。
訳 文	（1）表示（当前项没实现时很烦恼，但）即使实现了前项，随之又会由此产生令人头疼的后项。反正怎么都很伤脑筋。
例 文	◇平社員の時は給料が少なくて困ったけど、昇進し<u>たら</u>した<u>で</u>、付き合いも増えるし、やっぱり金は貯まらない。
	◇結婚しないとつまらないが、結婚し<u>たら</u>/結婚すれ<u>ば</u>結婚した<u>で</u>、自由時間も少なくなった。
	◇大学に入れなかったら、みっともないことだと思っていた。今度は大学に入っ<u>たら</u>入った<u>で</u>、勉強に追われて大変だ。
	◇マイホームがないのはつらいことだった。それで借金してマイホームを買った。でも、買え<u>ば</u>/買っ<u>たら</u>買った<u>で</u>、今度は月々月給の四分の一を返済に当てなければならない。
	◇母は寒がりで冬が苦手だが、それでは夏が好きかというとそうではない。暑かっ<u>たら</u>暑かった<u>で</u>/暑けれ<u>ば</u>暑い<u>で</u>文句を言っている。
	◇世界中どの国でもいろいろと問題を抱えていますが、日本<u>は</u>日本<u>で</u>、石油の99%を輸入しなければならないように、資源に乏しいという悩みがある。
	◇課題の締め切り前になると、もっと時間があればと思うが、あっ<u>たら</u>あった<u>で</u>、きっと遊んでしまうのだろうとも思う。

（2014-1　N1）

意 味	（2）前項が起こらなかったら理想的だが、今現在起こったからには後項をすればいい。或いは、前項があるとしたら理想的だが、たとえなかったにしても、さほど困らない/何とかなるという意味。
訳 文	（2）表示如果前项不出现的话就再好不过，但现在既然已经发生了，采取后项措施也就是了。或表示如果具备前项的话就再好不过，但即使不具备也没有多大关系，也还能对付。
例 文	◇大学に入れればいいのだが、落ち<u>たら</u>落ちた<u>で</u>、来年もっと頑張ればいい。
	◇一緒になれればありがたいが、別れ<u>たら</u>別れた<u>で</u>、もっといい人を探そう。
	◇使えるうちは使うが、壊れ<u>たら</u>壊れた<u>で</u>、新しいのと取り換えよう。

どうせ高いものじゃないんだから。

◇自動車はあれば便利だが、なかっ<u>たら</u>なかった<u>で</u>何とかなるものだ。

◇金というものはあればあったほうがいいだが、なかっ<u>たら</u>ない<u>で</u>何とかなるものだ。

77 ～たりとも

接 続 一＋助数詞＋たりとも～ない

意 味 「たり」は、判断を表す古語助動詞。普通数量の「一」に付いて、最小の量も許容しない、という意味。後には否定表現が来る。書き言葉。「一秒・一日・一滴・一粒・一時・一瞬・一刻　－たりとも～ない」。「～であっても」の意味に近い。

訳 文 「たり」是表示判断的古语助动词。一般接在数词「一」后面，表示哪怕是最小数量也不能允许。后项与否定相呼应。书面语。「一秒・一日・一滴・一粒・一時・一瞬・一刻　－たりとも～ない」。相当于「～であっても」。"即使是……也不能……""就连……也不能……"。

例 文 ◇水は一滴<u>たりとも</u>無駄にすることはできない。

◇医者は手術の間、一瞬<u>たりとも</u>気が抜けない。　（2008年1級）

◇募金で集めたお金は一円<u>たりとも</u>無駄にできない。　（2004年1級）

◇猫の子一匹<u>たりとも</u>、ここを通らせないぞ。

◇もう時間がない。工事は一日<u>たりとも</u>遅らせることはできない。

◇戦争中は、一粒<u>たりとも</u>お米を無駄にはできなかった。

注 意 前は最小の単位のため、「1年・1キロ」など、あまり大きい単位では使わない。また、慣用的表現に「**何人たりとも**」（だれであっても）がある。

◇この部屋には、<u>何人たりとも</u>立ち入りを禁ず。

78 ～たる/たるもの

接 続 名詞＋たる/たるもの

意 味 あるXの立場を取り上げそれにふさわしくあるべきだという、話し手の気持ちを表す。「たる」は、断定を表す古語助動詞「たり」の連体形。

訳 文 作为X这种身份立场的人，后项行为要与其身份相符合。「たる」是表示判断的古语助动词「たり」的连体形。"作为……（应该……）"。

例 文 ◇選手<u>たるもの</u>、試合において堂々と戦え。　（1997年1級）

◇警官<u>たるもの</u>、そのような犯罪にかかわってはいけない。

（2000年1級）

◇国民の生活をより良いものにすること、それが政治家**たる者**の使命
　　だと考えます。（2008 年 1 級）

◇教師**たるもの**は、教育のために全力を尽くす志を持つべきである。

◇弁護士**たるもの**、依頼主の秘密を守るべきだ。

◇留学生**たるもの**は、まじめに勉強して、その国の法律を守るべきだ。

◇監督**たるもの**は、部員一人一人の性格をも把握する必要がある。

◇社会の改革者**たるもの**は、既成の価値観に流されてはならない。

| 注　意 | 責任のある立場・優れた立場などを表す名詞に付く。後には、その身分・地位にふさわしい、あるべき姿を表す文が来る。「〜はずだ・べきだ・てはいけない・てはならない」など一緒に使われることが多い。 |

79　〜たると、〜たるとを問わず

接　続	名詞＋たると、名詞＋たるとを問わず
意　味	A であっても B であっても関係なくどちらも同じだ、A も B も一律に同様に扱う、という意味。書き言葉。「たる」は、文語の助動詞「たり」（主体の判断を表す）の連体形。
訳　文	表示"无论是 A 还是 B，都一样对待，不管是 A 还是 B 都一律……"的意思。属于书面语。「たる」是(表示主体判断的)古语助动词「たり」的连体形。
例　文	◇味方の兵士**たると**敵の兵士**たるとを問わず**、負傷者には手当てをする。 ◇教育は、金持ちの子ども**たると**貧しい家の子ども**たるとを問わず**、平等に扱うべきだ。 ◇この法律は日本の国民**たると**在日外国人**たるとを問わず**等しく適用される。 ◇大学生**たると**高校生**たるとを問わず**、やる気があれば応募できる。 ◇大国**たると**小国**たるとを問わず**、内政干渉は許されない。

80　〜たるや

接　続	名詞＋たるや （ただし、「人物名詞＋たるや」という接続ができないことに要注意）
意　味	何らかの意味で、特筆に値する（異常性をもつ）と思われる事柄を強調して、話題にすることを表す。古い言い方。「たる」は古語助動詞「たり」の連体形で、「や」は古語の助詞。「〜は」よりやや誇張的なニュアンスがある。
訳　文	是一种强调并提示主题的表达方法。多用于说话人认为值得特别一提

（不同于寻常）的事情。「たる」是表示判断的古语助动词「たり」的连体形，「や」是古语的助词。比起用「は」来，提示主题的语气显得有些略微夸张。"说起……"、"说到……"。

例　文	◇彼女のデビューの意外性<u>たるや</u>、すべての人の注目を集めるのに十分であった。

◇彼女のデビューの意外性<u>たるや</u>、すべての人の注目を集めるのに十分であった。

◇インド洋巨大津波<u>たるや</u>、全世界を驚かす未曾有（みぞう）の惨事（さんじ）だった。

◇あの先生の演説<u>たるや</u>、聞き入る観衆のすべてを爆睡（ばくすい）させた。

◇あの議員の日頃の言動<u>たるや</u>、議員の資質を疑わせるに十分である。

◇彼女の歌声<u>たるや</u>、聴衆のすべてを魅了（みりょう）させるすばらしいものであった

◇その引ったくりの目的<u>たるや</u>、紙入れの収集だったのだ。

81 ～だろうに

接　続	文の普通形＋だろうに
意　味	やるべきことをしなかったり、起きるべきことが起こらなかったりすることに対して遺憾な気持ちを言うときに用いられる。
訳　文	用于对本来该做的事情却没做、本来应该出现的事情却没有出现等感到十分遗憾、惋惜的场合。"然而"、"可是"。
例　文	◇あのとき彼女がそう言ったなら、僕はどんなことをしてでも助けた<u>だろうに</u>。

◇あのとき彼女がそう言ったなら、僕はどんなことをしてでも助けた<u>だろうに</u>。

◇あなたの言い方がきついから、彼女はとうとう泣き出してしまったのだ。僕だったらもっとやさしく言った<u>だろうに</u>。

◇もしちょっと早めに出かけたら、終電に間に合った<u>だろうに</u>。

◇もしあの時、S社の株を買ったら、今頃僕も大金持ちになっていた<u>だろうに</u>。

◇地図を持っていけば、道に迷ってもそんなに慌てることはなかった<u>だろうに</u>。

◇ちょっと考えれば、さっきの話が冗談だってことくらいわかる<u>だろうに</u>、単純な彼は簡単に信じてしまった。　（2010-2　N1）

82 ～つ～つ

接　続	動詞ます形＋つ＋動詞ます形＋つ
意　味	相反的な内容の二つの動詞や能動と受動の形の連用形に付いて、動作の平行・継起を表す。書き言葉。慣用句的な表現が多い。
訳　文	接在相反意义的两个动词或主动和被动的动词连用形后，表示动作的并行、相继发生。文章语，常用于惯用表达。"一会……一会……"、

"时而……时而"、"或……或……"。

<dl>
<dt>慣用語</dt>
<dd>
「差しつ差されつ」（互相敬酒、你一杯我一杯）

「押しつ押されつ」（你推我挤、挤来挤去）

「持ちつ持たれつ」（互相帮助、互相扶持）

「行きつ戻りつ」（走来走去、来来回回）

「追いつ追われつ/抜きつ抜かれつ」（你追我赶）

「矯<ruby>矯<rt>た</rt></ruby>めつ<ruby>眇<rt>すが</rt></ruby>めつ」（仔细端详）

「<ruby>組<rt>く</rt></ruby>んず/つ<ruby>解<rt>ほぐ</rt></ruby>れつ」（互相撕扭、分分合合）

「見えつ隠れつ」（时隐时现）

「浮きつ沈みつ」（起起落落、几起几落）

「とつおいつ」（犹豫不决、游移不定）
</dd>
</dl>

<dl>
<dt>例　文</dt>
<dd>
◇事実を言おうか言うまいか、廊下を行き**つ**戻り**つ**考えた。

（1998年1級）

◇今夜はゆっくり二人きりで、差し**つ**差され**つ**朝まで飲みましょう。

◇ラッシュアワーの時間なので、地下鉄の車内で乗客は押し**つ**押され**つ**している。

◇われわれはお互いに持ち**つ**持たれ**つ**で、助け合ってきた。

◇優勝候補の両者は、ゴール直前で抜き**つ**抜かれ**つ**の接戦となった。

◇山田さんと私の成績は毎回追い**つ**追われ**つ**、お互いにいいライバルだ。

◇彼女はその鞄を矯め**つ**眇め**つ**、買おうか買うまいかと迷っている。

◇映画の中で、刑事が必死に逃げる犯人を捕まえる時の組ん**ず**/**つ**解れ**つ**のシーンには大変な迫力があった。

◇あの人は見え**つ**隠れ**つ**、ずっと後ろを付けていった。

◇あの政治家は浮き**つ**沈み**つ**して、今年ようやく首相のポストに就いた。
</dd>
</dl>

83　～ってば

<dl>
<dt>接　続</dt>
<dd>（1）人物名詞＋ってば</dd>
<dt>意　味</dt>
<dd>人を取り上げ、非難・不平不満を述べる時に使う。親しい関係の間で使うのが普通である。「ったら」に近い。</dd>
<dt>訳　文</dt>
<dd>用于提示某人物，表示说话人对其进行责备、不满等各种心情。接近「ったら」的意思。"说起……"。</dd>
<dt>例　文</dt>
<dd>
◇お母さん**ってば**、アメリカへ行ったのに、私に何も買ってきてくれないのよ。

◇彼**ってば**、いつも約束の時間に遅れるのよ。

◇お父さん**ってば**、聞いているの。あたし、おこづかいがもうないの。
</dd>
</dl>

◇あいつ**ってば**、よくおれをバカにするんだよ。でもいい仲だよ。

接　続	（2）文の普通形＋ってば

意　味	話し手の呼びかけ、主張、依頼、要求などを強調して使う。特に第一回目の話を相手が真剣に聞いてくれなかったりすると判断して繰り返して言うときに使うのは多い。

訳　文	强调说话人的提醒、主张、请求、要求等。多用于认为说第一遍时，对方要么没有认真听、要么误解了等，再重复一遍时使用。"我不是说过……了嘛"。

例　文	◇A「この部屋から出て行きなさい。」

　　　　B「5分、たった5分でいいから、いさせて。」

　　　　A「出て行け**ってば**。君が行かないなら、ぼくが出ていく。」

　　　◇A「宿題やったの。」

　　　　B「うん〜まだ。」

　　　　A「テレビをやめて、宿題をやりなさい。」

　　　　B「もうやった**ってば**、お母さん、本当にうるさいなあ。」

　　　◇A「太郎と良子ちゃん、静かに。ママは電話をしているから。」

　　　　B　……（騒ぎが続いている）

　　　　A「しいっ、静かに**ってば**。」

　　　◇A「ああ、お腹が空いた。あの、食事を作ってくれない？」

　　　　B「今、その気分じゃないの。」

　　　　A「頼むよ。」

　　　　B「いやだ**ってば**。あなた、手がないの。」

　　　◇A「この字、間違ってるんじゃないか。」

　　　　B「あってるよ。」

　　　　A「いや、絶対、間違ってる**ってば**。」

84　〜っぱなし

接　続	動詞ます形＋っぱなし

意　味	（1）他動詞に付く場合、当然することをしないでそのままにしておく、という意味。不満や非難の気持ちがあり、マイナス評価の意味が含まれることが多い。

訳　文	（1）前面接续他动词，表示本该做的事情却不去做，就那么放置不管。带有不满、责难的语气，多含有负面的评价。"放任…不管"。

例　文	◇風呂の水を出し**っぱなし**にして出かけてしまった。（1996年1級） ◇水を出し**っぱなし**にして、歯を磨くのはもったいないですよ。 　　　　　　　　　　　　　　　　　　　　　　　　　（2005年1級）

◇妹「お兄ちゃん、部屋の電気、付け**っぱなし**だよ。」

　兄「あ、ごめん、ごめん。」（2009-1　1級）

◇彼は僕から金を借り**っぱなし**のくせに、会っても知らん顔をしている。

◇ちょっと前までは開け**っぱなし**になっていた門も、近頃はしっかり鍵がかかっている。

◇うちの子ときたら、食べたら食べ**っぱなし**、服を脱いだら脱ぎっぱなしで、家の中がちっとも片付かない。

意　味	（2）自動詞に付く場合、同じ事柄や同じ状態がずっと続くという意味を表す。
訳　文	（2）前面接続自动词，表示相同的事情或相同的状态一直持续着的意思。"一直……"。

例　文　◇旅行のシーズンなので、毎日予約の電話が鳴り**っぱなし**だ。

◇この1週間雨が降り**っぱなし**で、洗濯物が乾かない。

◇電車の中はあいにく空席がなくて、ずっと立ち**っぱなし**だった。

◇この物件は値段が高すぎるせいか、借りる人がいなくて、半年ぐらい空き**っぱなし**だ。

◇彼はいつも奥さんに言われ**っぱなし**で、言い返すことができないらしい。

◇コンピューターは便利なものだが、座り**っぱなし**の仕事が増えて、かえって疲れる。

85　〜つもり/〜つもりはない

接　続	（1）名詞＋の＋つもり/つもりはない
	イ形容詞/ナ形容詞連体形＋つもり/つもりはない
	動詞た形＋つもり/つもりはない
	動詞て形＋いる＋つもり/つもりはない
意　味	他人がどう思っているか、事実がどうであろうかは別として、話し手自分自身がこう思っている、こう感じている。
訳　文	别人如何认为或是否与事实相符无关紧要，说话人自己是这样想的或是这样认为的。"我自己觉得……"、"我自己认为……"。

例　文　◇近道の**つもり**だったが、かえって遠回りになってしまった。

◇まだまだ元気な**つもり**だけど、あんな低い丘を登っただけでこんなに息が切れてしまうとは情けないねえ。もう年かなあ。

◇A「中村さん、ずいぶん年とったわね。」

　B「うん、でも、自分じゃまだまだ若い**つもり**でいるよ。」

◇彼女を傷つけるようなことを言った**つもりはない**んだが。

◇油断をした**つもりはない**が、ゴールの前で他の選手に追い抜かれてしまった。

◇昨日、息子が近所の公園で捕まえてきた昆虫を見て驚いた。虫についてだったら人よりも詳しく知っている**つもり**の私でもあんな虫は見たことがなかった。　（2012-2　N1）

◇部屋が汚いことを親に注意されてこれ以上きれいにしようがないくらいきれいにした**つもり**だったが、まだ汚いと言われた。

（2016-1　N1）

接　続	（2）動詞た形＋つもり
意　味	実際はそうでないのに、そうであるような気持ち。「〜したと見なしている」、「〜したと仮定している」という意味である。
訳　文	其实不是那么回事，但就当作是那么回事。"就当作……"。
例　文	◇旅行した**つもり**で、お金を全部銀行に預けておいた。 ◇「なに？金をなくしたの。まあ、しかたがない。マージャンでもして負けた**つもり**になったら。もう泣くなよ。」 ◇彼女はスーパースターになった**つもり**で、カメラに向かっていろいろポーズを取った。 ◇会社が潰れた。まあ、貧しい昔に戻った**つもり**で暮らしていこうと思う。 ◇完成までまだ一週間かかるのに、もう終わった**つもり**で、飲みに行った ◇死んだ**つもり**になって働いてきたのに、妻ときたらにこりもしない。男はつらいよ。 ✎「死んだつもり」は強い決心で何かをする様子を表す慣用的表現。

86　〜づらい

接　続	私には/私にとっては、動詞ます形＋づらい 第三人称は、動詞ます形＋づらいそうだ/らしい/ようだ/のだ
意　味	あることをやるのは困難である以上、動作主が感情的に「つらい」と感じられることを表す。言い換えれば、話し手があることを行うのは大変で、肉体的、精神的に負担であるという意味である。
訳　文	表示某人做某事时，不仅感到很困难。而且肉体上精神上都觉得很痛苦，是个很大的负担。"难以……"、"不好……"、"不便……"。
例　文	◇この席は講壇から遠くて（私には）声が聞き**づらい**。耳を十分に澄まさないと、先生が何を話しているか分からない。

◇この魚は骨が多くて（私には）食べ<u>づらい</u>。

◇私には彼女に借金を返してほしいとは言い<u>づらい</u>。

◇うちの課長はいつも難しい顔をしているので、話しかけ<u>づらい</u>。

◇子育てを妻一人に押し付けて海外へ単身赴任には行き<u>づらい</u>よ。家族を持っていない君には理解できないと思うけど。

弁別と分析　「～づらい」と「～にくい/がたい」

①「～にくい」は、その物自身には何らかの欠陥や不可抗力があって、できないでもないが、順調に行い得ないという意味である。話し手が感情を込めて述べるのではなく、客観的の事柄を行うのは困難だと言いたい時に使われる。

　大抵、やりにくいことは、話者に肉体的にも精神的にも苦痛をもたらしてしまうことが多い。したがって、意志動詞であるかぎり、「～にくい」と「づらい」とは置き換えられる場合が多い。尤も、置き換えられたら、文のニュアンスが変わってくる。また、やりにくいことが、やりづらいことの前提となるのは一般的である。

◇この魚は骨が多くて、食べ<u>にくい</u>/食べ<u>づらい</u>。

◇子育てを妻一人に押し付けて海外へ単身赴任には行き<u>にくい</u>/行き<u>づらい</u>。

②「～にくい」は意志動詞にも無意志動詞にも付くが、「～づらい」は無意志動詞には付かないことに要注意。

◇曇りの日が続いて、洗濯物が乾き<u>にくい</u>。　（づらい×）

◇この溝はつまっているようで、下水が流れ<u>にくい</u>。　（づらい×）

③「～がたい」は、「心情的にはあることをやりたいけれども、状況的には困難であり、或いは不可能である」ことを表す。物事その自身には欠陥か障害か不可抗力などがあるかないかとは関係ない。また、「肉体的にも精神的にもつらい」という感じがするかしないかともあまり関係がない。だから、「～がたい」に接続する言葉には心情・感情を表すものが多い。例えば「表す・信じる・言う・受け入れる・許す・理解する・得る・諦める・答える・耐える・認める・応じる」などが挙げられる。

◇あの人の言うことはどうも信用し<u>がたい</u>。

◇「お金があれば幸せになる」とは言い<u>がたい</u>。

◇あんなひどいことをしたのなら、許し<u>がたい</u>。

④「～づらい」と同じく、「～がたい」は意志動詞とともに使うが、無意志動詞には付かない。

◇彼の最近の行動はどうも分かり<u>がたい</u>。　（×）

◇ステンレスは錆び<u>がたい</u>。　（×）

⑤一部の動詞は、「～にくい」も「～がたい」も「～づらい」も使えるが、研究活動を行うのでないかぎり、これ以上探求しなくてもいいと思う。

◇辞職をしたいことを社長に言い<u>にくい</u>。　（解説：人手が足りないか、何らか

の不利なことが妨げられているような感じがする。）

◇辞職をしたいことを社長に言い**づらい**。（解説：社長に辞職したい気持ちを
伝えたら、感情的にとても苦しい感じがする。或いは社長に申し訳ないよう
な感じもするかもしれない。）

◇辞職をしたいことを社長に言い**がたい**。（解説：言おうとしても社長が承知
してくれる可能性がほとんどないというような感じがする。）

87 ～であれ/であろうと

接　続	名詞/ナ形容詞語幹＋であれ/であろうと
意　味	どちらの場合であっても状況・事態は変わりがない、という意味。後には、前の条件に影響されないことを表す文が来る。話者の判断・決意などを表す文が来ることが多い。また「たとえ・いくら・どんな」などの言葉と一緒に使うことも多い。
訳　文	表示无论在任何情况下，后项的状况、事态都不会发生改变。后项常接一些表示不受前项影响的表达。经常是说话人的判断、决意等。另外，经常和「たとえ・いくら・どんな」等词呼应使用。"无论……都（不）……"、"不管……怎样，都（不）……"。
例　文	◇たとえ子ども**であれ**、自分のしたことは自分で責任を取らなければならない。 ◇うそをつくことは、どんな理由**であれ**、許されない。 （2008 年 1 級） ◇どんな悪人**であろうと**、どこかに良心は残っているはずだ。 （2012-1　N1） ◇どんな金持ち**であれ**、この世にはお金で買えないものがある。 ◇いかに困難**であろうと**、目的を達成するまでは挑戦を続ける。 ◇いくら体が頑丈**であれ**、四日間寝ずに働き続けては倒れて当然だ。

88 ～であれ～であれ/～であろうと～であろうと

接　続	名詞/ナ形容詞語幹＋であれ/であろうと、～であれ/であろうと
意　味	どちらの場合であっても状況・事態は変わりがない、という意味。硬い話し言葉やフォーマルな書き言葉で使う。主として名詞が用いられるが、形容動詞を用いることもある。形容詞の場合は「～かれ～かれ」の形になる。動詞の場合は「～にしても～にしても」を使う。
訳　文	表示无论在任何情况下，后项的状况、事态都不会发生改变。用在一些较为拘谨的口语或较为正式的书面语中。前项一般接续名词，也有接续形容动词的情况。接形容词时使用「～かれ～かれ」的形式。接动词使

用「～にしても～にしても」。"无论是……还是……，都……"。

| 例　文 | ◇国家議員**であれ**公務員**であれ**、税金は納めなければならない。 |

(2005 年 1 級)

◇男の子**であれ**女の子**であれ**、とにかく無事に生まれてきてほしい。

◇生活が豊か**であれ**、貧乏**であれ**、家族が一緒に揃って暮らせれば満足だ。

◇仕事なのだから、好き**であれ**嫌い**であれ**しなければならない。

◇晴天**であれ**雨天**であれ**、稽古の時間は変更しない。

◇仕事**であれ**、趣味**であれ**、自分の好きなことをやるのが一番だ。

| 注　意 | 関係ないばらばらの例ではなく、同じ意味のグループに入る例を並べる。 |

89　～ていはしまいか

接　続	動詞て形＋いはしまいか～　（心配だ・気になる）
意　味	否定的な推量を表す助動詞「まい」に「ている」が付いた形で、「～ていないだろうか」「～ているのではないだろうか」という意味で、話し手の推測や断定を表す。述語には「心配だ」、「気になる」などの言葉が来るのが多い。
訳　文	「ている」接表示否定推量的助动词「まい」，相当于「～ていないだろうか」「～ているのではないだろうか」的意思，表示说话人的一种推测。谓语多为担心、牵挂的表达形式。"是不是……呢"、"会不会是……呢"、"是不是正在……呢"。
例　文	◇届いてくるはずの合否通知書がまだ来ていない。落ち**ていはしまいか**と心配だ。

◇昨日の私の話は、彼女の心を傷つけ**ていはしまいか**と気になって電話をしてみたら、居留守を使われた。

◇彼女は日本へ来て３ヵ月も経ったが、一度も私に連絡してくれなかった。私のことを忘れ**ていはしまいか**と気になってならない。

◇娘をはるばるイギリスへ留学に行かせたが、今ごろ苦労し**ていはしまいか**と毎日考えている。

◇実家に預けている子どもが、寂しくて泣い**ていはしまいか**と一人で気を揉んでいる。

90　～てからというもの（は）/それからというもの

| 接　続 | 動詞て形＋からというもの（は） |
| 意　味 | そのことが契機で、それからは大きな変化が起きて、その事態が続い |

ていることを表す。

| 訳文 | 表示以前项为契机，自从那以后一直…。后项常表示与之前相比有了非常大的变化，并且其事态仍在持续。"自从……之后，就……"。 |

| 例文 | ◇隣のご主人は、奥さんが亡くなっ<u>てからというもの</u>、ほとんど外出しなくなった。（1998年1級）
◇将棋の面白さを知っ<u>てからというもの</u>、彼は暇さえあれば、将棋の本ばかり読んでいる。（1999年1級）
◇この道具を一度使っ<u>てからというもの</u>、あまりの便利さに手放せなくなってしまった。（2005年1級）
◇遭難しても、チョコレートが1枚あれば数日間生きられる、という話を聞い<u>てからというもの</u>、登山にはいつもチョコレートを持って行くようにしている。（2007年1級）
◇Eメールを使うようになっ<u>てからというもの</u>、ほとんど手紙を書かなくなった。（2009-1　1級）
◇5年前、飲酒運転で交通事故を起こした。<u>それからというもの</u>酒を飲まないことにした。 |

| 注意 | あまり近い過去からの期間には使わない。後には、変化後の状態が継続していることを表す文が来る。また、中級の類義文型「〜て以来」と「〜てからというもの」を比べたとき、前者は客観的・無感情であるが、後者は話者の喜怒哀楽の感慨・感情が現れる点に特徴がある。 |

91　〜てしかるべきだ/てしかるべし

| 接続 | 動詞て形＋しかるべきだ/しかるべし |

| 意味 | 文語動詞「然り（その通りだ、という意味）」の連体形。そうするのが当然だ、そうあるべきだ、という意味。「〜（する）のが当然だ・〜（する）のが当たり前だ」と同じ。 |

| 訳文 | 古语动词「然り（正是那样的）」的连体形。表示那样做或有那样的结果是理所当然的。跟「〜（する）のが当然だ・〜（する）のが当たり前だ」意义相同。"理所当然……"、"理应……"。 |

| 例文 | ◇所得が低い人には、税金の負担を軽くするなどの措置がとられ<u>てしかるべきだ</u>。（2007年1級）
◇そもそも哲学というのは日常生活の中にこそ、生まれ<u>てしかるべき</u>なのだ。
◇彼は実力があり、しかもハーバード大学で博士号を取った。学長になっ<u>てしかるべきだ</u>。
◇状況が変わったのだから、会社の経営計画も見直され<u>てしかるべきだ</u>。（2009-2　1級） |

◇本来なら社長がじきじき出向い**てしかるべき**なのに、謝罪に行った
のは営業部長だった。

92 ～て済む/済むことではない

接続	名詞で形＋すむ/すむことではない
	助詞だけ＋で＋すむ/すむことではない
	動詞て形＋すむ/すむことではない

意味 これだけで解決できるので、これ以上やる必要がない。或いはこれだ
けでは解決できることではないという意味を表す。

訳文 「～てすむ」表示"这样就可以解决了，用不着再采取其他的行动了"
相当于"……就解决了"、"……就完事了"等意思。否定形式「～て
すむことではない」表示"就这样解决不了问题"。相当于"单单这样
解决不了……"等意思。

例文 ◇電話一本**ですむ**ことだから、わざわざ行かなくてもいい。
◇少数意見だからって、あっさり片付け**てすむことではない**。
◇お父さんの眼鏡を壊した。殴られると思ったら、謝っただけ**ですん
だ**。
◇お金**ですむ**とあれば、いくらでも出す。とりあえず娘を犯人から解
放しよう。
◇今度の事故は被害者に謝罪をしなければならないと思う。補償金だ
け**ですむことではない**。

93 ～てでも

接続	動詞て形＋でも

意味 どんな手段も惜しまず、必ず後件のことをする、という強い意志や願
望や決心を述べるときに使う。この表現は基本的な意味が「～ても」
と同じであるが、話者の気持ちがずっと強い。

訳文 表示不惜采取任何手段，也坚决要做后项的事情。谓语多为说话人强烈
的意志、愿望和决心。这个表达形式比起「～ても」来，语气要强烈的
多。"就是……也要……"、"即使……也……"。

例文 ◇今日の会合には、どんな手段を使っ**てでも**時間どおりに到着しなけ
ればならない。 （2003年1級）
◇家を売っ**てでも**息子を海外留学に行かせたいと思う。
◇マラソンレースに出ると決めた以上、這っ**てでも**ゴールインすると
彼は言っている。

◇もし彼女がいやだと言っても、引きずっ**てでも**病院へ連れて行くつもりだ。

◇これはまったく根も葉もないうわさだ。会社を辞め**てでも**裁判で社長と争わなければならない。

◇たとえ自分が殺され**てでも**ストーカーから恋人を守ると彼はそう言っている。しかし、なんだかテレビの見過ぎのような気がした。

注 意	後ろに強い意志や希望を表す表現を伴って、実現のためには、そのような極端な手段を用いるのもためらわないという強い決意を強調する。

94 ～でなくてなんだろう（か）

接 続	名詞＋でなくてなんだろう（か）
意 味	「愛・宿命・運命・真実」などの抽象名詞に付いて、それ以外のことは考えられず、まさにそのものだという話し手の強い感情・主張を表す。小説や随筆などの中で用いられることが多い。書き言葉。
訳 文	接「愛・宿命・運命・真実」等的抽象名词，表示除此之外不做他想，正是其本身。表示说话人强烈的感情或主张时的表达方式。常在小说和随笔等中使用。书面语。"不是……又会是……呢""这就是……"。
例 文	◇こんなに見事な絵が芸術**でなくてなんだろう**。（1998年1級） ◇戦争で多くの人が殺されているなんて、これが悲劇**でなくてなんだろう**。（2003年1級） ◇たった三歳でこんなに難しい曲を見事に演奏してしまうとは、これが天才**でなくてなんだろう**。（2007年1級） ◇女子学生の就職難は男子学生よりもっとひどい。これが差別**でなくてなんだろう**。 ◇彼女のためなら命も惜しくない。この気持ちが一体愛**でなくてなんであろう**。 ◇出会ったときから二人の人生は破滅へ向かって進んでいった。これが宿命のいたずら**でなくてなんだろう**。 ◇僕と彼女の出会いは、たまたま乗った飛行機で隣の席に座ったことがきっかけだった。これが運命**でなくてなんだろう**。
注 意	感動・嘆き・称賛などの気持ちを表す。少し大げさな意味の言葉に付く。また、文脈により、後の「なんだろう」は他の疑問詞「だれだろう・どこだろう・どちらだろう・どの＋名詞だろう」に置き換えることが可能だ。 ◇こんなひどいいたずらをしたのはあの子**でなくて誰だろう**。 ◇世界一のタワーは東京スカイツリー**でなくてどれ/なんだろう**。 ◇原子爆弾の被爆国は日本**でなくてどの国だろう**。

95 ～てのことだ

接 続	動詞て形＋のことだ
意 味	前件のことがあってこそ、後件が成り立つ。原因を表す言い方である。必要な条件を強調する表現。会話でよく使われる。
訳 文	后项的事情之所以能够成立，那是因为有了前项的缘故。属于强调必要条件的表达。会话中较长使用。"是因为……才可能……"。
例 文	◇花屋が順調にオープンできたのは親が援助してくれ**てのことだ**/親の援助あっ**てのことだ**。
	◇保育園の経営なんて子どもがあっ**てのことだ**。子どもが入ってこなかったらもうお手上げだ。
	◇おまえを外国へ留学させるのは、おまえの将来を考え**てのことだ**。しっかり勉強するんだよ。
	◇今回の人事異動は君の将来を考え**てのことだ**。不満もあるだろうが辛抱してくれたまえ。
	◇来年、会社を作るつもりだ。しかし、それも資金調達がうまくいっ**てのことだ**。

96 ～ては、～ては

接 続	動詞て形＋は、同一動詞（或いは反対語動詞）て形＋は、～
意 味	ある状態・行為が交互に規則的に短い間隔で繰り返されて起こることを表す。文脈によって、話し手がXとY以外のことは何も行われていないことを誇張している。
訳 文	表示某个状态、行为在短时间内有规律地交替或反复发生。说话者夸张地说明了"除X、Y以外，没有做任何事情"。"又……又……"。
例 文	◇休み中、食べ**ては**眠り、食べ**ては**眠りの連続で、すっかり太ってしまった。（2002年1級）
	◇雨が降っ**ては**止み、降っ**ては**止みしている。梅雨に天気にうんざりした。
	◇書い**ては**消し、消し**ては**また書き、やっと志望理由書を書き上げた。
	◇覚え**ては**忘れ、忘れ**ては**覚えるというふうに繰り返して外国語の単語を覚える。
	◇作っ**ては**壊し、作っ**ては**壊し、何度も繰り返した末に、ようやく満足できる玩具の車ができ上がった。
	◇赤ちゃんは転ん**では**起き、起き**ては**転んでいるうちに歩けるようになる。大人の場合も同じである。失敗し**ては**立ち直りの反復の中でこそ成功は手に入れられるのである。

注　意　「〜動詞＋ては」、つまり一つの「ては」を使う場合もある。意味が「〜ては、〜ては」と同じである。

◇休み中、食べ**ては**眠りの連続で、すっかり太ってしまった。

◇寄せ**ては**返す（＝寄せ**ては**返し、寄せ**ては**返す）波の音を耳にしながら、遥か彼方（かなた）の古里を思っている。

◇家計が苦しいので、母はお金の計算をし**ては**ため息を付いている。

◇一行を訳し**ては**考え込むので、なかなか先へ進まない。

97　〜ではあるまいし/じゃあるまいし/ではなかろうし

接　続　名詞＋ではあるまいし〜

動詞連体形＋の/わけ＋ではあるまいし〜

意　味　「XではあるまいしY」で、もしXなら分かるが、実際にはXではないのだから当然Yだという話し手の批判や不満などを表す。「〜ではないのだから」と同じ。

訳　文　用「XではあるまいしY」的形式，表示如果是X的话还可以理解，但是实际上因为并不是X，所以理所当然地认为是Y。表现说话人的批评和不满。跟「〜ではないのだから」相同。"又不是……咯（所以没必要……）"。

例　文　◇十代の娘**じゃあるまいし**、そんな派手なリボンはつけられませんよ。

（1999年1級）

◇航空、レジャー関連企業が若者に人気があるという。海外旅行が珍しい時代**ではあるまいし**、どうして若者はそういった企業に行きたがるのだろうか。（2005年1級）

◇子供**ではあるまいし**、もう少し冷静に話し合うべきだ。

（2008年1級）

◇夫「週末の旅行、このスーツケースでどうかなあ？」

　　妻「何週間も海外に行くわけ**じゃあるまいし**、今度はそんなに大きいスーツケースは要らないんじゃない？」（2011-2　N1）

◇赤の他人**じゃあるまいし**、悩みがあるなら私に話してよ。

◇彼氏が死んだの**ではあるまいし**、そんなに泣くことはないだろう。

◇期末レポートと言っても別に外国語で書くん**じゃあるまいし**、そんなに心配しなくていいよ。

◇金の成る木があるわけ**ではなかろうし**、なんで湯水のように俺のお金を使っているの。

注　意　後には、話者の判断・主張・忠告など、現状を否定するようなニュアンスの文が来る。

98 ～てはいられない/てばかり（は・も）いられない

接 続	動詞て形＋（は）いられない/ばかり（は・も）いられない
	名詞＋（のまま）ではいられない

意　味　切迫した状況なので、ある状態をそのままずっと続けさせられない、はやく別の行動に移りたい、という意味。「～てばかり（は・も）いられない」の形で、「～てばかりいるわけにはいかない」の意味で、現在の状態について、話し手が安心していてはいけない・油断していてはいけないと感じることを強調する。

訳　文　因为情况紧迫，不能一直保持某种状态，希望尽快进行下一个动作。以「～てばかり（は・も）いられない」的形式表示"不能一味地……"的意思，强调了就现下的状态不能安心、马虎的语感。

例　文　◇試験終了時間まであと数分だから、この問題にそんなに時間をかけ**てはいられない**。（2004 年 1 級）

◇怪我はまだ全快していないが、人手も足りないことなので、このままのんびりと休ん**ではいられない**。

◇試験を間近に控えているので、このように毎日バイトをし**てはいられない**。明日から、バイトの時間を減らし、勉強しようと思います。

◇失業手当が出るとはいえ、ずっとこのようにうちでごろごろし**てはいられない**。子供に金も使うし、妻も体調がよくないから。

◇実家でのんびり遊ん**でばかりはいられない**わ。夫は洗濯も満足にできないんだもの。

◇どんなに辛くても、泣い**てばかりもいられない**。もっと強く生きていかなければならない。

◇まだ卒業論文が完成していないので、就職先が決まったからといって、喜ん**でばかりはいられない**。

◇ずっと大学にいたいが、いつまでも学生のまま**ではいられない**。

注　意　前に「いつまでも・うかうか・ぐずぐず・のんびり・もう・ずっと」などの副詞がよく来る。

99 ～て（は）かなわない

接 続	動詞て形＋（は）かなわない
	イ形容詞-くて＋（は）かなわない
	ナ形容詞-で＋（は）かなわない

意　味　程度がひどすぎて、困る、我慢できない、という意味。マイナスのイメージとして用いられるのが多い。「は」をつけたら、我慢できない程度が強くなる。「～て（は）たまらない」に近い。話し言葉で、

「～ちゃかなわない/じゃかなわない」。

訳　文	因程度过甚而感到困惑、为难、不能忍受。多用于描述消极的场合。用「は」可以加强无法忍受的程度。跟「～て（は）たまらない」相同。「～ちゃかなわない/じゃかなわない」是口语形式。"……的话，让人受不了"、"如果……的话，就没有办法了"。

例　文	◇隣は毎晩深夜まで騒いでいる。こんなにうるさく**てはかなわない**。 ◇こんなに狭い部屋の中に 40 脚も机が置かれて、窮屈で**かなわない**。 ◇今年引き下げられた税率が、来年から上がるそうだ。短期間でこう何度も変えられ**てはかなわない**。（2009-1　1級） ◇おもしろいと言われたからといって、同じ冗談を何度も聞かされ**ちゃかなわない**。（2007年1級） ◇夏は体の調子を崩しやすく、私にとっては冬のほうが過ごしやすい。そうは言っても、毎日こう寒く**てはかなわない**。（2000年1級）

注　意	第三人者の感情・感覚・願望を述べる場合には、後ろに「～らしい/そうだ（伝聞）/ようだ（様態）/のだ」などの表現を付けなければならない。

100　～では済まされない/では済まない

接　続	名詞＋では済まされない/では済まない 動詞普通形＋では済まされない/では済まない 文の普通形＋では済まされない/では済まない

意　味	前件のことが現れたなら、そうしないといけない、許されない。或いは簡単に片付けられない。

訳　文	在前项出现的情况下，后项将无法对付、无法维持、无法将就下去。或表示不能容忍。"如果……的话那是不行的"、"如果……那是无法迁就过去的"、"如果……的话，那是不能解决问题的"。

例　文	◇課長である以上、そんな大事なことを知らなかった**ではすまされない**だろう。 ◇この話は笑い話**では済まされない**ところがある。 ◇試験問題を漏らすようなことをしておいて、つい出来心**ではすまされない**。これは教員としてあるまじき行為だから。 ◇毎日の暮らしがこんなに苦しくては、愛している**ではすまされない**わ。もうこれ以上我慢できないわ。 ◇人の大事にしているものを壊した以上、謝っただけ**ではすまされない**。きちんと修理代を払うべきだ。 ◇管理層の人として、マネジメントに関する基本の知識を知らない**ではすまされない**。

101 ～て憚（はばか）らない

接続	動詞て形＋はばからない
意味	「憚（はばか）る」は、恐れ謹（つつし）むという意味である。「～て憚（はばか）らない」は、物事をするのにも、ものを言うのにも恐れ慎まなくそして気兼ねもせずに行動をするという意味を表すときに用いられる。
訳文	动词「憚る」的意思是说话、办事时有某种顾虑或忌惮。「～て憚らない」表示说话、做事毫无顾忌，肆无忌惮地敢说敢为，直言不讳。"公然断言……"、"毫无顾忌地……"、"肆无忌惮的说……"。
例文	◇その新人候補は今回の選挙に必ず当選してみせると断言し**てはばからない**。（2000年1級） ◇議会で大統領は戦争を起こしてでもその国の体制を改革したいと広言し**てはばからない**。 ◇男は女のために働き、女のために生きているのだと彼女はそう言っ**てはばからない**。 ◇将来、私は世界一流の名優になると中学生の彼は言っ**てはばからない**。 ◇彼女は自分のものであるかのように、僕の物を使っ**てはばからない**。
注意	遠慮せずにおおっぴらにして、厚かましいという話し手の相手への非難の気持ちがある。

102 ～て（は）やりきれない

接続	動詞て形＋（は）やりきれない イ形容詞-くて＋（は）やりきれない ナ形容詞-で＋（は）やりきれない
意味	「～て我慢できない、～てかなわない」とほぼ同じ意味であるが、マイナスのイメージを表すのに使われるから、「嬉しい」などのようなプラスイメージを示す言葉には付きにくいのに注意しよう。
訳文	表示难以承受前项的事情。意思和「～て我慢できない、～てかなわない」基本相同。但要注意的是：虽然它所接续的也是表示情感、感觉类的词汇，但由于这个用法主要用于消极的场合，所以一般不能和「嬉しい」这类表示积极因素的词汇一起使用。"……的话，让人受不了"。
例文	◇志望の大学院に入れるかどうか、心配**でやりきれない**。 ◇毎晩12時まで残業をやらされるので、眠く**てやりきれない**。 ◇無責任な彼の態度に腹が立っ**てやりきれない**。 ◇昼過ぎになると、暑く**てやりきれない**。 ◇実力が足りなかったといえばそれまでだが、このように採用を拒否

されてはやりきれない。

◇彼は仕事もないし、将来がどうなるか、不安でやりきれないらしい。

注意 第三人者の感情・感覚・願望を述べる場合には、後ろに「～らしい/そうだ（伝聞）/ようだ（様態）/のだ」などの表現を付けなければならない。

103 ～てまで/までして

接続 動詞て形＋まで

名詞＋までして

意味 （1）「Xてまで/までしてYする、Yしたい」の形で、Xほどの極端な犠牲を払ってYという目的を達成する、達成したい、という意味。

訳文 （1）以「Xてまで/までしてYする、Yしたい」的形式，表示为了想要达到Y这样的目的，不惜付出程度超乎寻常的X这类极端的代价或重大的牺牲。"甚至不惜……（也想……、也要……）"。

例文 ◇裁判で争っ**てまで**、彼女は離婚したかったのだ。

◇この絵は、昔父が借金**までして**手に入れたものです。

(2002年1級)

◇彼が自殺し**てまで**守りたかった秘密というのは何だろう。

◇徹夜**までして**頑張ったのに、テストでいい点が取れなかった。

◇環境に配慮したエンジンを開発するため、各企業は必死に研究を続けている。担当者は休日出勤**までして**力を注いでるらしい。

(2000年1級)

◇社員を解雇し**てまで**コストを下げようと思っている会社が少なくないようだ。

◇子供が勉強部屋が欲しいと言うので、家の改造**までして**与えたのに、一向に勉強しようとしない。

意味 （2）「Xてまで/までしてYしたくない、Yしようとは思わない、Yする必要はない」の形で、YするためにXのようなことはしたくない、という意味。非難の気持ちがある。Xは極端なこと。

訳文 （2）以「Xてまで/までしてYしたくない、Yしようとは思わない、Yする必要はない」的形式，表示不想为了实现Y，而做出像X那样的事情。具有责备的意思。X是极端的事情。"（不想为了……、不必要为达到……、难道有必要为了……）甚至不惜……"。

例文 ◇環境破壊し**てまで**、工業化を推し進めていくのには疑問がある。

◇好きなことを我慢し**てまで**長生きしたいとは思わない。

（2003 年 1 級）

◇最近の祭りは以前ほど活気がなくなってきた。仕事を休ん**でまで**行く必要はないだろう。（2005 年 1 級）

◇借金し**てまで**遊びに行ったと聞いて、呆れてしまった。

（2008 年 1 級）

◇趣味を持つのは良いことだと思いますが、家庭を犠牲にし**てまで**となると、それはちょっと問題です。（2011-1 N1）

◇色々ほしいものはあるが、借金**までして**買いたいとは思わない。

◇いつの世にもお年寄りを騙すようなこと**までして**、お金を儲ける人がいる。

104 ～てみせる

接　続	動詞て形＋みせる
意　味	（1）話し手が決意をもって何かを実現させようという強い意志を示す。
訳　文	（1）表示说话人决心实现某事的强烈愿望。"一定要……"。
例　文	◇今度こそどうしても大学院の入試試験にパスし**てみせる**と誓った。

◇絶対事業を成功させ**てみせる**。それまでは絶対国へは帰らないと彼はそう言った。

◇今回の実験はきっとやり遂げ**てみせる**。そうしないとみんなに申し訳ない。

◇去年のコンクールでは私はあんなに練習したのに受賞できなかった。今年はもっと練習して、きっと優勝し**てみせ**よう。（2000 年 1 級）

◇私の店はまだ有名ではないが、いずれは皆に「この店の料理は最高だ」と言わせ**てみせる**。（2008 年 1 級）

◇昨日初めてハンバーグを作ったが、家族にあまりおいしくないと言われてしまった。今度は絶対おいしく作っ**てみせる**。

（2016-1 N1）

意　味	（2）人が見るようにするために、また分からせるために、モデルとしてある動作をする。
訳　文	（2）表示为了让别人能看见或能明白而做示范动作。就是说把自己会做的动作展示给别人看。"给……看"。
例　文	◇ロッククライミングのテクニックを教えてやろう。じゃ、先に僕が登っ**てみせ**よう。

◇先生は発音を指導なさるために、ゆっくり口を動かして発音して**みせた**。

◇歌がお上手だそうですね。どうか一度歌って**みせて**ください。

◇うちに帰った太郎は学校で習ったばかりの漢字を母に書いて**みせた**。

◇ファックスの使い方がまだ分からないので、一度やっ**て見せて**くれませんか。

105 〜てみろ

接 続	動詞て形＋みろ
意 味	仮定条件を表す言い方で、「〜たら」と同じ働きである。
訳 文	表示假定条件。同「〜たら」意思一样。"如果……""要是……"。
例 文	◇このパソコンが壊れでもし**てみろ**、論文が期限までに出せなくなってしまう。

◇あいつに口答えなんかし**てみろ**、何倍にもなって返ってくるぞ。

◇雨が降っ**てみろ**、大事な試合が中止になってしまう。

◇おれが行っ**てみろ**、けんかなんかすぐに片付けてやる。

◇小林さんが手伝っ**てみろ**、宿題なんか10分もかからない。

106 〜ても差し支えない

接 続	動詞て形＋も差し支えない
	イ形容詞-くて＋も差し支えない
	ナ形容詞-で＋も差し支えない
意 味	〜ても支障がない。「〜てもいい/〜てもかまわない」に近いが、改まった表現である。「〜てもさしつかえはない」とも言う。
訳 文	即使做某事也无妨。即使出现前项的事情或现象也无妨。同「〜てもいい/〜てもかまわない」的意思类似。较郑重的说法，也可以说成「〜てもさしつかえはない」。"即使……也没有关系"。
例 文	◇この書類は部内で使うから、判子を押さなく**てもさしつかえない**。

◇物さえよければ少しくらい高く**てもさしつかえありません**。

◇非常な際には、自分の判断で事を処置し**てもさしつかえない**。

◇仕事はそんなに難しくないから、外国語が少し下手**でもさしつかえない**。

◇今日のパーティーに来る人はみんな知り合いなんだから、服装は普段着**でもさしつかえない**と思いますけど。

◇手術後の経過が順調だったら、来週は散歩に出**てもさしつかえない**。

（1999年1級）

107 ～でもしたら

接続	動詞ます形＋でもしたら
意味	万一そうなったら大変だ、という意味。事故、病気など、万一起こると困るということを挙げて、注意を促すような場合が多い。
訳文	表示如果发生类似前项事情的话就糟了的意思。多用于举出万一发生事故、万一生病就麻烦了的事例，以提醒对方注意的场合。"如果……就（糟了）……"、"万一……的话，就（麻烦了）……"。
例文	◇浮気のことが、彼女に知られ<u>でもしたら</u>大変だ。 ◇今度また何かトラブルを起こし<u>でもしたら</u>、辞めてもらうよ。 ◇おじいさんの古時計、触らないでね。壊し<u>でもしたら</u>大変なことになるからね。 ◇そんな大金、落とし<u>でもしたら</u>大変だから、銀行に入れたほうがいいですよ。 ◇子供「お母さん、来週の日曜日、さくら山に行ってもいい？」 　母親「だめよ。今の季節、あの山にハチがたくさん出るのよ。万が一、刺され<u>でもしたら</u>大変でしょ。」（2010-2　N1）

108 ～て（も）もともとだ

接続	ナ形容詞（だめ、無理）-で＋（も）もともとだ 動詞て形＋（も）もともとだ
意味	前に「だめ・無理・失敗・損」など否定的意味を表す語の後に付いて、よくない結果が現れても損とは思わない、何もしなかったのと同じで気にするな、そもそも期待していないんだから、という励ましの気持ちがあるときによく使う。
訳文	前项接「だめ・無理・失敗・損」等否定意义的词，表示即使出现不好的结果也无所谓、和什么都没做一样、不要介意，因为原本就没有抱多大的希望。带有一种鼓励去做的心情。"……的话也无所谓"。
例文	◇初めからあまり受かる可能性がなかったから、落ち<u>てももともとだ</u>。 ◇断られ<u>てももともとだ</u>と思って、彼女にプロポーズしたら、案の定断れた。 ◇あのチームが相手だったら負け<u>てももともとだ</u>。とにかく全力を尽くすことができればそれでいい。 ◇こんな実験は成功する確率はほとんどゼロだと分かっている。だから、失敗し<u>てももともとだ</u>。 ◇採用の条件には合わないけど、だめ<u>でもともとだ</u>から、この会社に履歴書を出してみよう。

109 〜てやまない

接続	動詞て形＋やまない
意味	「愛する・尊敬する・願う・期待する・祈る・望む・希望する」など自分の感情や相手に対してずっと強く期待したり願望したりする気持ちを表す。スピーチなどでよく使う。書き言葉。
訳文	前項接「愛する・尊敬する・願う・期待する・祈る・望む・希望する」等感情、心理状態的动词，表示自身一直拥有的感情或对对方一种长期的强烈期待和愿望。带有一种鼓励去做的心情。属于书面语，经常用在演讲或小说中。"……不已"、"非常……"、"衷心的……"。
例文	◇結婚する二人の今後の幸せを願っ**てやまない**。（2001年1級）
	◇多くの困難に負けず、努力を続けている彼女は素晴らしい。私は彼女の成功を願っ**てやまない**。（2004年1級）
	◇大統領の訪日を機に、両国民の相互理解が深まることを期待し**てやみません**。
	◇地球上には今も戦争をしている国がたくさんある。世界中が平和になることを祈っ**てやまない**。
	◇妹は結婚してずっと子供に恵まれなかったが、やっと去年妊娠した。高齢出産の妹が無事に出産することを願っ**てやまない**。
	◇高校の頃から慕っ**てやまない**先生の下で勉強できるようになったのは、どれほど嬉しいことだろう。
注意	「〜てやまぬ＋名詞」という連体修飾形もよく使われる。また、一時的な気持ちを表す動詞（失望する・腹を立てる）、自発表現などには使わない。主語は普通一人称だが文中に表れないことが多い。
	◇彼の求め**てやまぬ**金銭と権力は果たしてそんなに意義があるのか。
	◇祖母の体の異変にもっと早く気づけばよかったと悔やまれ**てやまない**。（× 自発表現→〜てならない）

110 〜と（が）相まって/も相まって

接続	名詞＋と（が）相まって/も相まって
意味	そのことが他の要素と作用しあい調和して、一層の効果が現れている、という意味。書き言葉。普通はプラスの評価が多い。
形式	①名A＋と＋名B＋と（が）相まって（二つの例を挙げる場合） 　名A＋が＋名B＋と相まって（二つの例を挙げる場合） ②名B＋も相まって （一つの例を挙げて、他の要素も存在するのを暗示する）
訳文	两个要素互相结合，相互作用，从而产生了更有效果的后项。书面语。

一般多为正面的评价。“与……相结合，使得……更加……”、“……再加上……更加……”。

| 例　文 | ◇今年の米は、温暖な気候と適度な雨量<u>とが相まって</u>豊作となった。 |

（1996 年 1 級）

◇厳しい経済状況<u>も相まって</u>、就職は非常に困難だった。

（2004 年 1 級）

◇急速な少子化は、高齢者の増加<u>と相まって</u>、日本の人口構造を大きく変えてきている。（2007 年 1 級）

◇この家具は、複雑なデザインが華やかな色彩<u>と相まって</u>、素晴らしい製品となっている。（2009-1　1 級）

◇このホテルはサービスがいいし、駅に近いという立地条件の良さ<u>と相まって</u>、いつも満室だ。

◇彼の作品は、日本古来のものが異国的なもの<u>と相まって</u>、独特の雰囲気を作り上げていた。

◇彼の才能は人一倍の努力<u>と相まって</u>、見事に花を咲かせた。

◇そのドラマはストーリーのおもしろさと人気アイドルの出演<u>とが相まって</u>高視聴率をあげた。

111　〜とあって

接　続	動詞普通形＋とあって
	イ形容詞/名詞/ナ形容詞語幹＋とあって
意　味	そのような特別な状況であるから、後の客観的な事柄が当然起こる、ということを表す。ニュースなどで話し手の観察を述べるときに使う。後には、「つもりだ・たい」などの意志表現は来ない。書き言葉。
訳　文	因具有特殊的前项情况，自然引发后面的客观情况。在新闻报道中阐述观点时使用。后项不可以接「つもりだ・たい」等表示意志的内容。书面语。“因为……”、“由于……”。
例　文	◇掃除が終わったらおやつがもらえる<u>とあって</u>、子供は一生懸命手伝っている。（1997 年 1 級）

◇無料で映画が見られる<u>とあって</u>、入り口の前には一時間も前から行列ができた。（2001 年 1 級）

◇人気俳優が来る<u>とあって</u>、このイベントのチケットはあっという間に売り切れた。（2006 年 1 級）

◇連休<u>とあって</u>、遊園地は相当な混雑だったようだ。

（2009-1　1 級）

◇人気作家 A 氏の講演会が無料<u>とあって</u>、多くのファンが詰めかけた。

（2011-1　N1 級）

◇人気の韓流スターが来日**とあって**、空港には 3000 人以上の女性が集まった。

◇今日はゴールデンウィークの初日**とあって**、どこも人出で賑わっている。

| 注 意 | 平常とは違う特別な状況を表す言葉につく。後には、その状況から当然出てくる結果を表す文が来る。話者自身のことには使わない。 |

112 ～とあっては

| 接 続 | 動詞辞書形/名詞/イ形容詞＋とあっては |

| 意 味 | （1）「～ということになったのでは、望ましくない結果が起こる」という意味を表す。否定的評価を表す一般的条件の「～ては」が付いて、後にマイナス結果が来るのは普通。 |

| 訳 文 | （1）表示"如果做了前项或出现了前项的话，可能会到最后不希望看到的结果"的意思。接有表示否定评价的一般性条件的「～ては」，后项一般是消极的结果。"要是……的话，就……"。 |

| 例 文 | ◇日本語は読むのは読めるが、会話**とあっては**全然だめなんだ。
◇勝手に行動する**とあっては**、大変なことになるかもしれないよ。
◇ライバルに助けてもらった**とあっては**、俺の立場がない。
◇試験をやらない**とあっては**、生徒たちは怠けがちになるだろう。
◇会議中、自分の意見をはっきり出せない**とあっては**、納得してもらうのは難しい。
◇あまり授業に出てこないし、試験の結果も悪い**とあっては**、卒業できなくても責任を持たないぞ。 |

| 意 味 | （2）「～という状況であるなら」という意味を表す。特別な状況の場合に用いられ、後にその状況で当然起こる事柄や取るべき行動を述べるのに使う。話し手の予測・確信などの判断を表す。仕方がないという意味を含むときが多い。後に「～なければならない・ないわけにはいかない・ないはずがない・しかない・ほかない・断れない」などの否定表現が来る場合が多い。やや硬い表現だが、話し言葉でも使う。 |

| 訳 文 | （2）表示"如果是……的状况"的意思。用于特别状况的场合，后项叙述在那种状况下当然发生的事情或者应该采取的行动。表示预测、确信等说话人的判断。多带有无奈的含义。后项常接「～なければならない・ないわけにはいかない・ないはずがない・しかない・ほかない・断れない」等否定表达。虽然用法稍微有些生硬，但在口语中也可以使用。 |

◇いろいろ世話になった先生の頼み**とあっては**、断るわけにはいかない。

◇上司の指示**とあっては**、仕事の内容が気に入らなくてもやらなければならない。

◇大好きなアイドル歌手がコンサートを開く**とあっては**、何とかして見に行かなければいかない。

◇高価なブランド商品が定価の五割で買える**とあっては**、店が混雑しないはずがない。

◇大学院に入ることができる**とあっては**、学費がいくらかかっても用意しなければならない。

◇彼はお金のため**とあっては**、どんな仕事でも引き受ける人だから、頼んでみよう。

113　〜とあれば

接　続	動詞普通形＋とあれば イ形容詞/名詞＋とあれば ナ形容詞語幹＋とあれば
意　味	前に「ため・頼み・願い」などの名詞が来て、他の条件では違うがＸという条件なら可能だ、理解できることを表す。後には、主に話者の希望・意向・判断を表す文などが来る。
訳　文	前接「ため・頼み・願い」等名词，表示在其他的条件下不行，但是在Ｘ的条件情况下的话就可能、可以理解的意思。后项主要是说话人的意志、意向、判断等表达。"如果是（为了）……"、"既然是……就（不得不）……"。
例　文	◇イケメンでお金持ち**とあれば**、女性にもてるのもうなずける。 ◇アカデミー賞をとった**とあれば**、日本でもヒットは間違いないだろう。 ◇上司の指示**とあれば**、たとえいやであれ、やらないわけにはいかない。 ◇彼は、お金のため**とあれば**、どんな仕事でも引き受ける。 　　　　　　　　　　　　　　　　　　　　（2002 年 1 級） ◇子供のため**とあれば**、いくらかかっても構わないというのが親の心情だ。 ◇彼は人柄がいいから、彼のため**とあれば**協力を惜しまない人が多いだろう。
注　意	「〜とあれば」は広く使えるが、「〜とあっては」は常に文末で否定表現と呼応する。

◇あなたのため**とあれば**（○**とあっては**）、協力しないわけにはいきません。

◇あなたのため**とあれば**（×**とあっては**）、喜んでいたしましょう。

114 ～といい～といい

接続	名詞A＋といい＋名詞B＋といい
意味	あるものについてコメントする時にいくつのものを取り上げて、「これもあれも、どれをとっても」という、話し手が持つ印象や評価を表す表現。
訳文	对某种事物进行评价时，举出"这也、那也、无论哪个都是"等的几个例子，表示说话人对该事物所持有的印象和评价。"无论从……（方面/角度）还是从……（方面/角度）来说，（都……）"。
例文	◇あのレストランの料理は量**といい**味**といい**文句のつけようがない。

(1996年1級)

◇あの店の服は、品質**といい**、デザイン**といい**、申し分がない。

(2001年1級)

◇この家は、広さ**といい**、価格**といい**、新婚夫婦にぴったりだ。

(2009-2　1級)

◇彼女は、顔**といい**性格**といい**、お母さんとそっくりだ。

◇ここは気候**といい**、景色**といい**、休暇を過ごすには最高の場所だ。

◇彼は実績**といい**経歴**といい**、わが社の取締役として迎えるに申し分がない。

注意	同じ意味のグループに入る例を並べる。後には、状態を述べる文（話者の評価を述べる形容詞文など）が来る。話者の希望・意向を表す文や働きかけの文は来ない。

115 ～という～

接続	名詞A＋という＋名詞A
意味	「AというA」と同じ名詞を繰り返すと、「例外なく全てのA」という意味を表す。すべてであることを強調するのに用いる。書き言葉で文学的な表現。
訳文	前后使用同一名词表示"所有的……、全部的……"意思。用于强调全部都、无一例外。属于书面的文学性表达。
例文	◇学校が始まる日の朝、道路**という**道路は車であふれていた。

◇息子の部屋には、壁**という**壁にAKBのポスターが貼ってある。

◇道**という**道が水中に没していて、まったく身動きが取れなくなりま

した。

◇その地方では十二月の末ともなると、山**という**山は一面の雪に覆われた。

◇家**という**家はクリスマスツリーを飾り付けて、クリスマスイブの喜びを表している。

◇この島では、春になると、花**という**花が一斉に咲いて、島全体を埋め尽くします。　（2014-2　N1）

116　〜という/といって/といった〜ない

接　続	これ・疑問詞＋という/といった名詞〜ない
	これ・疑問詞＋といって〜ない
意　味	特に取り立てて問題とすべきことのない様子を表す。後に否定表現が来る。「特に取り上げるほどの〜はない」と言いたいときに使う。
訳　文	表示没有什么值得特别举出说明的意思。后项接否定意义的内容。"没有特别合适的……"、"没有特别值得一提的……"。
例　文	◇この仕事をさせるのに、これ**という**人が**いない**ので、困っている。
	◇今度のパーティーは誰**といって**会いたい人も**いない**ので、行きたくない。
	◇これ**といった**手立ても思いつか**ない**まま、みんなはしばらく黙っていた。
	◇彼はこれ**といった**取り柄も**ない**けど、あなたより誠実な人であることは確かだわ。
	◇別にこれ**といった**用事は**なかった**んだけど、ちょっと君の顔が見たくなって、寄ってみたんだ。
	◇どこ**といって**、行きたい所は**ない**が、機会があればチベット、ネパール、ブータンといった地域に行って、のんびりしたいね。

117　〜と言うか〜と言うか/〜と言おうか〜と言おうか

接　続	動詞普通形＋と言うか/と言おうか〜と言うか/と言おうか
	イ形容詞/名詞＋と言うか/と言おうか〜と言うか/と言おうか
	ナ形容詞語幹＋と言うか/と言おうか〜と言うか/と言おうか
意　味	人や出来事について、印象や判断を思いつくままに述べて、概括的に判断する。一体どちらの表現が適当か、両方を並べて言う表現。
訳　文	随意地说出对某人或某事的印象、判断。概括性的判断。究竟哪一个表达更为恰当呢，并列列举两项说明。"不知道该说是……好呢，还是说是……好呢，总之……"、"是……呢，还是……呢，令人……"。

◇この店の従業員は親切**というか**よく気がつく**というか**、とにかくみんな感じがいい。

◇そのときの彼の表情は寂しい**というか**、情けない**というか**、はっきり言葉で説明できない。

◇このドラマの最終回については、がっかりした**というか**、理解できない**というか**、複雑な気持ちでいっぱいだ。

◇その褒め言葉を聞いたときの気持ちは、嬉しい**というか**、恥ずかしい**というか**、何とも説明しがたいものだった。

◇一人であんな危険な場所へ行くとは、無茶**というか**、無知**というか**、とにかく私には理解できない。　（2006年1級）

◇A「山の方に別荘をお持ちなんですって。」

　B「ええ、まあ、別荘**というか**小屋**というか**、たまに週末を過ごしに行くだけなんですがね。」

注　意　話題になっている物事について、一つの言い方での断定を避けて、いろいろ言葉を変えて説明してみる言い方。

118　〜というところだ/といったところだ

接　続　動詞辞書形＋というところだ/といったところだ

名詞＋というところだ/といったところだ

意　味　状況を説明して、だいたいそれぐらいだ、ということを表す。数量表現の後に付くと、あまり多くない、という気持ち。前に副詞「せいぜい・たかだか」などの言葉がよく来る。「〜というとこだ/〜ってところだ」は、話し言葉。

訳　文　说明情况，表示大概就是那个程度，程度上微不足道。接在数量词之后，表示数量上的微不足道。前项常与副词「せいぜい・たかだか」等词一起使用。「〜というとこだ/〜ってところだ」是口语。"最多不过……而已"、"充其量也就……"、"大概是……"。

例　文　◇日本滞在経験のある彼だが、日本語でできるのは挨拶や自己紹介**といったところだ**。　（2006年1級）

◇自分で料理を作るといっても、せいぜいサラダとかゆで卵**といったところだ**。　（2009-2　1級）

◇A「頂上までどのぐらいかかりますか。」

　B「大人の私で2時間半**といったところでした**から、お子さん連れなら、半日かかるかもしれませんね。」　（2011-2　N1）

◇このパソコンは新品だと10万円はするが、中古なら高くても4、5万円**といったところだ**。　（2016-1　N1）

◇仕事に追われて毎日の睡眠時間はせいぜい6時間**というところだ**。

◇今年の売り上げは、特に良くも悪くもなく、まあまあ**というところ
です**ね。

◇株の取引も大金持ちの彼女にとっては単なる遊び**といったところだ**。

◇休日はゆっくりしたいので、出かけるとしても近所で友人とランチ
をする**といったところだ**。

| 注　意 | 話し手の「もし多くてもこの程度、それ以上ではない」という気持ち
を強調する。 |

119　～というふうに

| 接　続 | （1）こういうふうに/そういうふうに/ああいうふうに
　　　　こ（そ・あ・ど）んなふうに |

| 意　味 | 物事の仕方、やり方を表す。慣用表現として使われる。 |

| 訳　文 | 表示做事情的方式、方法。"这样"、"那样"、"怎样"。 |

| 例　文 | ◇A「封書の場合、住所、氏名は**どんなふうに**/**どういうふうに**書くん
　　　ですか。」
　　B「封書は普通**こんなふうに**/**こういうふうに**書くものです。」

◇**そういうふうに**/**そんなふうに**働いてばかりいると体を壊してしま
うよ。

◇**あんなふうに**/**ああいうふうに**ゴミを捨てるのでは、人に文句を言
われるはずだ。 |

| 接　続 | （2）名詞＋というふうに
　　　　動詞普通形＋というふうに |

| 意　味 | 「やり方、方法」や「状態」などについて例を挙げて説明するのに使
う。「～という具合に」の意味を表す。 |

| 訳　文 | 表示对方式、方法或状态等举例进行说明。"就像……样地"、"就这
么……"、"如此这般地"。 |

| 例　文 | ◇大学の図書館を誰でも利用できる**というふうに**すれば、いいと思う。

（1992年1級）

◇好きな時間に会社へ行き、好きな時間に帰る**というふうに**はいかな
いものだろうか。

◇今月は京都、来月は奈良**というふうに**、毎月どこか近くに旅行する
ことにした。

◇一人帰り、また一人帰り**というふうに**して、だんだん客が少なくな
っていった。

◇まず、大学の別科で一年間日本語を習う。それから大学院に進学す
る。最後に博士号を取ってから帰国する**と言うふうに**、留学計画を |

立てた。しかし、叶えられるかどうか、見当がつかない。

120　～というもの

接　続	ここ/この＋時間を表す数量詞＋というもの～（継続を表す文）
意　味	～という長時間、ずっとある状態が続いている。時間の長さを強調する言い方である。後には継続を表す文が来る。
訳　文	在一个较长的时间里一直处于某种状态。后项必须是表示持续某种状态的句子。是一种带有情感色彩来强调时间长的说法。"整整……"、"整个……"。
例　文	◇田中さんは、この１週間**というもの**、仕事どころではないようだ。 （2002 年 1 級） ◇彼女はここ１か月**というもの**、授業を休んでいる。　（2003 年 1 級） ◇この 10 年**というもの**、一日もあなたのことを忘れたことはありません。 ◇地震が起こって以来この１週間**というもの**、食事らしい食事は一度もしていない。 ◇山の中で迷ってしまい、この 12 時間**というもの**、飲まず食わずでぐったりしているところを救援隊に救われた。 ◇赤ちゃんが生まれてから、彼女はここ一年**というもの**、会社を休んでいる。

121　～というものは/なるものは、～（もの）だ

接　続	名詞＋というものは/なるものは、～（ものだ）
意　味	その名詞が表れる性質・属性を強調して言う。「一般に～は、～である」という話題提示の用法となる。口語では「～ってものは」が使われ、書面語として「～なるもの」がある。前に来る語は抽象的意味の名詞が多く、後件ではその内容説明文が来るが、一般論を表すのが特徴なので、文末には「～ものだ/～ものではない」といった表現が多く現れる。感嘆のニュアンスが強い。
訳　文	对该名词从笼统化到一般化进行叙述。是一种属于话题提示的用法。口语中可以用「～ってものは」，书面语用「～なるもの」。前项一般接续表示抽象概念的名词，然后在后项对其进行说明。譬如：关于「人間、男、女、お金…」这些概念性的东西到底是什么，说话人对其进行解剖。多数情况下带有感慨的语气。
例　文	◇人の一生**というものは**、はかないものだ。 ◇人間**というものは**、逆境によって鍛えられるものだ。

◇女性の気持ち**というものは**、分からないものだよね。

◇人間の欲望**というものは**、とどまるところを知らない。

◇約束**というものは**、たとえどんなことでもきちんと守るべきです。

◇親**というものは**、子供がどこへ行ってもどこにいても心配するのですね。

◇人と人との出会い**というものは**、縁でも運でもあるものです。

| 注 意 | 類義文型「〜というのは」の「の」は個人的感想や意見となり、「もの」は一般論・普遍事実を伝える特徴があるから、一般論を述べるときは「〜というものは」のほうがいい。 |

122 〜といえど（も）

接 続	（1）各品詞の普通形＋といえど（も）
意 味	資格や能力がある人・特別な状況を表す名詞に付いて、そうであるけれども、予想に反して、という意味。あらたまった話し言葉や、小説などの書き言葉で使う。「でも」で言いかえることができる。
訳 文	接具有某种资格、能力的人或表示特殊情况的名词，表示虽然是那样，但还是和预期的相反。在正式场合、小说等书面语中使用，也可以用「でも」来替换。"即使……也……"、"虽说……但是……"。

| 例 文 | ◇国際政治の専門家**といえども**、日々変化する世界情勢を分析するのは難しい。（2004年1級） |

◇仕事がたまっていて、連休**といえども**毎日出社しなければならない。

（2008年1級）

◇今の時代、大企業**といえども**倒産の可能性がないわけではない。

◇この辺りは静かだ**といえども**、駅まではちょっと遠すぎて不便だね。

◇道に迷った**といえども**、3時間も遅れるなら電話をくれればよかっただろうに。

◇近年医学が目覚しい進歩を遂げた**といえども**、治せない病気がある。

◇たとえ宗教**といえども**、人の心の自由を奪うことはできないはずだ。

◇いかなる困難**といえども**、我々の決心を揺るがすことができない。

| 注 意 | 事実のことにも仮定のことにも付く。後には、主に義務・覚悟・話者の主張を表す文が来る。また、仮定のことを表すときに、「たとえ・いかに・かりに・どんな」などの言葉と一緒に使うことも多い。 |

| 慣用句 | 「老いたりといえども」（尽管上了年纪） |

「当たらずといえども遠からず」（虽不中亦不远矣）

◇老いたり**といえども**、まだまだ若いものには負けないつもりだ。

◇君の予測は当たらず**といえども**遠からず。

接　続	（2）一（数量詞）＋といえども～ない
意　味	全部を強く否定する意味。「～たりとも～できない/～も～ない」と同じ。
訳　文	前接最小数量词，后项呼应否定的形式，表示强烈的全盘否定。相当于「～たりとも～できない/～も～ない」"就连……也不能……"。
例　文	◇一粒の米**といえども**粗末にしてはいけ**ない**と、子供のころ母からよく言われたものだ。 ◇日本は物価が高いから、一円**といえども**、無駄に使うことはでき**ない**。 ◇納期は厳しいから、一日**といえども**、休むわけにはいか**ない**。 ◇大事なレポートだから、一字**といえども**、ミスは許され**ない**。 ◇彼はお茶が大好きです。お茶がなければ、一日**といえども**過ごせ**ない**ぐらいです。

123　～といったらありはしない/といったらありゃしない
～といったらない/ったらない/ったらありゃしない

接　続	動詞辞書形/イ形容詞＋といったら（ありはし）ない ナ形容詞語幹（だ）＋といったら（ありはし）ない 名詞＋といったら（ありはし）ない
意　味	程度を表す言葉に付いて、その程度がものすごい、ということを表す。「～といったらない」の形で、「～」の程度が極端だと言いたいときに使う。プラス評価でもマイナス評価でも使える。「～といったらありはしない/といったらありゃしない/ったらない」マイナス評価にだけ使う。「～といったらありゃしない/ったらありゃしない」は、くだけた言い方で、「～ったらない」は、話し言葉。
訳　文	接表示程度的词，表示达到了极端的程度。以「～といったらない」的形式，强调表达「～」的程度已至极端之时使用。可用于褒义也可用于贬义。「～といったらありはしない/といったらありゃしない/ったらない」仅用于贬义。「～といったらありゃしない/ったらありゃしない」是随便的说法，「～ったらない」是口语。"极其……"、"非常……"、"无比……"、"……极了"。
例　文	◇みんなの前で派手に転んで、恥ずかし**ったらなかった**。 　　　　　　　　　　　　　　　　　　　　　　　（2006年1級） ◇こんな複雑な書類を何十枚も書かなきゃいけないなんて、面倒くさ**いったらない**。（2007年1級） ◇ここ1週間の忙しさ**といったらなかった**よ。食事をする時間もろくにとれなかったんだ。（2009-2　1級）

◇言葉も分からない国で迷子になった時の心細さ**といったらなかった**。

◇このところは残業続きで、疲れる**といったらない**。

◇この家はいざ住んでみると、バスの本数も少ないし店も遠いし、不便だ**といったらありゃしない**。

◇朝から晩まで同じことの繰り返しなんて、ばかばかしい**といったらありゃしない**。

◇この間見たい番組が全然なくて、つまらない**といったらなかった**。

◇1点差で負けちゃったなんて、悔しい**といったらありゃしない**。

◇長い間離れていた子供たちと一緒に暮らせるなんて、嬉しい**といったらない**。

注　意	形容詞に付く場合、語幹に「さ」を付けて名詞化するときもよくある。また、「動詞のます形＋ようといったらない」の形で、話者が見た様子・程度は極端であることを強調する。

◇試験の日に朝寝坊をした弟の慌て**ようといったらなかった**。

（1997年1級）

◇結婚が決まった時の彼の喜び**ようといったらなかった**。

◇試験の成績発表の時の彼女の緊張し**ようといったらない**。

◇妻の前で浮気がばれた夫の慌て**ようといったらありはしない**。

124　〜といっても、〜だけだ

接　続	文の普通形＋といっても（精々・高々）〜数量を表す文＋だけだ
意　味	前項の事実を一応認めるが、たいした数ではないという譲歩の言い方。
訳　文	姑且承认前项，但同时指出后项并没有什么。"虽说……但顶多也就是……"。
例　文	◇A「今月ボーナスが出るそうだね。いいね。」 　B「まあ、ボーナス**といっても**せいぜい2、3万円出る**だけだ**。」 ◇A「旅行に行くって羨ましいな。」 　B「旅行**といっても**、近くの温泉に行ってせいぜい2泊する**だけ**ですよ。」 ◇ビデオ作品ができた**といっても**せいぜい15分の短い作品**だけだ**。たいしたものではない。 ◇賞をもらった**といっても**、せいぜい4等賞に当たる努力賞をもらった**だけです**。 ◇たまに勉強する**といっても**、せいぜい机の前に30分ほど座ってなにやら書いている**だけです**。 ◇昇進した**といっても**、たかだか1ヶ月の課長代理**だけで**、課長が帰ってからまた平社員に戻るわけなんだよ。

125 **～といわず、～といわず**

接　続	名詞A＋といわず、名詞B＋といわず
意　味	A も、B も、（全体の二つの部分）区別なく全部そうだ、全部後項が起こった、という意味合いが強い。客観描写のとき使う。
訳　文	A 的场合、B 的场合（整体的两个部分）都是一样的、都会发生相同的后项。用于客观描写。"无论是……还是……（都……）"。
例　文	◇居間**といわず**、台所**といわず**、家全体をリフォームするつもりだ。 ◇今の若者は休み時間**といわず**食事中**といわず**、いつも携帯電話を離さない。 ◇新聞記者の山田さんは国内**といわず**海外**といわず**いつも取材で飛び回っている。 ◇母は私のことが心配らしく、昼**といわず**夜**といわず**電話してくるので、ちょっとうるさくて困る。 ◇入学資格のことで国立大学**といわず**、私立大学**といわず**、私の入試を認めてくれない。 ◇部屋の中の物は机**といわず**、いす**といわず**、めちゃくちゃに壊されていた。（2003 年 1 級）

弁別と分析　「～といい～といい」と「～といわず～といわず」

❀「A といい B といい/A といわず B といわず」は A・B を例示することで「A もBも、全部～」ということを表す。両者の違いは次のような例で現れる。

◇手と言い足と言い血だらけだった。　＜手足の至る所＞
◇手と言わず足と言わず血だらけだった。＜手足だけでなく体の至る所＞

　つまり、「A といい B といい」は取り上げた A・B に焦点があり、「A といわず B といわず」は「A・B を含めて、他の C も D…も」全体に焦点があるということになる。

◇彼はウイスキー**といわず**ビール**といわず**、酒であれば、何にでも目がない。

　また、「～といい～といい」の後ろに話し手のプラス判断と評価を表す文が来ることが多い。それに対して「～といわず～といわず」の後ろに来る内容はほとんど動作および動作によるマイナス結果である。

◇頭**といわず**、足**といわず**、相手をめちゃくちゃに殴り付けた。　　＜動作＞
◇砂浜で遊んでいた子供たちは、手**といわず**足**といわず**全身砂だらけだ。

＜動作の結果＞

126 ～と（は）打って変わって

接続	名詞＋と（は）打って変わって
意味	以前とまったく違う様子に変わったという意味である。変化が大きい場合に用いるのが普通である。
訳文	表示和过去相比发生了根本性的变化，而且这种变化大多在短时间内发生，让人惊讶。与过去形成了鲜明的对比。"和……截然不同"。
例文	◇夫は結婚する前**と（は）打って変わって**ものすごく優しくなった。 ◇その議員は当選後、選挙前**とは打って変わって**、優柔不断(ゆうじゅうふだん)な発言を繰り返す。 ◇大学に進学した後、彼はこれまで**とは打って変わった**ように猛勉強を始めた。 ◇アメリカへ留学に行った彼女は、出国前**とは打って変わり**、私のところへは全然連絡してくれなくなった。 ◇彼女は課長に昇進してから、それまで**とは打って変わって**強気になってきた。 ◇その作家は、これまでの心温まる恋愛小説**とは打って変わって**、ミステリー小説を書くようになった。

127 ～（か）と思いきや

接続	用言普通形＋（か）と思いきや 名詞（だ）＋（か）と思いきや
意味	～と思ったが、意外にも実際はそうではなかった。結果が予想に反しているという意味で、意外な気持ちがある。古めかしい言い方。公文書や論文などでは使わない。「～と思ったけれども」と同じ。
訳文	表示结果与预想的相反，带有意外的心情。属于比较陈旧的说法。一般不用于正式的文章、论文等。跟「～と思ったけれども」同义。"原以为……但出乎意料的是……"、"本以为……却……"。
例文	◇もうとても追いつけないだろう**と思いきや**、驚くほどの速さで彼は一気に先頭に走り出した。（1990年1級） ◇海辺の町で育ったと聞いていたので、さぞかし泳ぎがうまいだろう**と思いきや**、水に浮くこともできないらしい。（2000年1級） ◇今日は暑くなるか**と思いきや**、むしろ寒いぐらいだった。 （2009-1　1級） ◇新番組でこれまでにない役柄を演じる上田秋さん。役作りに悩んでいるの**かと思いきや**そうでもないという。（2011-1　N1級） ◇この試合はAチームの楽勝**かと思いきや**、最後にBチームが逆転し

勝利をおさめた。

◇この交渉はさぞ難航するだろう**と思いきや**、意外に簡単に話が付いた。

◇先生に呼ばれたので、また叱られるかな**と思いきや**、めずらしく褒められました。

◇彼はイギリスに5年間に住んでいたと聞いたから、英語がペラペラだ**と思いきや**、大したことはなかった。

| 注　意 | 「～と思いきや」の前に「か」が入る例もある。また、推量を表す「さぞ・さぞかし・～だろう」などの表現と一緒に使うことが多い。後には、その推量・予想とは違う結果を表す文が来る。 |

128　～ときたら/ったら/ときては

接　続	名詞＋ときたら/ったら/ときては
意　味	身近な人物や話題を取り上げるときの表現だが、後には否定的、非難の内容が来る。話者の希望・意向を表す文や働きかけの文は来ない。「～ったら」はくだけた言い方。「～ときては」という言い方もある。
訳　文	提起自己身边的人物或话题，后项接否定的、批评的内容，不接表示说话人希望、意向等表达。「～ったら」是随意的口语。也有「～ときては」的说法。"提到……"、"说起……"。
例　文	◇姉**ときたら**、最近おしゃれのことばかり気にしている。

（1997年1級）

◇最近の若い親**ときたら**子供が電車の中で騒いでいても、ちっとも注意しようとしない。（2005年1級）

◇まったく、うちの犬**ときたら**！泥棒が入ってきても、寝ていたんですよ。（2007年1級）

◇電車でお年寄りに席を譲ろうとしない高校生を見て、父は「近ごろの若者**ときたら**、困ったものだ。」と嘆いていた。

（2009-2　1級）

◇最近の若者**ときては**、地下鉄の中で人目もかまわずキスしている。

◇あの先生**ときては**、授業中も関係ない話題ばかり言って、困るなあ。

◇うちの会社の社長**ときては**、口で言うばかりで全然実行しようとしない。

◇田中**ときたら**、大切な書類を電車の中に忘れてきちゃったんだって。全くどうしようもないやつだなあ。

| 注　意 | 「～とくると」の形で、後に、肯定的評価が来るのもある。
◇スポーツ**とくると**、うちのクラスでは彼より得意な人がいないだろう。 |

129 〜と来た日には

接続 （1）人物名詞＋と来た日には

意味 ある人物と言えば、まったく参ったという気持ちで非難したりするときに使う。古めかしい言い方。「〜ときたら/ときては」と同じ。

訳文 提起某个行为极端的人，真拿他没办法。带有说话人埋怨的语气。属于比较陈旧的说法。相当于「〜ときたら/ときては」。"提到……"、"说起……"。

例文 ◇その人<u>と来た日には</u>、仕事をサボってばかりいる。

◇あの政治家<u>と来た日には</u>、賄賂にしか興味がない。

◇うちの妹<u>と来た日には</u>、エステにどれだけお金を使ったことか。

◇うちの主人<u>と来た日には</u>、休みの日には全然家事を手伝ってくれないで寝てばかりいる。

◇うちの妻<u>と来た日には</u>、炊事もしないし、子供の世話さえもしないで、毎日マージャンに耽っている。

接続 （2）名詞/文の普通形＋と来た日には

意味 前件の極端的なことがあれば、後件になっても無理もない。仮定の言い方で、いい評価にはほとんど使えない。

訳文 表示如果出现了像前项那种极端的事情的话，即使导致后项这样的结果也是情理之中的事情。假定的用法，多用于贬义。"如果……"、"要是……"。

例文 ◇毎日残業で、しかも休日なし<u>ときたひには</u>、病気になるのも無理はない。

◇授業には毎回遅刻で試験も零点<u>ときたひには</u>、落第するのも当然だ。

◇普段からよく勉強しているのに、それで不合格<u>と来た日には</u>、怒るのも無理はない。

◇食べてばかりいて、全然運動しない<u>ときたひには</u>、太るのも当然なことだ。

◇よく約束の時間にも遅れるし、プレゼントなんか何もあげない<u>と来た日には</u>、振られるのは無理もない。

130 〜とくれば

接続 名詞＋とくれば

意味 「Xとくれば〜」の形で、Xという話題・人物が出てくれば、まず最初に思いつくもの・代表的なものはYやZなど、という意味を強調する。また、同類のグループに属する一連の要素を順に取り上げて列挙

する場合に用いることがる。Xについてプラス、マイナスの判断を加
えるという意味はない。

| 訳　文 | 用「Xとくれば～」的形式，强调表示提出前項X这一话题或人物时，首先会自然联想到、具有代表性的Y和Z等。另外，一般多用于依次列举出从属于同类集团的一系列相关内容。没有对前項X做评价的意思。 |

| 例　文 | ◇ビール、焼酎、ワイン**とくれば**、次は日本酒でしょう。
◇日本**とくれば**富士山や桜などを思い出す人が多いだろう。
◇大阪**とくれば**、たこ焼きやお好み焼きなどが一番に思い浮かぶ。
◇日本の有名なドラマ**とくれば**、たくさんの人は「東京ラブストーリー」や「半沢直樹」などを挙げる。 |

| 注　意 | 「～とくれば」は一連の連鎖的な要素が想定できない場合は使いにくく、「～と言えば」より使用頻度が低く、使用範囲も限られている。 |

131　～ところを

| 接　続 | 各品詞の連体形＋ところを |

| 意　味 | （1）X状況に直接に働きかけるY動作が来る。Yには「見る・見つける・見つかる・発見する」といった視覚や発見の意味の動詞や、「呼び止める・捕まえる・襲う・助ける・救う・手伝う」など、停止・捕捉・攻撃や救助といった意味の動詞、これらの受身動詞が来る。これらは前の動作・出来事の進展を止めたり遮ったりする意味上の共通点を持つものである。 |

| 訳　文 | （1）表示对X状况直接作用的Y动作。Y一般是「見る・見つける・見つかる・発見する」等表示视觉或发现意义的动词，或者是「呼び止める・捕まえる・襲う・助ける・救う・手伝う」等表示停止、捕捉、攻击、救助之类带有被动意义的动词及被动态。这些动词在制止、阻挡前项动作、事物的进展方面有着共通点。 |

| 例　文 | ◇犯人は買い物をしていた**ところを**警官に逮捕された。 |

（1996年1級）

◇泥棒は家に侵入する**ところを**近所の人に目撃された。
◇学校でこっそりタバコを吸っている**ところを**先生に見られた。
◇授業中マンガを読んでいる**ところを**先生に見つかった。
◇道を歩いている**ところを**、いきなり警察に呼び止められて「在留カードを見せてくれ」と言われた。さっぱりわけが分からない。
◇授業の最中に、私は居眠りしている**ところを**先生に注意された。
◇溺れてもう少しで死にそうな**ところを**通りかかった人に救われた。
◇道に迷ってしまい、途方に暮れていた**ところを**見知らぬおばさんが教えてくれた。

意　味	（2）逆接を表す古語の接続助詞「を」がついて、相手に依頼やお詫び、感謝するための前置き的表現として使われる。聞き手への気遣いを示す。「を」が省略される場合もある。
訳　文	（2）接表示逆接的古语的接续助词「を」，可用于向对方请求、道歉、感谢等时候的开场白。表示对听话者的关心。有时可省略「を」。

例　文	◇お忙しい__ところを__恐れ入りますが、どうかよろしくお願い申し上げます。（2005 年 1 級）
	◇お休みの__ところを__ご迷惑様ですが、乗車券を拝見させていただきます。
	◇お忙しい__ところを__、わざわざおいでいただき、恐縮でございます。
	（1999 年 2 級）
	◇皆さんお楽しみの__ところを__お邪魔してすみませんが、もう時間です。
	◇ご多忙の__ところを__恐縮に存じます。このアンケートにぜひご協力ください。
	◇お疲れの__ところを__手伝ってもらって、すみません。

注　意	相手に迷惑がかかることを気遣う礼儀的な言い方で、後には、お詫びや感謝の表現が来ることが多い。

意　味	（3）本来ならそうであって当然 Y だが、ということを表す。「を」が省略される場合もある。
訳　文	（3）表示如果是平时的话，当然会是 Y 的状况，但是……。有时可以省略「を」。

例　文	◇通常は定価どおりの__ところを__、今日限り、2 割引とさせていただきます。
	◇いつもなら許さない__ところを__、今日だけは見逃してやろう。
	◇本来なら私から連絡すべき__ところを__、先生からメールをいただいた。
	◇普通の人ならそれから何年もかかる__ところを__、翌年に、教授になるための論文を仕上げて合格した。
	◇景気の先行きに自信がもてなくて、本当なら人を増やしたい__ところを__、パートで間に合わせることにした。

132 ～としたことが

接　続	人物名詞＋としたことが
意　味	代名詞や人を表す語に付いて、その人物にそぐわないような事態について述べるときに用いる。「～ともあろうもの」に近いが、「～としたことが」は自分を含めて「～がそんな過ちをするはずがないのに、

どうして～んだろう？」と不注意や思慮不足の結果、予想しなかった
過ちを犯したときによく使われる。

訳　文 接在代名词或人称名词后，表示具有某种身份或特性的人（可包括说话
人自身）不小心犯下了出乎意料的错误，往往带有遗憾、意外的语感。
一般前项多为描述其平时的状态，后项描述的行为多与平时表现不符。
相当于「～ともあろうもの」的用法，"身为…怎会（如此大意）"。

例　文 ◇私**としたことが**、大変なことを言ってしまったとは。
◇なんとせりふを忘れた。名役者**としたことが**、どうしたんだろう。
◇クラスでいつも一位を取る彼**としたことが**、志願大学に落ちたとは。
◇いつも用心深い彼女**としたことが**、もう少しでキャッチセールスに
かかるところだった。
◇日頃、何事にも慎重な彼**としたことが**、このような凡ミスをすると
は、まったく予想できない。

133　～としたって/としたところで/にしたって/にしたところで

接　続 動詞普通形/名詞/イ形容詞＋としたって/にしたって～
ナ形容詞語幹＋＋としたって/にしたって～

意　味 （1）そういう事態は認めた場合でも、という意味で、後には話し手
の非難・評価・判断・などが来る。仮定の事態でも既定の事態
でも使える。前に副詞「仮に・もしも・たとえ」や疑問詞がよ
く来る。「～としたって/にしたって」は話し言葉。「～とし
ても/にしても」と同じ。

訳　文 （1）表示"即使认可了那样的状况也……"，后接说话人的责难、评
价、判断等。假定的事态或既定的事态都可以使用。前面常接
「仮に・もしも・たとえ」等副词和疑问词「～としたって/にし
たって」是口语。同「～としても/にしても」的意思。

例　文 ◇いくら少人数**としたって**、パーティーをするにはこの部屋は狭すぎ
る。（1998 年 1 級）
◇どんなにその仕事が嫌い**としたところで**途中でやめるわけにはいか
ない。
◇たとえ起業する**としたって**、誰でも成功できると言うわけでもない。
◇たとえ大学院を卒業する**としたって**、自分の専門でなければ分から
ない人が多いですよ。
◇たとえ賛成してくれる人が一人もいない**としたって**、自分の意見を
最後まで主張するつもりだ。
◇いたずら**にしたって**、相手が眠れなくなるほど電話をかけてくると
はひどい。

（2）人や組織を表す名詞に付いて、その立場・観点からも、という意味。後の文は「どうしようもない」というようなマイナス的な判断や評価、弁解が多い。

訳 文　（2）接在表示人或组织的名词后，表示"从其立场、观点来看"。后半句多使用「どうしようもない」等负面判断、评价或辩解等。

例 文　◇先生にしたって、分からないことがたくさんありますよ。

◇学長としたところで、教授会の意向を無視するわけにはいかないだろう。

◇社長にしたって成功の見通しがあって言っていることではない。

◇こんなに駐車違反が多いのでは、警察にしたところで取り締まりの方法がないだろう。

◇彼は結婚にあまり関心がないらしい。彼の親にしたって彼が積極的な関心を持たないのならどうしようもないのではないか。

◇会議で決まった方針について少々不満があります。もっともわたしにしたところでいい案があるわけではありませんが。

134　～として～ない

接 続　一（数量詞）＋として～ない

意 味　前に「何一つ・誰一人・一日」などの最小数量を表す語が来て、全部を強く否定する。書き言葉。「全然～ない」「～も～ない」と同じ。

訳 文　前接「何一つ・誰一人・一日」等表示最小数量的词，表示全盘否定。书面语。"没有（一人/一天/一刻）……"、"从来没有……过"。

例 文　◇今回の期末試験では、一人として満点を取る生徒はいなかった。

◇あの事件が起きて以来、一日として心の休まる日はない。

◇高級品ばかりで、一つとして私が買えそうな品物は見当たらない。

◇火事で焼けてしまったため、私の子供の頃の写真は一枚として残っていない。

◇留学中、私は一刻として古里の家族のことを忘れたことはなかった。

◇面接の服を買いにそのデパートに行ったけど、一着として私に似合いそうなものは見当たらなかった。

注 意　「なに」「だれ」のような疑問詞を伴う場合は「として」を省くことができる。

◇誰一人（として）、私の主張を支持してくれる人はいなかった。

「～たりとも」に似ているが、「～たりとも」の述語は可能形の否定表現、或いは禁止表現が多い。お互いに置き換えにくい。

135 〜とて

接 続 （1）名詞＋とて

意 味 取り立て助詞で「〜でも」と同じ。主に人や役割などを表す名詞に付いて、「〜であっても」「それについても他と同様に」の意味を表す。他の同類のものと比較した場合、それについても当然同じことが言えるということを強く主張する場合に用いる。やや古めかしい言い方で、話し言葉では「私だって」のような言い方のほうがよく使われる。

訳 文 提示助词，与「〜でも」相同。主要接在表示人或作用的名词之后，表示"即使是……"、"关于那个也与其他相同不例外"的意思。用于强烈主张和其他同类事物相比时，关于此点也可以说当然相同的场合。属于比较陈旧的说法，在口语中常用像「私だって」这样的说法。

例 文 ◇私<u>とて</u>試合に負けたことに悔しい。

◇この事故に関しては、部下の彼<u>とて</u>も責任は免れない。

◇私<u>とて</u>、不倫はいけませんなどという聖人ぶったことを言うつもりは毛頭ない。

◇最近の電気製品は機能が多すぎる。開発者たち<u>とて</u>すべての機能が必要とは思わないのではないか。（2007年1級）

◇常に冷静な彼<u>とて</u>やはり人間だから、感情的になってしまうこともあるのだろう。（2009-2 1級）

接 続 （2）いくら・どんなに〜名詞だ＋とて
　　　　いくら・どんなに〜動詞た形＋とて

意 味 接続助詞で「いくら〜でも」、「どんなに〜たところで/としても」という意味で、書き言葉。前に「いくら・どんなに・たとえ」などを伴うことが多い。

訳 文 接续助词，与「いくら〜でも」、「どんなに〜たところで/としても」的意思一致，表示即使出现了前项，也不一定会发生后项。无论前项怎样，后项的原则都是一样的。属于书面语。前面经常会呼应「いくら・どんなに・たとえ」等词。"即使……也……"、"就算……也……"。

例 文 ◇どんなに貧しい人だ<u>とて</u>、人間としての尊厳はある。

◇たとえ社長だ<u>とて</u>、社内の秘密を守る義務がある。

◇いくら謝った<u>とて</u>、許してくれないので諦めた。

◇どんなに頼んだ<u>とて</u>、聞き入れてもらえないので、帰ってきた。

◇いくら悔やんだ<u>とて</u>、落としたお金は戻らないよ。くよくよしないでね。

～となく

| 接　続 | なん＋助数詞＋となく |

| 意　味 | 量的に多いことを強調して言いたいときに使う。口語の「～数量詞＋も」の意味に相当する。また、「昼となく夜となく」は慣用語として用いられ、「昼も夜も」という意味である。 |

| 訳　文 | 強調数量之多。相当于口语中「～数量詞＋も」的用法。另外，有「昼となく夜となく」的慣用用法，表示"不分白天黑夜"的意思。"好多……"。 |

| 例　文 | ◇その日、同じデパートで<u>何枚となく</u>（＝何枚も）偽札が発見された。
◇<u>何チームとなく</u>試合に出ていたが、プロチームは一つもなかった。
◇今回のオリンピック大会では<u>何人となく</u>世界記録を更新した。
◇台風で巨大な樹木が<u>何本となく</u>倒されている。家の屋根も何軒となく飛ばされてしまった。
◇彼女は歌が大好きで、コンテストにはすでに<u>何回となく</u>参加した。残念なことに一度も賞をもらったことがないそうだ。 |

137　～となっては/となったら/となると/となれば

| 接　続 | （1）名詞＋となっては
　　　　ナ形容詞だ＋となっては
　　　　イ形容詞普通形＋となっては
　　　　動詞普通形＋となっては |

| 意　味 | すでに事実になった事柄を受けて、「これでは、マイナス結果になる」と、話し手の評価や判断を言うときに使う。 |

| 訳　文 | 对已成定局的前项事实，做出"这样的话，会带来消极的结果"的判断或评价。"如果的……话"。 |

| 例　文 | ◇A「今の政治は本当にめちゃくちゃですね。」
　B「ええ。今のような状態<u>となっては</u>、解散になっても仕方ないな。」
◇A「彼は今の仕事が嫌いだと言っているよ。」
　B「嫌いだ<u>となっては</u>しかたがない。強いてやれとは言えないだろう。」
◇A「あの人、とても貧しくてお金が全然ないそうだよ。」
　B「お金がない<u>となっては</u>結婚を諦めるしかない。」
◇A「親父の病気がますます悪化してきたね。」
　B「そうだね。病状がここまで進んだ<u>となっては</u>、もうどうすることもできないだろう。」 |

◇A「誰もやりたくないようだよ。」
　B「誰もやらない**となっては**、私が自分でやるしかない。」

接　続	（２）名詞＋となったら/となれば/となると

　　　　　ナ形容詞だ＋となったら/となれば/となると
　　　　　イ形容詞普通形＋となったら/となれば/となると
　　　　　動詞普通形＋となったら/となれば/となると

意　味	仮に前件のことが成立したら、或いは今のような状況が続いていくとしたら、後件はどうするか、或いはどんな結果になるかと話し手の判断、意見や推測を述べるときに使う。

訳　文	如果出现了前项的事情，或者目前的状况持续下去的话，那将会出现怎样的结果。用于说话人叙述自己的判断、意见或推测等。"如果……"

例　文	◇母「私は娘を医学部へ行かせたいと思っているけど。」

　　父「医学部に行かせる**となったら/となると/となれば**、相当にお金を借りなければならないよ。」
◇父「おれは、やっぱり一戸建ての家を建てたいなあ。」
　　母「一戸建ての家を建てる**となれば**、相当にお金がかかるでしょう。あなたにはそんな大金があるんですか。」
◇A「チームがまた負けましたよ。」
　　B「あれだけ選手を補強したのに、勝てない**となれば**、いよいよ監督の更迭だな。」
◇A「もし彼がこの仕事が嫌いだったらどうする。」
　　B「もし彼がこの仕事が嫌いだ**となれば**しかたがない。強いてやれとは言えないだろう。」
◇A「将来、私は日本に住みたい。」
　　B「日本に住む**となれば**、まず日本語を勉強しておいたほうがいい。」
◇この時間になっても帰っていない**となると**、何かの事態に巻き込まれている可能性がある。

説　明	「～となっては」は消極的な場合に使うのがほとんどだが、「～となったら/となると/となれば」にはこういう制限はない。また、「～となっては」の前件はほとんど成り立った事実だが、「～となったら/となると/となれば」の前件は、既存の事実でも仮定の事実でもよい。言い換えれば、「～となっては」の文は「～となったら/となると/となれば」で大抵置き換えられるが、逆にするとそうでもない。

138 〜とは/なんて

接 続	各品詞の普通形＋とは/なんて
意 味	（1）名詞相当句に付いて、その意味を定義・説明する。あらたまった場合に使う。書き言葉。後には「〜という意味だ」「〜ということだ」「〜というものだ」などが来る。話し言葉では、「〜というのは」「〜って」。
訳 文	（1）接相当于名词句之后，对该名词进行说明、定义，用于郑重的场合。书面语。后项常接「〜という意味だ」「〜ということだ」「〜というものだ」等句。口语用「〜というのは」「〜って」。"所谓的……就是……"。
例 文	◇東大<u>とは</u>東京大学のことだ。
	◇引力<u>とは</u>、物体が互いに引っ張り合うのことである。
	◇仕事をサボる<u>とは</u>、怠けて仕事を休むということだ。
	◇君の「あなたのこと、好き」<u>とは</u>、どういう意味ですか。
	◇外来語の「ターゲット」<u>とは</u>、目標とか標的という意味です。
	◇お金<u>とは</u>本当に不思議なものだ。あなたを楽しませたり、悲しませたりするから。
意 味	（2）話し手が意外に思ったときの驚きや詠嘆の気持ちを表す。後に「〜思いもしない・思いもよらない・思ってもみなかった・思いもかけない・考えもしなかった・予想もできない・夢にもみなかった・想像だにしなかった・すごい・驚く・意外だ」などの表現がよく来る。「〜なんて」は、くだけた言い方。
訳 文	（2）表示说话人惊讶或感叹的心情。后项常接「〜思いもしない・思いもよらない・思ってもみなかった・思いもかけない・考えもしなかった・予想もできない・夢にもみなかった・想像だにしなかった・すごい・驚く・意外だ」等表现。「〜なんて」是口语，随意的说法。"居然……"、"竟然……"。
例 文	◇部下からそんなことを言われる<u>とは</u>、さぞ不愉快だっただろう。
	<div align="right">（1999 年 1 級）</div>
	◇この地域の再開発に自分がかかわることになろう<u>とは</u>想像すらしていなかった。（2005 年 1 級）
	◇普段おとなしい彼があんなに怒る<u>とは</u>、よほどひどいことを言われたのだろう。（2008 年 1 級）
	◇20 歳にもなりながら、そんな簡単なこともできない<u>とは</u>、実に情けないことだ。
	◇あんなに巨大な建物を大昔の人が造った<u>とは</u>、不思議としか言いよ

うがない。

◇中学生の君に大学生さえ解けなかった問題が解けた**とは**、すごいことだ。

注意 ある事実に対する話者の驚き・感心・呆れた気持ちなどを強調する。話者が驚いた事実を表す文が来る。後には、話者の感想を表す文が来るが、省略する場合もよくある。普通話者自身のことには使わない。

139 ～とはいうものの/とは言い条

接続 文の普通形＋とはいうものの/とは言い条

意味 逆接の言い方で、前件の事柄は一応認めるが、実際はそのことから予想されるとおりにはいかない、或いは後件で別の事柄を主張する場合に使う。「～とは言い条」はやや硬い表現。

訳文 表示逆接，用于表达虽然承认前项的内容，但后项事实却与前项事态推想出的结论不同，或是在承认前项事实的基础上又在后项提出了别的主张。「～とは言い条」是相对生硬的书面语。"虽说……但是……"。

例文 ◇大学時代はフランス文学専攻だった。**とは言うものの**、フランス語はほとんどしゃべれない。

◇人は過去に戻れない。**とは言うものの**、昔のことを思い出すと懐かしくなってしまう。

◇オリンピックは「参加することに意味がある」**とはいうものの**、やはり自分の国の選手には勝ってほしいと思う。

◇厳密には違いがある**とは言い条**、素人目から見ると判断がつくものではない。

◇男女平等の世の中**とは言い条**、職場においてはまだ差別が残っている。

◇その子は子ども**とは言い条**、なかなかの者だよ。全国将棋大会で最高賞の獲得者だよ。

140 ～とはいえ

接続 動詞普通形/イ形容詞普通形＋とはいえ
ナ形容詞語幹＋とはいえ
名詞＋とはいえ

意味 Ｘから当然予想できることとは違って実際はＹだ、という意味。後にはＸから予想されることの一部分を否定して予想される程度まで達していない、という話し手の意見や判断が来る。書き言葉。

訳文 表示表示事实Ｙ与根据前项Ｘ情况所预想的结果不同。后项否定所预想

的一部分，表示事实还没有达到所预想的那种程度，后接说话人的意见判断等句子。书面语。"虽说……但是……"、"尽管……却……"。

| 例 文 | ◇任務**とはいえ**あの南極で長い冬を越すのは大変なことだろう。 |

（1996 年 1 級）

◇仕事が山のようにあって、日曜日**とはいえ**、出社しなければならない。（2001 年 1 級）

◇80 歳の祖母は、この間段階で転んで足を痛め、歩くのが不自由になってしまった。**とはいえ**、全く歩けないということではないので、家事をするには問題ないとのことだ。（2003 年 1 級）

◇これからは、人はみな自分の健康は自分で管理しなければならない。子供**とはいえ**、例外ではない。（2006 年 1 級）

◇土地の値段が下がった**とはいえ**、都心の住宅は簡単に買えるものではない。（2009-2　1 級）

◇暦の上では秋**とはいえ**、まだまだ暑い日が続いています。

◇新聞に書いてある**とはいえ**、これがどこまで本当のことかは分からない。

◇古い習慣にはいろいろな問題が出てきた。**とはいえ**、それを急に捨て去るのは不可能だ。

141　〜とばかり思っていたが/思っていたら/思いきや

接 続	文の普通形＋とばかり思っていたが/思っていたら/思いきや
意 味	今までずっと A と思ったら、実際は B だった。勘違いを言うときに用いる。
訳 文	原来一直以为是 A，但其实是 B。用于叙述自己的误解、误会。"我一直以为是……（但……）"。
例 文	◇恵子さんは独身だ**とばかり思っていたが**、なんと三人のお子さんを持つママさんだった。

◇試験は来週の金曜日だ**とばかり思っていたら**、今週の金曜日だった。

◇向こうからやってきた人は山田さんだ**とばかり思いきや**、山田さんの弟だった。双子だったんだ。

◇A「どうして私のパンを食べたの。」
　B「えっ、これは君のパンだったのか。自分のパンを食べた**とばかり思っていたけど**。」

◇A「夕べはどうして先生の送別会に来なかったんですか。」
　B「えっ、夕べだったんですか。今晩だ**とばかり思っていましたけど**。」

142 ～とばかり（に）

接　続	動詞普通形/命令形＋とばかり（に） イ形容詞/ナ形容詞（だ）/名詞（だ）＋とばかり（に）
意　味	「Xとばかりに Y」で、実際には X ではないが、いかにもそういう様子 で Y をするという意味。X という感情・態度がはっきり見えていると いうこと。「～と言わんばかりに」の省略で、「～と言いそうに」と 同じ。書き言葉。
訳　文	用「Xとばかりに Y」的形式，表示虽然实际上不是 X，但是就好像那个 样子似的做 Y 的意思。能够明显看出 X 那种感觉、态度。「～と言わん ばかりに」的省略形式，同「～と言いそうに」。书面语。"几乎就要 ……似的"、"像……的样子"。
例　文	◇早く帰れ**とばかりに**、ウエートレスは客の前の食器を片付け始めた。 ◇父親が帰ると、待っていた**とばかりに**娘はおみやげをねだった。 　　　　　　　　　　　　　　　　　　　　　　　　　　（2000 年 1 級） ◇山本さんは、意見を求められると、待っていました**とばかりに**自分 　の説を展開し始めた。（2000 年 1 級） ◇今朝、電車に乗る時、早く乗れ**とばかりに**後ろの人に押されて転ん 　でしまった。 ◇天まで届け**とばかりに**、声をかぎりに歌った。（2006 年 1 級） ◇私が話しかけたら、彼は嫌だ**とばかりに**、横を向いてしまった。 ◇これ以上はもう走れない**とばかりに**、その選手はゴール地点に倒れ 　込んだ。 ◇先生は「静かに聞きなさい」**とばかりに**、咳払いをしました。
慣用句	「この時とばかりに」（趁着这个好机会） 「待ってましたとばかりに」（欣然等待着） ◇相手チームの調子が崩れた。彼らは**この時とばかりに**攻め込んだ。 ◇その歌手が登場すると、**待ってましたとばかりに**拍手が起こった。
注　意	他の人の様子を言う場合に使い、話者自身のことには使わない。

143 ～とまではいかないが/とまではいかないとしても

接　続	文の普通形＋とまではいかないが/とまではいかないとしても
意　味	「X程度までの高い段階ではないが、まずまずだ」という話し手のプ ラス評価がある場合に使う。
訳　文	虽然没有达到前项 X 的程度，但也达到了相当高的程度。表示说话人的 积极评价。"虽然达不到……的程度，但是（至少）……"。
例　文	◇毎日**とまではいかないが**、週に 2、3 回は掃除しようと思う。

◇絶対**とまではいかないとしても**、成功する確率は高いと思う。

◇僕のスペイン語はビジネスレベル**とまではいかないが**、日常会話程度なら支障がない。

◇仕事が見つかって、快適な生活**とまではいかないが**、なんとか生きていける。

◇佐藤さんの料理の腕はプロ並み**とまではいかないが**、味といい見た目といいさすがだ。

◇卒業したばかりなので、すぐに自立**とまではいかないが**、せめて生活費ぐらいは自分で稼ぎたい。

144　〜とまでは言わないが/とまでは言わないとしても

接　続	文の普通形＋とまでは言わないが/とまでは言わないとしても
意　味	前件の極端な程度になるとは言えないが、せめてそれより下の程度には達してほしい。後件には話し手の希望・要求・意見・命令などの表現が来る。
訳　文	话虽然说不到那样极端的程度，但希望至少能达到比其低一点的后项这个程度。句末为说话人的希望、请求、要求、建议、命令等。"虽不能说……但也至少希望……"。
例　文	◇全部一人で解決しろ**とまでは言わないが**、できり限りの努力をしてもらいたい。 ◇例の単価のことですが、10%**とまでは言いませんが**、もう少し負けてくれませんか。 ◇夫には家事を分担してくれ**とまでは言わないが**、せめて子どもとの付き合い時間を増やしてほしい。 ◇顔を見せてくれ**とまでは言わないとしても**、せめて電話ぐらいはかけてほしい。 ◇何もかも君が悪い**とまでは言わないが**、反省すべきところがないかどうか考えてください。 ◇君自身の問題だから、「やめてしまえ」**とまでは言わないが**、今一度考え直してみたらどうだろうか。　（1999年1級）

145　〜ともあろう（もの/人/団体）

接　続	（地位・身分・職業・団体を表す）名詞＋ともあろう＋もの/人/団体
意　味	評価が高い「人・機関」などの名詞に付き、その人・機関がそれにふさわしくない行動をした場合、それに対しての話し手の不信感や怒りなどの感想を述べる。

訳 文	前接高度評価的「人・機関」等名詞，当此人或机关做出了并不符合該評価的行动时，说话人对此表现出不信任、愤怒等情感。"身为……但却竟然……"、"堂堂的一个……竟然（做出）……"。

例 文	◇警察官<u>ともあろうもの</u>が、暴力団に捜査情報を流していたとは許しがたい。 ◇大学の学長<u>ともあろうもの</u>が、賄賂を受け取るなんて、驚いた。 ◇国会議員<u>ともあろうもの</u>が、平気で脱税行為を行うなんて。 ◇大学の教授<u>ともあろう人</u>が、痴漢行為で警察に捕まるなんて。 ◇国会<u>ともあろう機関</u>で、時間をかけて審議もせずに強行採決とは呆れたものだ。 ◇母親<u>ともあろうもの</u>が、子供を車に置き去りにしてショッピングをするなんて、許せない。

146 ～と目(もく)されている

接 続	文の普通形＋と目されている
意 味	「～と見なされている」「～と評価されている」「～と評判が立っている」という意味だが、本当に前件のようになるかどうかまだ分からない。
訳 文	前项的人物或事情"被认为……""被看作……""……受到瞩目"。但到底是不是那么回事还很难说。
例 文	◇人類こそ、自然を破壊する最大の敵<u>と目されている</u>。 ◇一等賞は田中さん<u>と目されている</u>が、結果を待ってみよう。 ◇今度の競馬(けいば)では本命(ほんめい)は「忍者(にんじゃ)」<u>と目されている</u>。明日馬場(ばば)へ見に行こうか。 ◇A「2024年オリンピック候補国では最有力候補<u>と目されている</u>のはＦ国です。」 　Ｂ「でも、Ａ国もだいぶ力を入れているそうだよ。」 ◇これは事件の最重要証拠<u>と目されている</u>から、きちんと保管しておくこと。 ◇会社の後続者<u>と目されている</u>のは、長男(ちょうなん)の正夫(まさお)だが、長女(ちょうじょ)の紀子(のりこ)の方が将来有望だと思っている人が多い。

147 ～ともなく/ともなしに

接 続	（1）疑問詞（＋助詞/動詞辞書形）＋ともなく/ともなしに
意 味	疑問詞の後に付いて、それがはっきりしない、ということを表す。

| 訳　文 | 接在疑问词后，与前面的疑问词呼应使用，表示不确定、不明确。 |

◇だれから**ともなく**、みんなで富士山へ行こうという話になった。

◇紙に何を描く**ともなしに**絵を描いたら、彼氏の似顔絵（にがおえ）になっていた。

◇公園を歩いていると、どこから**ともなく**、ピアノの音が聞こえてくる。

◇どこへ行く**ともなく**、ぶらぶらと通りを歩いていた。

◇生徒たちは夜遅くまで騒いでいたが、いつ**ともなく**それぞれの部屋に戻って行った。

◇だれに言う**ともなしに**「人生ってこんなもんさ」と呟いた。

◇その老人は、毎日何をする**ともなく**、ただぼんやりと公園のベンチに座っている。

◇いつから**ともなしに**、私も周りの子供たちに「おばあさん」と呼ばれるようになった。

接　続	（2）（知覚）動詞辞書形＋ともなく／ともなしに
意　味	「見る・聞く・考える・言う」などの知覚動詞に付いて、「〜しようというつもりはなく、ただ、なんとなく〜する」というはっきりした目的や意図なしに行われている様子を表す。また、「動詞辞書形＋ともなく＋同一動詞ている形」よく使う。
訳　文	接在「見る・聞く・考える・言う」等知覚动词后面，表示"无意间做某事的时候突然发现了意外的、新的情况"这样一种没有明确的目的或意图，无意识的行为动作的样子。常用「動詞辞書形＋ともなく＋同一動詞ている形」的形式。"无意识地……"、"漫不经心地……"。

◇ラジオから流れてくる日本の民謡を聞く**ともなく**聞いていると、何だか懐かしい気分になった。（1997年1級）

◇母は、ぼんやり、テレビを見る**ともなしに**見ていた。

（2004年1級）

◇電車の窓から外を見る**ともなく**見ていたら、高校時代の同級生の姿が目に入った。（2008年1級）

◇聞く**ともなしに**後ろの座席の人たちの話を聞いていたら、うちの部長のことだったので、驚いた。

◇彼氏のメッセージを読む**ともなく**読んでいると、浮気なことがばれた。

◇考える**ともなく**考えたら、彼との約束を思い出した。しかし、もう4時間も過ぎてしまった。

| 慣用句 | 「見るともなく／ともなしに見ている」（不经意地看到） |

「聞くともなく／ともなしに聞いている」（不经意地听到）

「読むともなく／ともなしに読んでいる」（不经意地读到）

「考えるともなく/ともなしに考えている」（不経意地想到）

| 注 意 | 一部の限られた意志動詞（見る・聞く・考える・言う）などに付くが、目的がなく無意識的に行っていることを表す。前後に同じ動詞/同類動詞をを使うことが多い。 |

| 例 文 | ◇彼は夕焼けの空を見る**ともなく**、ただぼんやりと見つめていた。 |

◇行く**ともなく**足が彼女の家へと向かっていた。ちょうどその時、彼女はベランダへ洗濯物を干しに出ているところだった。

◇読む**ともなく**週刊誌をめくっていると、なんと昔なじみのA君のことが載っているではないか。

◇窓の前に立って、外を見る**ともなく**眺めていたら、黒いベンツがあのビルの下に止まっているのに気づいた。

148 〜ともなると/ともなれば

| 接 続 | 動詞辞書形/名詞＋ともなると/ともなれば |

| 意 味 | 「時間・年齢・役割」などの名詞や動詞に付いて、そのような状況になれば、その変化に応じて当然そうなるはずだ、という話し手の評価判断を表す。前には、ある程度まで進んだ名詞や特殊な事態を表す語などが来る。「〜ともなると」は、「〜となると」に、高い程度まで進んだことを表す助詞「も」が付いた形式。 |

| 訳 文 | 接在表示时间、年龄、作用等意思的名词或动词后，表示到了这样一种状况，根据变化理所当然就会形成后项的结果，为说话人的评价判断。前项接发展到一定程度的名词或者表示特殊情况的词。「〜ともなると」是「〜となると」加了一个表示更高阶段程度的助词「も」的形式。"一到了……的时候"、"一旦成了……的阶段"。 |

| 例 文 | ◇上級**ともなると**、ずいぶん難しい漢字を習うんですね。 |

◇結婚**ともなると**、二人だけの問題ではないので、簡単に決められない。

◇学部ではいろいろな基礎的な専門知識を勉強するが、大学院生**ともなると**、学部生とは違い、研究に専念する。

◇日本での生活も10年**ともなれば**、相手が黙っていてもイエスかノーか分かるようになる。（1995年1級）

◇プロの選手**ともなると**、さすがに実力が違うようだ。

（1998年1級）

◇私の家のまわりに、歴史のある神社やお寺が多く、海にも近いため、有名な観光地になっている。休日**ともなると**、朝から観光客の車で道路が渋滞する。（2003年1級）

◇大寺院の本格的な修理**ともなると**、かかる経費も相当なものだろう。

◇Ａ公園ではバーベキューや釣りもできるので、親子で一日楽しめる。
　週末**ともなれば**、いつも朝から家族連れでいっぱいだ。

注　意	進んだ段階を表す言葉（上級・中学生・部長）などや特別な場合を表す言葉（休日・祭り・祝日）などに付く。後には、そこまでの段階に至ると、当然どういう状態になるかを言う文が来る。話者の希望・意向を表す文や働きかけの文は来ない。

例　文	×子供**ともなると**、将来のことをいろいろ考えるようになるものだ。（「子供」は、変化していない。高学年や中学生など、程度が進んだ語をおく）→中学生ともなると ×寒い**ともなると**、持っていく服を考え直さなくちゃ。 （形容詞）→となると ×彼が参加しない**ともなると**、だれか代わりの人が必要だ。 （特別ではない）→となると

弁別と分析　「〜となると/となれば」（中級）と「〜ともなると/ともなれば」（上級）

①「〜ともなると/ともなれば」は、普通ならそうであるが、特別な時間や身分や事情になった場合は必ずまったく違う状況に変わってしまう。「昔と比べ物にならない変化になる」という対照的なニュアンスが強い。そして述語は変化を表す表現でなければならない。

◇２、３歳の幼児はおとなしく家の中で遊ぶ。が、４、５歳の子**ともなると/ともなれば**外で遊びたがる。

◇普段なら、彼女はいつもにこにこして僕と話をしてくれた。しかし、結婚の**話ともなれば**、彼女は往々として難しい顔になってしまう。

◇２月はまだ寒くて冷える日が続くが、３月末ごろ**ともなれば**、寒さも弱まり、春めいてくる。

②だから、後件が前件により、違う状況に変わってしまうという表現上で、お互いに大抵置き換えられる。

◇Ａ「私たちは子どもを日本の大学へ留学させることにした。」
　Ｂ「そうですか。子どもを留学させる**となると/ともなると**、相当の出費を覚悟しなければならないね。」

◇人気歌手になる前は、誰もそばによって来なかった。でも人気歌手**となると/ともなると**、ファンが騒ぐので、自由に外出もできなくなった。

③「〜となると/となれば」は、よく仮定のことを言う時に使われるので、副詞の「仮に・たとえ・もし」と一緒に使える。「〜ともなると/ともなれば」は、当然な事実を言う時に使われるので、「仮に・たとえ・もし」と一

緒には使いにくい。

◇もし地震が起こる**となると/となれば**、慌ててしまう人が多いから、落ち着いて冷静に行動することが大切だ。（ともなると/ともなれば？）

◇私は一番怖いと思っているのは地震だ。地震が起こらない限り、何をやっても落ち着いてやれるけど、地震**となると**/地震が起こる**ともなると**、慌てて何をすることもできなくなる始末だ。

④「〜となると/となれば」は名詞・ナ形容詞・イ形容詞・動詞の後に付くが、「〜ともなると/ともなれば」は名詞と動詞の後にだけ付く。

◇A「彼は今の仕事が嫌いだと言っているよ。」

　B「嫌い（だ）/やりたくない**となると/となれば**しかたがない。強いてやれとは言えないだろう。（ともなると/ともなれば×）

149　〜ないではない/ないでもない/ないものでもない

接続	動詞ない形＋ないではない/ないでもない/ないものでもない
	名詞＋も/が＋ないではない/ないでもない/ないものでもない

意味 積極的にではないが、その時の状況・条件によってはその可能性もあると言いたい時の表現。話し手の判断として、可能性がゼロではないという消極的に肯定する言い方。個人的な判断・推量・好き嫌いについて言うことが多い。「〜ないことは（も）ない」とほぼ同じ。

訳文 表示虽然不是非常积极的，但是根据当时的情况和条件来看，也有那种可能性。根据说话人的判断，可能性并不是完全没有这种消极的肯定。多用于表达个人的判断、推测、爱憎等。相当于「〜ないことは（も）ない」的用法。"并不是不…"、"并非不…"、"有可能…"。

例文 ◇そんなに頼むのなら、その仕事を代わってやら**ないものでもない**。
　　　　　　　　　　　　　　　　　　　　　　　　　　（2004年1級）

◇大変な困難を伴う仕事だが、夜を徹して行えば、でき**ないものでもない**。（2006年1級）

◇「私が悪かった」と素直に謝れば、許してやら**ないものでもない**。
　　　　　　　　　　　　　　　　　　　　　　　　　（2009-2　1級）

◇彼の論文は、構成にはまだ少し問題がある気がし**ないでもない**が、内容自体はだいぶよくなったと思う。（2011-2　N1）

◇明日は時間が取れ**ないでもない**です。1時間くらいならお話しできますよ。

◇家族と一緒に旅行に行きたい気も**ないではない**が、なかなかその時間が取れない。

◇カラオケは嫌いだが、接待の時には歌わ**ないものでもない**。

◇長期は無理だが、短期間ならその依頼に協力でき**ないものでもない**。

◇この調子で勉強を続ければ、第一志望の大学に合格でき**ないもので
もない**だろう。

◇会社を辞めたいという君の気持ちは、分から**ないでもない**が、無断
で仕事を休むのはよくないと思う。

150　〜ないものか

接　続	動詞ない形＋ないものか/ないだろうか
意　味	「実現がなかなか難しいことを知っているとは言いながら、やっぱり それを何とかして成立させたい」という強い願いを言いたい時に使う。 「なんとかして・なんとか」とともに使うことが多い。
訳　文	表示虽然知道很难实现，但还是强烈希望某事能够实现。经常和「なん とかして・なんとか」搭配使用。"能不能设法……"、"难到不能 ……"、"真希望……"。
例　文	◇なんとかして世界を平和にでき**ないものか**。 ◇ブランド品の偽造に対して何とかなら**ないものか**。 ◇事前に地震の予知がなんとかでき**ないものだろうか**。 ◇私の力でこの人たちを助けてあげられ**ないものだろうか**。 ◇なんとか母の病気が治ら**ないものか**と、家族はみんな願っている。 ◇人々は昔から何とかして年を取らずに長生きでき**ないものか**と願っ てきた。

151　〜ないまでも

接　続	動詞ない形＋ないまでも
意　味	そこまでの程度でなくても、せめてこれぐらいは、という意味。後の 文は義務や意志、命令などの文が来る。「〜ほどではないが」と同じ。
訳　文	虽不至于达到前项那样的高程度，但至少达到了后项在说话人看来还过 得去的一定程度。下文常接表示义务、意志、命令等句子。相当于「〜 ほどではないが」。"即使做不到……但（至少）……"、"虽然称不 上……但也算是……"。
例　文	◇恋人とまではいか**ないまでも**、彼女とはとてもいい関係だ。 ◇親友が入院しているのだから、お見舞いに来**ないまでも**電話ぐらい はするものだ。 ◇プロのコックとは言わ**ないまでも**、彼の料理の腕はなかなかのもの だ。（2006年1級） ◇昨日の演奏は、最高の出来とは言え**ないまでも**、かなり良かったと 思う。（2009-1　1級）

◇この崖から落ちたら、死に至ら**ないまでも**重傷は免れないだろう。

◇毎週とは言わ**ないまでも**、せめて一ヶ月に一回ぐらい電話をかけて
ほしい。

◇試験の内容は教えてくれ**ないまでも**、ちょっとヒントぐらい教えて
くださいませんか。

◇大企業の社長には成れ**ないまでも**、自分の会社は持ちたいと考えて
いる。

| 注 意 | 理想的な状態や極端な状態を表す言葉に付く。後には、十分満足でき
る程度・最終的な到達点より少し下のレベルを表す文が来る。「〜と
（は）言わないまでも/とまではいかないまでも〜せめて/少なくとも
〜」の形で使われる場合が多い。 |
|---|---|

152 ～ながらに（して）/ながらの

接 続	動詞ます形/名詞＋ながらに（して）/ながらの
意 味	名詞や一部の動詞に付いて、「Xのままの状態でY」という意味を表
す。前件Xが後件Yが起こったときの状態・状況説明となっている。
訳 文	接続在名词和部分动词后，表示"在保持前项X的状态下Y"的意思。
前项X主要用来说明进行后项Y时的某种状态、状况。"保持……的状
态"、"就那样一边……一边……"。
例 文	◇彼は自らのつらい体験を涙**ながらに**語った。（2008年1級）
◇国に早く対策をたててほしいと、被害者たちは涙**ながらに**訴えた。
（1999年1級）
◇戦火を逃れてきた人々は涙**ながらに**それぞれの恐ろしい体験を語っ
た。
◇彼は生まれ**ながらに**、この天才と言えるほどの素晴らしい才能を持
っている。
◇彼は生まれ**ながらに**目が見えなかったが、世界でも指折りのピアノ
演奏者となった。
◇この清酒メーカーは昔**ながらの**製法で日本酒を作っている。
◇京都には昔**ながらの**歴史的な風景が見られる。
◇今日は会社の同僚といつも**ながらの**ところで夕食を済ませた。
◇インターネットのおかげで、居**ながらにして**買い物をしたりするこ
とができる。
◇テレビの前に座れば居**ながらにして**、世界のニュースを知ることが
できる。
注 意	限られた言葉にしか付かない。ほとんど慣用的な表現として使われる。
慣用句	「涙ながらに」（泪流满面）

「昔ながら」（一如既往、古色古香）

「生まれながら」（与生倶来、天生）

「いつもながら」（总是、一直）

「居ながらに（して）」（足不出戸）

153　〜ながら（も）

接　続	動詞ます形＋ながら（も）

動詞ます形＋ながら（も）

イ形容詞＋ながら（も）

ナ形容詞語幹（であり）＋ながら（も）

名詞（であり）＋ながら（も）

意　味　逆接を表す。一般的な通念では両立が不可能と思われることが、その場面では事実として現前することを表す。あるいは、満足はできないものの、容認することを表し、慣用語としてよく使われる。「〜ながらも」は硬い表現。

訳　文　表示逆接。一般不能同时并存的两个情况，作为事实出现在某场合。或是虽然前项不能让人很满意，但是可以容许。常用于惯用语。"虽然……但是……"、"尽管……却……"。

例　文　◇彼は、貧しい**ながらも**、温かい家庭で育った。　　（2004年1級）

◇様々な苦難にあい**ながらも**、諦めないで最後までやり抜いた。

（2000年1級）

◇田中さんは学生の身であり**ながら**、いくつもの会社を経営している。

（1998年1級）

◇休養に徹すると言い**ながらも**頭から仕事のことが離れない。

（1997年1級）

◇お手紙をいただいてい**ながら**、お返事も差し上げずに失礼いたしました。

◇彼はいつも勉強していないと言い**ながら**、家では猛勉強している。

◇私が困っているのに気付いてい**ながら**、彼は何もしてくれなかった。

◇一郎という子は、子ども**ながら**将棋では大人も勝てないほど強い。

注　意　前に「ある・わかる・知っている・〜ている」などの状態を表す動詞や「貧しい・狭い・不満足・子ども」などのマイナス評価の形容詞・名詞がよく来る。文末には意志表現は付かない。前後の主語は同じ。

慣用句　「残念ながら」（尽管很遗憾……）「お粗末ながら」（招待不周）

「陰ながら」（暗中）「及ばずながら」（尽管力量有限）

「いやいやながら」（很不情愿地）「ほそぼそながら」（勉强）

「勝手ながら」（只顾个人方便）

154 ～中を

接　続	名詞＋の＋中を（移動動詞） 動詞/イ形容詞辞書形＋中を（移動動詞）
意　味	ある範囲で動作主が移動することを表す。前件には「雨・嵐・雪・人込み」のような状況・様子・場面を表す言葉の他に、「～お忙しい中を」のような慣用表現も来る。後件の述語には必ず「歩く・来る・さまよう・出る・急ぐ」などのような移動動詞が来る。
訳　文	表示在某个范围内移动。如「雨・嵐・雪・人込み」等情形状态中。另外也有像「お忙しい中を」这样的惯用表达。"在……之中"。
例　文	◇その子供は、お医者さんや看護婦さんの祝福の<u>中を</u>退院していった。 ◇通勤の人込みの<u>中を</u>急いでいるサラリーマンの姿が目に浮かんでくる。 ◇大雪の<u>中を</u>歩いていたそのホームレスは、だんだん視界から消えていった。 ◇救援隊の乗っているボートは嵐の<u>中を</u>進んで行った。 ◇お忙しい<u>中を</u>わざわざおいでいただき、恐縮でございます。 ◇本日はお足元の悪い<u>中を</u>わざわざおいでいただき、誠にありがとうございます。
注　意	「～中を」の使い方は、一見簡単そうに見えるが、日本語学習者にはなかなかうまく使いこなせなく、「～中で」とか「～中に」とか言ってしまう場合が多いようである。「～中を」の助詞「を」は、「家を出る/横断歩道を歩く/道を急ぐ」の助詞「を」と同じ働きであり、移動の場所を表すのである。

155 ～なくして（は）

接　続	名詞＋なくして（は）
意　味	「～がなければ、後のことの実現は難しいだろう」と言いたい時に使う。望ましい意味の名詞に付き、後には否定的な意味の文が来る。書き言葉。「～がなかったら」は話し言葉。
訳　文	用来表示"如果没有前项内容的话，后面的事情很难实现"的意思。接在一个表示备受盼望的名词之后，后面则接续使用否定意义的句子。书面语。「～がなかったら」是口语。"如果没有……就（无法）…"。
例　文	◇苦難に満ちたあの人の人生は、涙<u>なくしては</u>語れない。 　　　　　　　　　　　　　　　　　　　　　　　（1994年1級） ◇友だちの励まし<u>なくしては</u>作品の完成はなかったであろう。 　　　　　　　　　　　　　　　　　　　　　　　（1997年1級）

◇国の経済は、鉄道やトラックなどによる貨物の輸送に依存している。国全体に広がる交通網**なくしては**、1日たりとも成り立たない。

(2004年1級)

◇「努力**なくして**成功はない」という言葉は、祖父の口癖だ。

(2009-1　1級)

◇社長は、「常に魅力ある新商品を開発し続けることが重要であり、それ**なくして**会社の成長など望みようもない」と語った。

(2014-2　N1)

◇試行錯誤**なくしては**、成功を収めるのは難しいと言われている。

◇市民の皆さんの協力**なくしては**、ゴミ問題の解決はありえません。

◇夫**なくしては**生きられない人生だと思ったが、離婚して一人でも生きられることが分かった。

156　〜なくはない/なくもない

接続	（〜ば/たら/なら/と）、動詞ない形＋なくはない/なくもない
意味	そもそも前項をしたくないが、もし条件が合えばするかもしれない、あるいは、後件が成立する可能性もある。消極的に肯定する言い方。
訳文	原本是不想做前项事情的，但是如果条件符合的话或许也会去做；或表示后项也不是不会成立。属于消极的肯定。"也不是不……"。
例文	◇もう少し相手に誠意があれば、交渉に応じ**なくはない**。

◇あまりやりたくないが、条件次第では、手伝わ**なくもない**。

◇もう少し条件をよくしてくれれば、この会社に今後も勤め**なくもない**が、今のままなら、続ける気はない。

◇山本さんは、ある日突然会社をやめて周りを驚かせたが、あの人の性格を考えると、理解でき**なくはない**。（2000年1級）

◇子供「自分のパソコンが欲しいよ。ねえ、駄目？」
　母親「ゲームじゃなくて勉強に使うんなら、考え**なくもない**けど。」（2007年1級）

◇普段はLサイズを着ているのに、間違えてMサイズのTシャツを買ってしまった。でも、着てみたら、少しきついが、Mサイズも着られ**なくはなかった**。（2014-2　N1）

注意	「ナ形容詞で/イ形容詞く＋なくは（も）ない」という使い方もある。この場合には、N2の「〜ないことは（も）ない」の意味と同じである。ただし、この場合にはN1の「〜ないものでもない」は使いにくい。
例文	◇ここは静かで**なくもない**/静かで**ないこともない**が、車の音がきになる。

◇この問題は難しく**なくはない**/難しく**ないことはない**が、よく考えれば解けるだろう。

157 〜なしに/なしには/なしでは

接 続	名詞＋なしに/なしには/なしでは
	動詞辞書形＋こと＋なしに
形 式	（1）〜なしに（は）
意 味	①「許可・届出・断り・あいさつ」などの規則を表す動作名詞に付いて、それをしておかなければいけないのに、それをしないで、という意味のときによく使われる。
訳 文	接「許可・届出・断り・あいさつ」等表示規則的动作名词，表示按照常理应该事先做前项，但没有做前项就做了后项。"没有……的状态下，就……"、"不……就……"。
例 文	◇彼は事前の連絡**なしに**会社を休んだ。
	◇彼女はよく断り**なしに**他人の物を使うので嫌われている。
	◇親といえども、ノック**なしには**私の部屋に入らないでください。
	◇父の病気のことが気になって朝まで一睡もすること**なしに**、起きていた。
	◇苦労すること**なしに**金儲けをしようなんて、ちょっと虫が良すぎるんじゃないか。
	◇連絡も**なしに**お客様がいらっしゃったが、急なこととて、何のおもてなしもできなかった。　（2001年1級）
意 味	②「XなしにはYない」の形でXをしなかったらYはできない、という意味。
訳 文	以「XなしにはYない」的形式，表示如果没有做X，那么就无法做Y或Y就难以实现。"如果没有……就不能……"。
例 文	◇先生の推薦**なしに**大学院の入試を受けることはできない。
	◇日本語の十分な習得は日本文化の理解**なしには**難しい。
	◇教授の助言**なしには**、この研究の成功はなかった。　（2007年1級）
	◇先生方のご指導や友人の助け**なしには**、論文を書き上げられなかっただろう。　（2004年1級）
	◇経済の発展は、最先端技術を取り入れた技術革新**なしには**、あり得なかっただろう。
形 式	（2）〜なしでは
意 味	否定的評価を表す一般的条件の「〜では」が付いて、聞き手に対して、

Xがなければ、困る、だめだ、という忠告を表す。

<table>
<tr><td>訳　文</td><td>接表示否定评价的一般性条件的「～では」，后项为对听话者的忠告，表示如果没有 X 的话，则难以办成某事。"如果没有…就不能…"。</td></tr>
<tr><td>例　文</td><td>◇生物の多様性<u>なしでは</u>、人類は生きていけない。
◇スーツを着ていても、ネクタイ<u>なしでは</u>入場はできません。
◇私の家は年寄りばかりなので、年金<u>なしでは</u>生活できないだろう。
◇社会は規則<u>なしでは</u>成り立たないが、規則ずくめでは世の中が窮屈で困る。
◇今回のアンケート調査では、インターネット<u>なしでは</u>、生きていけないと答えた若者が 84%を占めている。</td></tr>
</table>

158　～何かというと

<table>
<tr><td>接　続</td><td>慣用語として使われる</td></tr>
<tr><td>意　味</td><td>何かの機会があると、飽きることなく後件のことをする。N2 の「～何かにつけて（は）」、「何事につけて（は）」とほぼ同じ意味である。</td></tr>
<tr><td>訳　文</td><td>表示前项只要一有任何机会出现，总会不厌其烦地做后项事情。和 N2 的「～何かにつけて（は）」、「何事につけて（は）」的意思基本相同。"一有机会就……"、"动不动就……"。</td></tr>
<tr><td>例　文</td><td>◇彼は<u>何かというと</u>わたしのことを目の敵（かたき）にする。
◇更年期（こうねんき）に入った母は、<u>何かというと</u>ぶつぶつ文句ばかり言っている。
◇N 国と K 国はまだお互いを敵視している。<u>何かというと</u>論争になる。
◇最近、母は悪徳商人（あくとくしょうにん）にお金を騙し取られた。母は<u>何かというと</u>その話を持ち出してくる。
◇隣のおじさんはとても優しくて、社会経験も豊かな人なので、私は<u>何かというと</u>相談に乗ってもらっている。
◇友だちの家に一年ほど同居した。その時、友だち一家から<u>何かというと</u>お世話になったものだ。</td></tr>
</table>

159　～ならいざしらず/だったらいざしらず/はいざしらず

<table>
<tr><td>接　続</td><td>名詞＋ならいざしらず
名詞＋だったらいざしらず
名詞＋はいざしらず</td></tr>
<tr><td>意　味</td><td>「～についてはどうだろうかわからないが、～はともかくとして」という意味を表す。前後には対比的な事柄が述べられ、後半の事柄が前半の事柄より程度や重要性の点で勝っていたり、特別な場合であると言うことを表す時に用いる。後半には「驚いた、大変だ、信じられな</td></tr>
</table>

い」といった話し手の気持ちを表す表現が続くことが多い。「いざ」は古語「いさ」の誤読で、「さあ」の意味。「～はいざしらず」を現代日本語でいえば、「さあ、よくわからないけど」という意味。

| 訳　文 | 有关……（由于我不太清楚）姑且不论；如果是……还情有可原；如果……的话、则另当别论。前后形成一种对比的关系，说话人指出后半部分叙述的事情要比前半部分所叙述的事情程度严重或更加重要或情况比较特殊。后项往往多伴有表示说话人惊讶、情况十分严重的语气。 |

例　文
◇小学生**ならいざしらず**、大学生がこんな簡単な計算ができないなんて信じられない。（2008年1級）
◇新入社員**ならいざしらず**、入社8年にもなる君がこんなミスをするとは信じられない。（2003年1級）
◇神様**ならいざしらず**、普通の人間はあした何が起こるかさえわからない。まして10年先のことなんて。
◇国内旅行**ならいざしらず**、今の時期に海外旅行に行くなんて、パスポートやらビザやらで大変だよ。
◇暇な時**だったらいざしらず**、こんなに忙しい時期に長居(ながい)されてはたまらない。
◇昔**はいざしらず**、今は会社を10社も持つ実業家だ。

注　意
「動詞/イ形容詞の普通形＋の＋ならいざしらず」となることもある。
◇A「あいつ、彼女と付き合いたいらしいよ。俺から彼女の気持ち聞いてやろうかな。」
　B「頼まれたの**ならいざしらず**、やめとけよ。」
◇病気で働けないの**ならいざしらず**、いい年をした若者が、仕事も勉強もせずに毎日ぶらぶらしているとは情けないことだ。

160　～ならでは/ならではの

| 接　続 | 名詞＋ならでは/ならではの |

| 意　味 | 人や地名や組織を表す名詞などに付いて、前件の内容以外では不可能だ、という高い評価や特質を表す。 |

| 訳　文 | 接在人物、地名、组织等名词后，表示"非前项内容不可"的意思。是对前项内容的高度评价或提示其特质。"只有……才具备的（……）""……独特的……"、"……才独有的……"。 |

形　式
（1）～ならでは～ない　"如果不是……就无法……"
　⇒「～でなければ～できない」という意味

例　文
◇この絵には子供**ならでは**表せ**ない**無邪気さがある。
◇この味はおふくろの手作り**ならでは**出せ**ない**味だ。
◇卒業生から手紙が来るのは、教師**ならでは**得られ**ない**喜びだ。

◇こちらは徒歩でないと、京都の町**ならでは**体験でき**ない**風情(ふぜい)だろう。

◇これこそ中華料理の味だ、中華料理の調味料**ならでは**出せ**ない**味だ。

形 式	（２）～ならではの～/ならではだ　"只有……才具备的（……）"

⇒「～だけがもつ特有の～」「～であってこそできる」という意味

例 文	◇日本全国、その地方**ならでは**の名産がある。（2003年1級）

◇友人の家でごちそうになった料理は、家庭料理**ならでは**の素朴な味わいだった。（2008年1級）

◇アルバイト先の仲間は、みんな年が近いこともあって、同世代**ならではの**話でいつも盛り上がっています。（2010-1　N1）

◇100年の伝統を誇るこの旅館のサービスには、老舗(しにせ)旅館**ならでは**の細やかな心遣いが感じられる。（2011-2　N2）

◇こんなに素晴らしいデザインは、センス豊かな彼**ならでは**ですね。

◇これだけ多彩な料理と豊かな風味が味わえるのは、中華料理の本場**ならでは**ですねぇ。

注 意	文例とすれば「～ならではのN」の形が一番多い。「～ならではの」の「の」は、「見られない、できない」などの動詞の代わり。

◇これは彼**ならでは**の素晴らしい作品です。

⇒これは彼**ならでは**作れ**ない**素晴らしい作品です。

⇒こんな素晴らしい作品は彼**ならでは**ですね。

161 ～なら（話は）別だが

接 続	名詞/ナ形容詞語幹＋なら（話は）別だが
	動詞/イ形容詞普通形＋（の）なら（話は）別だが

意 味	前件だったらもう何も言うことなく、ある程度納得できるが、前件ではあるまいし、こうやったほうがいいよという意味を表す。述語には「～ほうがいい/たらどうか/すべきである」のような話し手の忠告や助言が来るのが特徴である。会話では「話は」という言葉を省略してもいい。

訳 文	如果是前项的话，那倒可以理解，但是事实并不是前项，所以还是这样做为好。谓语多为「～ほうがいい/たらどうか/すべきである」等形式，表达说话人的忠告，建议等。在会话中可以省略「話は」。"如果是……的话则另当别论，但是……"。

例 文	◇この仕事をやめたいの**なら別だが**、もし続けたいのならしっかりとやったらどうだろうか。

◇彼が嫌い**なら（話は）別だが**、好きである以上、早く結婚してほしいと母は昨日私に言った。

◇先生の講義がつまらない（の）**なら（話は）別だが**、自分の学習態
度についても反省すべきところはないかと考えてほしい。

◇本気でこの仕事をやる気があるの**なら（話は）別だが**、いい加減に
やっているならやらないほうがいい。かえって邪魔になるから。

◇仲間に入りたくないの**なら（話は）別だが**、入ると決めた以上は、
もっと協調すべきだ。

◇事件の経緯を知っている**なら別だが**、何も知らないのなら口を出さ
ないほうがいいんじゃないか。

162　～ならまだしも

接　続	名詞/ナ形容詞語幹＋ならまだしも

動詞/イ形容詞普通形＋ならまだしも

意　味	「前項のことはまだ許せるが、後項になるのはひどすぎる」という話し手の非難、不満な気持ちを言う時に使う。「まだしも」は副詞で、Xに比べてまだYのほうがましだ・我慢できる、という主体の受けとめかたを表す。

訳　文	表示"如果是（前项）的话，那还可以，可是现在（的后项）也太过分了"的意思。谓语多带有说话人批评或不满的语气。「まだしも」本身是副词，表示说话人觉得Y比X还好一些，还可以忍受的意思。"如果是……的话还说的过去"。

例　文	◇２、３人**ならまだしも**、一度に10人も休まれては困りますよ。

◇いない**ならまだしも**、いるのに顔さえ見せないなんて情けないなあ。

◇凸凹道（でこぼこ）**ならまだしも**、つるつるに凍った山道を車で走ったんだ。恐かったぜ。

◇ひどいことをしたんだね。子供**ならまだしも**、もう二十歳の大人だから、絶対に許さない。

◇名前だけ**ならまだしも**、初対面の人に住所や電話番号まで教えるのはやめたほうがいい。どんな人か分からないから危険だ。

◇A「また、区役所のパソコンから個人情報が漏れたらしいな。」
　B「一度**ならまだしも**、何回も個人情報が漏れるって不安よね。」

163　～なり

接　続	（１）動詞辞書形＋なり～た

意　味	ある動作に続いてすぐ予期しない次の動作が起こる。後には意外なこと・普通ではない結果がよく来る。客観的な描写文なので、話し手の行為や命令・依頼などの意思を表す文には使えない。主語は普通三人

称で、前件と後件は同一主体。

| 訳 文 | 表示前项动作发生后，紧接着发生了感到意外的后项动作。后项常接意外的、平时不怎么发生的情况。因为是描写客观的事实，所以不能用于描述说话人的行为或不能用于表示命令、依赖等的句子。主语一般是第三人称，且前项和后项为同一主体。"一……就……"。 |

| 例 文 | ◇父は僕の部屋に入ってくる**なり**、大声で怒鳴り始めた。 |

◇迷子になっていた子どもは、母親の顔を見る**なり**ワッと泣き出した。
◇そのニュースを聞く**なり**、姉はショックでその場に倒れてしまった。
◇私が初めて自分で化粧をした時、姉は私の顔を一目見る**なり**、大声で笑い出した。
◇彼は合格者のリストに自分の名前を発見する**なり**、跳び上がって大声をあげた。
◇宿題を怠けてテレビを見ていた子どもは廊下を歩く母の足音が聞こえる**なり**、すばやくスイッチを切った。
◇「あっ、だれかおぼれてる」と言う**なり**、彼は川に飛び込んだ。

(1999年1級)

◇私の料理を一口食べる**なり**、父は変な顔をして席を立ってしまった。

(2002年1級)

| 注 意 | 「〜や否や」や「〜か〜ないうちに」などと同じ「〜すると、すぐ」を表す。ただし、「〜なり」は同一主体文でしか使えない制約がある。また、「〜や否や」と同じく、後には意志的な行為を表す文や「〜よう・つもり」などの意志の文、命令文、否定文などが来ることはない。
×私が窓を開ける~~なり~~、虫が飛び込んできた。
　　　　　→異主体文（〜や否や　○）
×会社に着く~~なり~~、部長室に行ってください。
　　　　　→意志行為（着いたら　○） |

接 続	（2）動詞た形＋なり
意 味	前項の状態が持続することを表す。また、期待される事態が起こらない状態を表す。「〜たまま」、「〜たきり」と同じ「〜した状態で」という意味を表します。
訳 文	表示前项动的状态一直在持续。还可以表示期待的事情一直都不发生。"原封不动的……"、"自……以后就一直……"。
例 文	◇主人は朝早く出かけた**なり**、この時間になっても帰ってきません。

◇彼は部屋に入った**なり**、椅子にも座らないで手紙を読んでいた。
◇田中君には4年前、同窓会で会った**なり**、その後はずっと会っていない。
◇彼女は機械的に手を出してそれを受け取った**なり**、うつむいて黙っ

ていた。

◇彼女は何を聞いても、顔を背けた**なり**、一言も口を開こうとはしなかった。

◇娘が部屋に閉じこもった**なり**、いくら呼んでも出て来ないの。学校で何かあったのかしら。

164 ～なり（と）/～なり（とも）/～なり～なり

接　続	名詞（助詞）/動詞辞書形＋なり
意　味	列挙してその中から一つを選択する場合に用いる。後に勧告・依頼・希望・義務などの表現がよく来る。
訳　文	列举并选择其中之一的用法。后项常接表示劝告、请求、希望、义务等的内容。
形　式	（1）「名詞（＋助詞）/動詞辞書形/疑問詞＋なり（と/とも）」の形で、いくつかの中から例としてあげる。また、「どこへなりと/いつなりと/どれなりと」のように疑問詞につくと、「どこへでも/いつでも/どれでも」と同じ意味を表す。「～でも」と同じだがより丁寧・婉曲な言い方。
意　味	表示列举,从几个事物当中举出一个作为例子。另外，接在「どこへなりと/いつなりと/どれなりと」等疑问词之后，相当于「どこへでも/いつでも/どれでも」的意思。是较「～でも」更郑重、婉转的说法。"……之类的"、"……什么的"、"不管……"、"无论……"。
例　文	◇来られないとき、電話で**なり**連絡してください。 ◇この辞書、２、３日**なりと**貸してください。 ◇時間があったら、電話**なりとも**、かけてくれればいい。 ◇ちょっと上がってお茶**なりとも**召し上がってください。 ◇壁に絵を飾る**なり**したら落ち着くと思いますよ。 ◇彼女は多少**なりとも**、心の扉を開く気になったようだ。 ◇どこへ**なりとも**行くがよい。顔など見たくない。 ◇何**なりと**お好きなものを持って帰るといい。
慣用句	「なり何なり」（不管什么都行、无论什么方式都可以） ◇悩み**なり何なり**とお申し付けください。 ◇この本は返してくれなくていいですよ。人にあげる**なり何なり**、好きにしてください。
形　式	（2）「～なり～なり」の形で、同じグループに属する二つを挙げてそのどちらかを選ぶ、という意味で、そのほかの可能性もある、という含みがある。何でもいいという気持ちがあるので、目上

の人には使えない。過去のことには使えない。

意　味	举出两个同类的例子，从中选择，表示还有其他的可能性。由于含有"什么都可以"的意思，所以一般不用于对长辈或上司。不能用于过去的事情。"……也好……也好"、"可以……或者……"。

例　文	◇参加するかどうかは、明日までにメール**なり**電話**なり**で連絡してください。 ◇英語**なり**フランス語**なり**、他にもう一カ国語学んだほうがいいよ。 ◇奨学金のことは先生に**なり**学生課の人に**なり**相談してみたらどうですか。 ◇君にあげたからには、人にやる**なり**捨てる**なり**、それは君の勝手だ。 ◇休日には映画を見る**なり**、音楽会に行く**なり**して、気分転換を図ったほうがいい。（1993年1級） ◇わからない単語があったら、辞書を引く**なり**だれかに聞く**なり**して調べておきなさい。（1999年1級） ×遠距離恋愛中は、メール~~なり~~電話~~なり~~した。（過去には使えない）

注　意	肯定形と否定形・対義語を並べて選択をせまるというような強迫の感じもある。だから、目上の人にも使えない。 ◇来る**なり**来ない**なり**をきちんと連絡してもらわなければ困ります。 ◇黙っていないで、反対する**なり**賛成する**なり**意見を言ってください。

165　〜なりに/なりの

接　続	動詞普通形＋なりに/なりの 名詞/イ形容詞＋なりに/なりの ナ形容詞語幹＋なりに/なりの

意　味	限界や欠点があるがそれは認めた上でそれ相応の力で精一杯のことをする、という意味。何かプラスの評価をする時に用いられる。

訳　文	表示虽然承认前项有缺点、不足之处，但是采取了与其相符合相适应的努力的意思。用于积极评价某人或某事。"与……相应的"、"与……相符合的"、"以……（某人）自己的方式"。

例　文	◇新製品の宣伝について、わたし**なりに**考えた案を説明した。 （1998年1級） ◇的確かどうかわかりませんが、この問題について私**なりの**考えを述べたいと思います。（2006年1級） ◇現行の制度における問題点を、私**なりに**整理してみました。 （2009-2　1級） ◇子供には子供**なりの**考えがある。親は干渉しすぎてはいけない。 ◇勉強する時間がないなら、ない**なりに**勉強の仕方を工夫しましょう。

◇褒められる点数ではなかったが、**娘なりに**頑張ったようだ。

◇会社で出世したら出世した**なりに**プレッシャーが大きくなる。

◇私が事業で成功できたのは、自分**なりに**工夫を重ねたからだと思います。

| 注意 | 話者があまり程度が高くないと感じていることを表す言葉に付く。後には、その状況でもそれに応じた態度・行動を取る、という意味の文が来る。また、「私なりに」の形は、謙遜した言い方。「それなり」の形も慣用的な言い方である。 |

◇努力をすれば**それなり**の成果はあがるはずだ。

◇子供たちも**それなり**に力を合わせて頑張っている。

| 説明 | 「～なり」は接尾語として、ほかに「弓なり・卵なり・身なり・山なり…」や「曲がりなりに・なりふり構わず…」など外形・外見を表す熟語を作るが、付く語が限られているので、語彙として覚えただけでいい。更に慣用表現として「人の言いなりになる」のように、「それに逆らわないで従っていく」という意味を表す。 |

| 訳文 | 「～なり」作为接尾词还可以用于表示"外形、外观、形状"的意思，例如「弓なり（弓形）・卵なり（蛋形）・身なり（外表装束）・山なり（山形、抛物线形）…」等，或是作为熟语「曲がりなりに（虽不完美但好歹）・なりふり構わず（不修边幅、不顾及外表）…」等，这类接续表达十分有限，所以只要作为词汇记忆即可。另外，如常用的惯用表达「人の言いなりになる」那样，表示"不违背、不反抗、顺从、唯命是从"的意思。 |

| 例文 | ◇銀行の正面を通り過ぎ、**道なりに**５分程歩くと左側に学校の正門があります。
◇私なりに努力もし、**曲がりなりに**も今日まで勤め上げてまいりました。
◇**人の言いなり**放題になるのではなくて、自分なりの意見を持って行動せよ。 |

166 なんでも～そうだ/らしい/ということだ/という話だ

接続	何でも～文の普通形＋そうだ/らしい/ということだ/という話だ
意味	はっきり分からないが、「うわさによると」、「話では」という意味を表わす。伝聞の言い方で、述語には「～そうだ」、「～ということだ」などが来る。
訳文	表示传闻。和「うわさによると」、「話では」的意思相同。谓语多用「～そうだ」、「～ということだ」等表达形式。"据说……"、"听说……"。

◇<u>何でも</u>彼女はもう三人の子供がいるおかあさんだ<u>そうだ</u>。

◇<u>何でも</u>あの男はとても貧乏<u>らしい</u>。

◇<u>何でも</u>新しく開いた店の料理は超おいしい<u>という</u>。

◇<u>何でも</u>彼はまた引っ越した<u>という話</u>だ。

◇<u>何でも</u>近く東京では大地震が起こる<u>とのことだ</u>よ。

◇<u>何でも</u>就任したばかりの大統領がスキャンダルで辞任する<u>そうだ</u>。

167　〜なんという〜だろう

接　続　なんと（なんて）いう〜名詞/形式名詞＋（なん）だろう

なんと（なんて）いう〜ナ形容詞語幹＋（なん）だろう

なんと（なんて）いう〜ナ形容詞な＋のだろう/ことだろう

なんと（なんて）いう〜動詞/イ形容詞普通形＋のだろう/ことだろう

意　味　感嘆の表現である。「なんという」をつけて、話し手の感嘆や驚きの気持ちを強く表明するのに用いられる。文末には述語が名詞とナ形容詞語幹の場合は「〜だろう」を使うが、その以外の場合は「〜のだろう/ことだろう」を使うのが普通である。

訳　文　表示感叹的表达形式。和「なんという」一起搭配使用，可以加强讲话人感叹或惊叹的语气。"是多么的……啊！"。

例　文　◇初めてそこを訪れた時、<u>なんという</u>美しい街<u>だろう</u>と思った。

（1993 年 1 級）

◇何かにつけて面倒を見てくれた木村さんは<u>なんという/なんていう</u>親切な人<u>だろう</u>。

◇ほら、西の空は<u>なんという</u>きれいな夕焼け<u>だろう</u>。

◇前もって何の連絡もせずに突然人の家を訪ねるとは、<u>なんという</u>失礼な<u>ことだろう</u>。

◇1 点の差で憧れてきた大学に落ちた彼は<u>なんという</u>不運な人<u>だろう</u>。

◇干したばかりの布団は<u>なんという</u>軟らかさなん<u>だろう</u>/<u>なんと</u>軟らかい<u>ことだろう</u>。

注　意　会話では、「なんと」のかわりに「なんて」を用い、「という」も省略できる。文末には「〜だろう/のだろう」のかわりに、「〜ことか/のか」も用いられることもあり、基本的な意味はほぼ同じである。

◇初めてそこを訪れた時、<u>なんと/なんて</u>（いう）美しい街な<u>ことか</u>と思った。

◇僕は若年医師の時、<u>なんという</u>思い違いをしていた<u>のか</u>と、この年になって悔やまれる。

◇富士山頂から見た景色の<u>なんと</u>美しかった<u>ことか</u>。本当に感動した。

（2018-1　N1）

168 〜なんとも〜ない

接　続	なんとも〜言えない/分からない/しようがない
意　味	「どうしても〜ない」「とても〜ない」という意味である。述語には「言う・説明する・理解する・分かる・納得する」などの認知を表す言葉が来る。
訳　文	表示无论如何也不能表达或理解等意思。谓语只能是表示认知的词汇。"什么也不……"、"怎么也没……"。
例　文	◇彼女がどうしておれを捨てたかは**何とも**納得でき**ない**。 ◇あの客が言っていることは**なんとも**分かり**かねます**。 ◇成功するかどうか、今の段階では**何とも**言いようが**ない**。 ◇証拠はまだ十分とは言えないので、有罪か無罪かは**何とも**判断のしようが**ない**。 ◇全然知らない者同士が集まって集団自殺を図る人の気持ちは**何とも**理解でき**ない**。 ◇うちの子がこんなとんでもないことをしでかして、親としては**何とも**お詫びのしようが**ありません**。

169 〜に値する/に値しない

接　続	動詞辞書形/動作名詞＋に値する/に値しない
意　味	「〜する甲斐がある」の意味。大抵「〜に足る/に足りる」と置き換えられる。
訳　文	表示值不值得做某事或有没有做某事情的价值。"（不）值得……"。和「〜に足る／に足りる」意思类似，大致能互换使用。
例　文	◇佐藤さんの日々の努力は尊敬**に値する**。（2015-2　N1） ◇この展示コーナーには鑑賞**に値する**作品は少ない。 ◇この辺りは独特な景観を持っていて一見**に値する**。 ◇このテーマは研究**に値する**重要なものだから、研究のしがいがある。 ◇その映画はストーリーもよくできていて、画面もきれいなので、見る**に値する**。 ◇新聞に取り上げて大いに書く**に値する**と思う人もいれば、またニュースとして人々に知らせる**に値しない**と考える人もいるわけです。
説　明	「〜に値する」の前に来るのは「見る・読む・書く・賞賛する・尊敬考慮・検討・同情」などのような認知を表す言葉である。
注　意	この文型は必要な質・量・条件などを満たすかどうかという基準に立ち理性的評価を加える文型で、外部の対象を客観的に評価し、相手に伝えるときによく使う。

～に（は）あたらない

接 続	（感情・評価など）動詞辞書形/名詞＋に（は）あたらない
意 味	前によく「～からといって」が来て、「褒める・称賛する・驚く・非難する・嘆く・悲しむ」などの動詞や名詞に付いて、そうするのは適当ではない、それほど大きな問題ではない、という意味。相手が過度に反応しているとき、戒めたり、諭したりする場合によく使う。
訳 文	前项常和「～からといって」一起使用，接「褒める・称赞する・驚く・非難する・嘆く・悲しむ」等动词或名词，表示说话人认为前项的事情都不是些稀罕的事情，或认为前项的理由都是些不值一提的理由，所以犯不着为此而大惊小怪、唉声叹气或评头论足等过度反应。常用于对对方的劝告或告诫。"犯不着……"、"没什么好……的"、"用不着……"。
例 文	◇彼なりにできるだけの努力をしたのだから、いい結果を出せなかったとしても、非難する**にはあたらない**。（2007 年 1 級） ◇優秀な田中君のことだから、論文を 1 週間で仕上げたと聞いても驚く**にはあたらない**。（1999 年 1 級） ◇わがチームが負けたからといって、嘆く**にはあたらない**。相手のほうが技術もチームワークもわがチームよりずっと上なんだ。 ◇彼の作品はオリジナルなものではなく、有名作家のコピーに過ぎない。だから、特に感心する**にはあたらない**と思う。 ◇新人なのだから、一回ぐらいミスを犯したって、めちゃくちゃに非難する**にはあたらない**。初めの頃は誰でも同じだっただろう。 ◇彼女の成功は親と恋人の援助に負うところが大きいのです。そんなに褒める**にはあたりません**。
説 明	動詞「当たる」本来の意味は、「～に相当する」ということである。 ◇鈴木さんは山田先生の遠い親戚**に当たります**。（2009-1　1 級） ◇A 市の人口は B 市の人口の約 2 倍にあたる 12 万 8 千人である。

～にあって（は）/にあっても

接 続	名詞＋にあって（は）/にあっても
意 味	特別な場面・時・情況を表す名詞に付いて、そういう特別な事態に自らの身を置いているので、置いているのに、という意味。後は順接でも逆接でもいい。話し手の大変な状況だ、という気持ちがある。「～にあって（は）」は「～のような特別な状況だからこそ、あることが起きる」という順接の意味で、「～にあっても」は「～のような特別な状況でもあることが起こる/起こらない」という逆接の意味である。

接表示特別的場面、時間、情況的名詞，表示"由于处于某种特别事态或虽然身在其中，却……"后项可接顺接关系，也可接逆接关系。表示"重大、严重、非同一般"的心情。「～にあって（は）」表示"正是因为处在这一特别的情况之下，所以发生了某事"这一顺接的意义，「～にあっても」表示"即使是处在这一特别的情况之下，某一事态特仍旧发生了或仍不发生"这一逆接的意义。

例　文
◇このような不況に**あって**、A社も厳しい経営状態が続いている。

◇震災後の厳しい状況に**あって**、皆が心を一つにして協力し合うことが何より大切だ。

◇その作家は便利な時代に**あっても**、パソコンを一切使わないそうだ。

◇水も食糧もない状況に**あって**、人々は互いに助け合うことの大切さを学んだ。（1999年1級）

◇当時は会社の経営が困難を極めた時代だった。そのため、父は責任者という立場に**あって**寝る時間も惜しんで働かなければならなかった。（2002年1級）

◇どのような困難な状況に**あっても**、あきらめてはいけない。

（2008年1級）

×本日の進学説明会は、南講堂階段教室に~~あって~~開かれます。

→特定な場所での客観描写（～において　○）

172　～にあっては

接　続　人称名詞＋にあっては

意　味　ある人のことと言ったら、だれも敵わない、まったくお手上げだという意味を言いたい時に使う。プラス評価とマイナス評価両方が来る。「～にかかっては」とも言える。しかし、自分を例にして評価することには使えない。

訳　文　表示提到某人时，谁也比不过他。既可用于正面评价也可用于负面评价。一般不能用第一人称做主语。

例　文
◇山田さん選手に**あっては**/に**かかっては**、とても強くて、誰も相手にならない。

◇林さんに**あっては**/に**かかっては**、日本語がとても上手で、日本人の私も顔負けだ。

◇あの男に**あっては**ウソの王様と言われているよ。気をつけないと騙される。

◇囲碁にかけては9段を取った彼女に**あっては**お手上げだ。

◇君に**あっては**敵わないな。そこまで言われては金を貸さざるを得ない。

◇あの男**にあっては**いやと言えなくなってしまう。望みどおりするしかしかたがないだろう。

173　〜に至る/に至って/に至っては/に至っても

接続　動詞辞書形/名詞＋に至る/に至って/に至っては/に至っても

意味　「〜に至る」は「〜になる」を更に強調した表現で、変化の結果、最終的にある状況・事態に達するという意味を表す。

訳文　「〜に至る」是「〜になる」的強調表達形式，表示最后変化的結果或某種状態、事態的意思。

形式　（1）動詞辞書形/名詞＋に至る/に至って〜た

意味　「〜に至る」から派生する文型。いろいろなことが段々進んで、ある段階・状態や結論・目的に到達した、ということを表すが、多くは「ある極端な段階・重大な事態になって、ようやくある行動を起こした、あることに気が付いた」ということを強調する。後に「ついに・ようやく・やっと・はじめて」などの副詞がよく付く。後は、過去形が来る。

訳文　是从「〜に至る」的動詞用法所派生出的文型。表示某事態历经各種発展変化，最后达到某一結果、状態、結論、目的等意思。多用来強調表达“直到达到了某一极端的阶段或发展成某一严重事態后，才终于采取了某一行动、意识到了某一种情”。因此后项経常会呼应「ついに・ようやく・やっと・はじめて」等副詞。后项接过去式。“到……为止”、“直到……（终于……）”、“直到……（才……）”。

例文　◇証拠となる書類が発見される**に至って**、彼はやっと自分の罪を認めた。（2006年1級）

◇校内暴力で学生が3人も死亡する**に至って**、学校側はようやく重い腰をあげた。

◇実際に事故が起こる**に至って**、ようやく自動車会社は事故原因の調査を始めた。

◇肺癌にかかったと医者に告げられる**に至って**、やっとタバコをやめることに決めた。

◇大地震で何千人もの死傷者を出す**に至って**、やっと危機管理の重要性が叫ばれるようになった。　　**に**

◇彼は落第する**に至って**はじめて、ようやく真面目に勉強し始めた。

◇妻が離婚を決意する**に至って**はじめて、夫が自分の間違いに気がついた。

◇学校へほとんど行かずにアルバイトばかりしていた彼は、いよいよ留年という状況**に至って**、親に本当のことを言わざるを得なかった。

| 注　意 | 普通では考えられない状態を表す言葉に付く。話し手の「こんなところまで」という驚きや不満や呆れる感情を示すことが多い。 |

形　式	（2）A：動詞辞書形/名詞＋に至っては/に至ると〜（否定表現）
意　味	「ある極端な段階・状態・状況になってしまうと、もう〜」と最終事態になったことを表す。そのため、多くの用例は文末で否定的事態、「〜しようがない、どうにもならない、どうしようもない、しかない」などの語を伴う。
訳　文	表示某个事情、状况既然已经到了发展到了这种极端程度、阶段，已经无计可施或也只能如此。带有为时已晚的语感。因此后项经常会呼应表示消极意义的「〜しようがない、どうにもならない、どうしようもない、しかない」等表达。"既然已经到了……（地步）也就……"。
例　文	◇別居する<u>に至っては</u>、離婚はもはや時間の問題だ。
	◇癌が全身に広がる<u>に至っては</u>、もう手術のしようがなく、後は運を天に任せるだけだ。
	◇会社が倒産するという事態<u>に至っては</u>、もう自分の将来だけを考えるしかない。
	◇浮気がばれ、妻が離婚の請求を出してしまうという事態<u>に至っては</u>もうどうにもならない。
	◇こう事故が多発する<u>に至っては</u>、原発の安全性に疑問を抱かざるを得ない。
	◇ここまで業績が悪化する<u>に至っては</u>、工場の閉鎖もやむを得ないと判断した。（2009-1　1級）
慣用句	「ことここに至っては〜、今に至っては〜、ここまでに至っては〜」は「ここまで問題が深刻になったら」という意味の慣用句。
例　文	◇<u>今に至っては</u>、もう騙す必要はないだろう。
	◇<u>事ここに至っては</u>、仕事をやめてもう一度やり直すしかないでしょう。
	◇<u>ことここに至っては</u>、家庭裁判所に仲裁を頼むしかないのではないだろうか。
	◇問題がこじれてしまう前に対策を立てるべきだったのに、<u>ことここに至っては</u>どうしようもない。（1997年1級）

| 形　式 | （2）B：動詞辞書形/名詞＋に至っても　（逆接） |
| 意　味 | 「ある極端な段階・状態・状況になってしまっても〜」という逆接表現になり、「残念・仕方がない・憤り」という感情が強調される。そのため、後ろに、「〜まだ、なお、いまだに、やはり」などの語を伴うことが多い。 |

表示某个事情即使到了某一种极端的程度，后项仍然没有改变。带有说话人遗憾、无奈、感叹、惊讶和指责等的语气。因此后项经常呼应「～まだ、なお、いまだに、やはり」等词。"即使到了……也还……"。

| 例 文 | ◇実験が失敗する**に至っても**彼女はなお自分の考えが正しいと信じている。

◇これだけの証拠が揃う**に至っても**、彼はまだ自分の罪を認めようとしなかった。

◇彼は肺癌の悪化**に至っても**、まだタバコをやめる気がない。

◇会社が潰れる**に至っても**、彼は金持ちになる夢を捨てていない。

◇みんなに批判される**に至っても**、彼は自分の生き方を変えようとしなかった。

◇35歳**に至っても**まだ結婚のことを考えないOLが増えているようだ。

| 形 式 | （3）名詞＋に至っては　　（極端事例）
| 意 味 | いくつかのマイナス評価の事柄の中で、極端な「X」という例を挙げ、その場合はどうであるかを述べる。
| 訳 文 | 在几个消极评价的内容当中，举出一个极端的「X」例子，说明在那种情况下会怎么样。"尤其是提到……"、"特别是说到……"。
| 例 文 | ◇このクラスは本当にひどい。Aさんは宿題をやってこない。Bさんは授業中寝てばかり。Cさん**に至っては**授業中パンを食べている。

◇今日、大勢の人が遅刻したんです。田中さん**に至っては**二時間も遅れたそうです。

◇大学生の学力低下が問題になっているが、ひどい学生**に至っては**、基本的な漢字さえ書けないらしい。

◇原因は大体明らかにされましたが措置**に至っては**、もう少し検討したいと思います。

◇その時、僕の案に対して反対の人が多く、部長**に至っては**僕をメンバーから追い出す意見まで出したほどだ。

◇私の家族はだれもまともに家で夕食をしない。姉**に至っては**仕事や友人との外食で家で食べるのは月1回か2回だ。

| 注 意 | 全体としてあきれた、ひどいという評価を表す。程度が極端な例に付く。後には、その例がどんな状態かを言う文が来る。

174 ～に至るまで

| 接 続 | 動詞辞書形／名詞＋に至るまで
| 意 味 | 細かいすみずみまでの範囲や極端な上限の程度を表す。時間・場所名詞以外のものを表す名詞にも付く。「～から～に至るまで」の形でよ

訳　文	く使う。 表示細微到毎个角落或极端的程度，全都无一例外。也可以接在除时间、场所以外的名词之后。常用「〜から〜に至るまで」的形式。 "从……到……"、"甚至连……也……"、"一直到……"。
例　文	◇警察は家の中をお皿から髪の毛一本に至るまで真面目に調べました。 ◇百円ショップでは、日用品から食べ物に至るまで何でも買える。 ◇この書店には専門書から漫画に至るまで、あらゆる種類の本が揃っている。 ◇部長クラスから新入社員に至るまで、すべての社員に特別手当が支給された。 ◇身近なごみ問題から国際経済の問題に至るまで、面接試験の質問内容は実にいろいろだった。 ◇結婚をひかえ、家具はもちろん、皿やスプーンに至るまで新しいのを買いそろえた。（1997 年 1 級）
注　意	範囲が広く及んでいることを強調する。範囲の広さを表すため、過去問のようにまず取り上げられそうな例を「〜はもちろん」で示したり、他の文例ように全く別の種類の例を「〜から」で示したりすることも多い。
説　明	「〜から〜に至るまで」は「〜から〜まで、例外なく全て」という意味を強調する表現である。初級文型「〜から〜まで」の文は起点と終点を示すだけだが、「〜から〜 に至るまで」は、その間に含まれる物や事、時間や場所などが、例外なく全てそうだという点に、話者の重点が置かれている。だから、下例のように「例外なく全て」を強調する必要がない用例に使うと不自然になる。 ◇A「会社は何時から何時まで（×に至るまで）ですか。」 　B「9 時から 17 時まで（×に至るまで）です。」

175　〜に負うところが多い/に負うところが大きい

接　続	名詞＋に負うところが多い/に負うところが大きい
意　味	ある人のお蔭をこうむったり、恩義を受けたりするところが多いという意味で、ありがたい気持ちがこもっている。プラス評価だけに使う。
訳　文	表示承蒙某人某事的恩惠。含有说话人感恩的心情。只用于表示积极的评价。"得益于……"、"多亏了……"。
例　文	◇この実験の成功は指導教授の助力に負うところが多い/大きい。 ◇売り上げの右肩上がりの上昇は販売部門全員の努力に負うところが多い/大きい。 ◇会社の成長は全員の努力もさることながら、政府の経済政策に負う

ところが多い/大きい。

◇今度のビッグプロジェクトの成功はチームメンバー全員の協力**に負うところが多い/大きい**。

◇必要な資料やデータが速やかに手に入ったのは、インターネットの発達**に負うところが多い/大きい**。

176　〜におかれましては

接　続	名詞＋におかれましては
意　味	「おく」の尊敬形で主語を高める敬語表現の一つ。身分の高い人の健康状況などを伺うときに用いられる。改まった言い方で、手紙文などで使うが、日常挨拶にはあまり使われていない。「〜には/にも」とほぼ同じ意味である。
訳　文	「〜におかれましては」是「おく」的尊敬形式，是抬高尊敬主体的敬语表现之一。主要用于问候该人的健康状况等场合。是一种很郑重的书面语，主要用在信件往来、商务文书里，日常会话中几乎不用。语法意义和「〜には/にも」基本相同。"关于……"、"至于……"。
例　文	◇ご家族の皆様方**におかれましては**、お健やかにお過ごしのことと拝察<ruby>察<rt>さつ</rt></ruby>申し上げます。 ◇尊敬する市長**におかれましては**、再度当選なさり、業界一同喜びにたえません。 ◇貴社**におかれましては**益々<ruby>益々<rt>ますます</rt></ruby>ご清栄<ruby>清栄<rt>せいえい</rt></ruby>のこととお慶<ruby>慶<rt>よろこ</rt></ruby>び申し上げます。 ◇早々<ruby>早々<rt>そうそう</rt></ruby>とご丁寧な年賀状をいただき、恐縮<ruby>恐縮<rt>きょうしゅく</rt></ruby>に存じます。先生**におかれましては**、お健やかに初春<ruby>初春<rt>しょしゅん</rt></ruby>をお迎えの由<ruby>由<rt>よし</rt></ruby>、心からお喜び申し上げます。 ◇先生**におかれましては**ますますお元気そうで何よりです。 <div align="right">（2000 年 1 級）</div>
説　明	「〜におかれましては」は尊敬表現として使われているが、「〜といたしましては」は関連の謙譲表現として用いられる。
例　文	◇当店**といたしましては**、申し訳ございませんが、その種のご相談には応じ兼ねます。 ◇弊社**といたしましては**、800 個でなく 1,000 個のご注文をいただけましたら、10% お値引きさせていただくご用意がございます。

177　〜に（は）及<ruby>及<rt>およ</rt></ruby>ばない

接　続	（1）動詞辞書形/名詞/指示詞＋には及ばない

| 意　味 | 「～しなくてもいい/までもない/ことはない」に近いが、まだ必要な状況ではない、そこまでする必要はないと断る場合によく使う。 |

| 訳　文 | 表示没有必要或无须做某事。强调还没有到必要的程度，"不用为我做那些也没关系"等客气地谢绝的语感。"不必……""没必要……"。 |

| 例　文 | ◇お体は何の異常もありませんので、ご心配**には及びません**。 |

◇みんな知っていることだから、二度説明する**には及びません**。

◇そんなつまらないことで、わざわざお越しいただく**には及びません**。

◇同じものは近くの店でも売っているから、わざわざそんなに遠い所に行って買う**には及ばない**。

◇当たり前のことをしただけです。お礼を言われる**には及びません**。

◇A「車でお宅までお送りしましょう。」

　B「いいえ、とんでもありません。それ**には及びません**よ。歩いても10分ほどのところですから、どうぞご心配なく。」

| 注　意 | 「～には及ばない」は動詞の他に、名詞や指示詞「それ」に直接ついて不必要を表すことができるが、この場合は「～までもない/ことはない」が使えない。また、「～までもない」は「そうしても無駄になる」、「～には及ばない」は「まだ必要な状況ではない」、「～ことはない」は「そうしない方がいい」という状況判断の違いで使い分けられる。 |

| 慣用句 | 「言うに及ばず」は、そのことは当然で、予想されるよりもっと広い範囲までにゆきわたっている、ということを表す。 |

◇連休中、海や山は**言うに及ばず**、公園や博物館まで親子連れであふれていた。（2003年1級）

◇この会社を利用すれば、入手困難なチケットの予約やホテルの手配は**言うに及ばず**、旅先での忘れ物まで探してくれるそうだ。

| 接　続 | （2）名詞＋に（は）及ばない |

| 意　味 | 能力・地位・実績などの程度が前件名詞の程度に追いつかない、敵わない、ということを表す。 |

| 訳　文 | 表示能力、地位、实绩等无法企及、无法达到某种程度或比不上前项。"比不上……"、"不及……"。 |

| 例　文 | ◇私はどんなに頑張っても、日本語にかけては君**には及ばない**。 |

◇知は情**に及ばず**、情は信**に及ばず**、信じる力こそ何ものにも勝る。

◇中国経済の発展ぶりは良好ですが、国力はまだアメリカ**には及びません**。

◇晩年になっても、彼は書き続けているが、若いころに書いたもの**には及ばない**。

◇言うまでもなく、君と彼の実力は互角と言える。君は技では彼**に及**

<u>ばないが</u>、力では彼に勝っている。勝敗は時の運だ。

178 ～にかかったら/にかかっては/にかかると

接続	名詞＋にかかったら/にかかっては/にかかると
意味	人や言動の名詞に付いて、それに対して誰もかなわない、という意味。
訳文	接表示人或者人的言行的名詞，指某人的態度、行為、語言达到某种程度，在這一方面誰也比不过的意思。"说到……"、"对于……"。
例文	◇彼の毒舌<ruby>毒舌<rt>どくぜつ</rt></ruby><u>にかかっては</u>、誰も太刀打<ruby>太刀<rt>た ち う</rt></ruby>ちできない。

◇あなた<u>にかかると</u>、わたしもいやとは言えなくなる。じゃ、とりあえず、10万円貸してやろう。

◇彼女の<ruby>早口<rt>はやくち</rt></ruby><u>にかかっては</u>、誰も比べものにならない。

◇その厳しい先生<u>にかかっては</u>、どんなに怠け者の学生だとて、レポートの締め切りを守らされてしまう。

◇知能犯罪<u>にかかっては</u>、キャッシュカードの暗証番号も、たやすく解かれてしまう。

◇田中刑事の鋭い目つき<u>にかかっては</u>、いくらずるい犯人のついたうそだって、すぐ簡単にわかってしまうだろう。

179 ～にかかっている

接続	名詞＋にかかっている 文の普通形＋か＋にかかっている
意味	前項の考え方や行動、言葉などによって状況が決まる。それに依存してそれのあり方、変化で結果も変わる、という意味。「～次第だ/いかんだ/いかんにかかっている」とほぼ同じ。
訳文	表示根据前項的想法、行動、語言等来决定某状况。也就是結果是随着某种情况的变化而变化的。意思基本和「～次第だ/いかんだ/いかんにかかっている」相同。"取决于…"、"全凭…"、"要看…"。
例文	◇今年卒業できるかどうかは、これからの頑張り<u>にかかっている</u>。

(2009-2 1級)

◇君たちが成功するかどうかは、与えられたチャンスをどう使うか<u>にかかっている</u>。 （2005年1級）

◇この国の将来は、君たち若者<u>にかかっている</u>んですよ。頑張って勉強してください。期待してますよ。

◇多額の<ruby>負債<rt>ふさい</rt></ruby>をかかえ倒産<ruby>寸前<rt>すんぜん</rt></ruby>のわが社が生き残れるかどうかは、今後どのようなリストラを行うか<u>にかかっている</u>のです。

◇A 国と B 国の首脳会談が行われるかどうかは、B 国側の出方<ruby>出方<rt>でかた</rt></ruby>**にかかっている**。A 国は B 国の決定を待っているところだ。

◇A「日本の将来は、構造改革が成功するか否<ruby>否<rt>いな</rt></ruby>か**にかかっていますよ**ね。」

　B「そうですね。ぜひ成功してほしいですね。」

注　意	前に「～かどうか」「か否か」などが来ることが多い。

180　～に<ruby>関<rt>かか</rt></ruby>わる

接　続	名詞＋にかかわる
意　味	「命、生命、名誉、将来、評判、根本、成否、合否、信用」などの名詞に付いて、「～に関係があるのではなく、それに影響を及ぼし・重大な影響を与える」という意味。
訳　文	前接「命、生命、名誉、将来、評判、根本、成否、合否、信用」等名詞，表示"不仅是与前项事情有关，更强调表示关系到前项某重大的情形、现象或事件"的意思。"关系到……"，"影响到……"。

例　文	◇野菜の輸入規制の緩和は農業政策の根本**にかかわる**。

（2006 年 1 級）

◇首相は誰になるかは、日本の将来**にかかわる**ことだ。

（2005 年 1 級）

◇動物保護**にかかわる**重要な環境問題について真剣に議論した。

（1996 年 1 級）

◇交通事故にあったが、命**にかかわる**ような怪我ではなかった。
◇進学は君の一生**にかかわる**ことなのだから、真剣に考えるべきだ。
◇会社の評判**にかかわる**から、製品の品質管理は厳しくしなければならない。
◇プライバシーを守るということは人権**にかかわる**大切な問題です。
◇校内暴力は、伝統あるわが校の名誉**にかかわる**ことです。外部の人には絶対に知られないようにしてください。

181　～に<ruby>限<rt>かぎ</rt></ruby>ったことではない

接　続	名詞＋に限ったことではない
意　味	それだけではなく他にも当てあまる、もっと広い範囲にそのことが言えるという意味。「～に限ったことではない」は「～に限らない/に限らず、～も」よりも強調された表現で、一般的にマイナスのほうが多い。

不仅限于前项的内容或场合，对其他的也合适。表示某件事在更大范围内都可以讲的意思。是「〜に限らず、〜も」更为强调的表达，但多用于消极意义的句子。"不只是……"、"不仅限于……"、"不是……所独有的问题"。

◇車の欠陥隠蔽事件は今度に限ったことではない。今までも何回もあった。

◇猛暑日が続いているのは、今年に限ったことではない。去年もそうだった。

◇エネルギー問題に揺れているのは、日本に限ったことではなく世界全体の課題だ。

◇交通渋滞の問題はこの都市に限ったことではなく、ほとんどの都市でも同じだ。

◇文法が難しいのは日本語に限ったことではなく、ロシア語やフランス語も難解だ。

◇レポートのできが悪いのはこの学生に限ったことではなく、他の学生も団栗の背比べだ。

名詞としか接続できない制約があるので、通常の会話では「〜だけではない」を使えばいい。また、「〜に限った問題ではない」という形もよく使われている。

182 〜に託けて（かこつけて）

名詞＋にかこつけて

それが本当の理由ではないのに、それを口実にして自分の行動を正当化するときに使う。動詞「託ける」は、「事寄せる・言い訳にする」の意味。「〜を口実に（して）」と同じ意味。

表示前项内容并不是真正的理由，但是以前项为借口，把自己的行为正当化合理化的意思。动词「託ける」就是"借口、托词"的意思。"以……为借口"、"以……为托词"。和「〜を口実に（して）」同意。

◇父の病気にかこつけて、会への出席を断った。（2001 年 1 級）

◇仕事にかこつけて、ヨーロッパ旅行を楽しんできた。

◇病気にかこつけて、仕事もせずぶらぶらしている。

◇接待にかこつけて、上等な洋酒や海鮮料理を注文した。

◇離婚する決心を固めた妻は何かにかこつけては夫とけんかする。

◇彼は職場のつき合いにかこつけては、毎晩のようにお目当てのホステスのいる店に通っている。

類似表現に「〜を大義名分に」がありますが、「開発を大義名分に自

然環境を破壊する」や「革命を大義名分にテロ行為をする」のように、社会的・政治的な行為に使うことが多い。

183　〜にかたくない

接　続	動詞辞書形/名詞（サ変動詞語幹）＋にかたくない
意　味	文語形容詞「難い」の否定形で、その状況からを考えると〜することは難しくないという意味を表す。たやすく〜できる。よく「想像・理解・察する」などの言葉に付いて、容易に想像、理解できる、という意味。書き言葉。
訳　文	文语形容词「難い」的否定形式所派生的文型，表示从其状况来考虑，某行为做起来不难、容易做的意思。书面语。"不难……"。
例　文	◇審査員が彼の作品を見て、その素晴らしさに驚いたことは想像<u>にかたくない</u>。（2001 年 1 級） ◇彼が秘密を外部にもらしたことは想像<u>にかたくない</u>。 （1996 年 1 級） ◇一瞬の出来事で家族を失った彼の苦しみは、察する<u>にかたくない</u>。 ◇子供を外国へ留学させている親の心配は察する<u>にかたくない</u>。 ◇豊かな社会に憧れる開発途上国の人々の気持ちは、理解する<u>に難くない</u>。 ◇このまま軍事行動を続けていけば世界各国から非難されるであろうことは、想像<u>に難くない</u>。
注　意	よく心理・思考面を表す動詞「想像する/察する/理解する/同情する…」や名詞に接続し、容易に想像できる・理解できる・推察できる、という意味を表す。同情や共感が表れる表現で、客観事実を述べる文では使えない。一方、初級文法項目「〜やすい」は対象の性質を客観的に表す表現で、「書きやすいペン・折れやすいペン」のように、いい場合にも悪い場合にも使える。しかし、「〜よい」は「折れやすいペン→×折れいいペン」のように、「良い・快適だ・楽だ」など常に良い評価にしか使われない。 ◇理解しやすい内容　＜内容が平明＞ ◇理解に難くない内容　＜同情・共感＞

184　〜にかまけて

接　続	名詞＋にかまけて
意　味	動詞「かまける」は、そのことだけに心が奪われて、他のことをする余裕がない、他が疎かになるという意味。そのため、しなければなら

ないことをしない、という悪い結果が生じた場合に使う。「〜に熱中し過ぎて/〜に忙し過ぎて/〜に没頭し過ぎて」などの意味が含まれる。

訳文 动词「かまける」表示"精力全用在某事情上、只顾前项某事情，从而无暇顾及其他或疏忽了其他事情"的意思。因为前项，所以发生了"该做的事情不做"这样一种消极的结果。同时包含了「〜に熱中し過ぎて/〜に忙し過ぎて/〜に没頭し過ぎて」的意思。"只忙于……"、"只顾……"。

例文 ◇うちの子は遊び**にかまけて**教科書なんか見向きもしない。
◇妻は結婚前から続けている習い事**にかまけて**、ろくに家事もしない。
◇私は会社のことばかり**にかまけて**、父親としての役目を果たしてこなかった。
◇あの新入社員ときたら、資料の整理**にかまけて**、大事な仕事が疎かになっている。
◇仕事**にかまけて**、家庭のことをほったらかしにしておくと、奥さんに逃げられちゃうわよ。
◇教師でありながら、人の子の教育**にかまけて**自分の子供と遊んでやることも忘れがちだった。

注意 「〜にかまけて」と対照的なのが中級文法項目「〜に（も）かまわず」で、これは「〜を気にしないで/〜を無視して」という意味を表している。
◇商売にかまけて、家を顧みない。＜没頭・熱中＞
◇商売にかまわず、遊んでいる。　＜無視・放置＞

185 〜に越したことはない

接続 動詞/イ形容詞辞書形＋に越したことはない
ナ形容詞語幹/である＋に越したことはない
名詞（である）＋に越したことはない

意味 動詞「越す」には「勝る/秀でる」という意味もあり、「〜に越したことはない」は「常識的に考えてそうするのが最善だ、そういう状態であるほうが安全だ、一番いい」という勧告の表現である。「それに越したことはない」という使い方もある。

訳文 动词「越す」包含有"胜过、好过"的意思，「〜に越したことはない」表示"从常识上来考虑，那样做是最理想的或那种状态更安全，是最好的"这样一种劝告的表达。也有「それに越したことはない」的用法。"最好是……"、"莫过于……"、"……是再好不过的"。

例文 ◇申請書の提出締め切りは明日の午後４時だが、早めに出せればそれ**に越したことはない**。（1999 年１級）

◇どんなに安全な地域でも、ドアの鍵を二つつけるなど用心する**に越したことはない**。（2004年1級）

◇料理はおいしい**に越したことはない**が、最も大切なのは作った人の愛情だ。

◇子どもは、頭がよい**に越したことはない**が、何より大切なのは、健康な体だ。

◇給料は高い**に越したことはない**が、それより仕事の内容が面白いかどうかだ。

◇生まれながらに才能がある**に越したことはない**が、努力して天才を超えた人もいる。

| 注　意 | 動詞・形容詞や名詞（である）などと結びつくとき、「〜のに越したことはない」の形も使われる。 |

◇お金はあるの**に越したことはない**が、お金のためにあくせくしたいとは思わない。

また、類義表現に「〜方がいい」があるが、この「〜に越したことはない」はそれがベストという選択になる。ただ、どちらも入れ替え可能だから、話者の判断で使い分ければいい。

◇早く行った**方がいい**よ。/早く行く**に越したことはない**。

186　〜に如くはない/に如かず

接　続	動詞辞書形/名詞（である）＋に如くはない/に如かず
意　味	「如く」は古語動詞で、「匹敵する」という意味で、否定形は「如かず」。常識的に考えて、そうするほうがいい、という意味。硬い書き言葉。くだけた会話では「〜に越したことはない」を使えばいい。
訳　文	「如く」是古語動詞，"势均力敌"的意思。否定形是「如かず」。表示从常识上考虑，最好还是那么做。属于郑重生硬的书面语。会话中可以使用「〜に越したことはない」。"最好……"、"不如……"。
例　文	◇「三十六計逃げる**にしかず/にしくはなし**」（ことわざ） ◇「百聞は一見**にしかず**」（ことわざ） ◇このあたりは夜になると、物騒になるので、用心する**にしくはない**。 ◇作成した資料は厳重に管理する**にしくはない**と思い、パソコンとCD両方に保存した。 ◇企業のトップたるもの、品行方正、頭脳明晰**にしくはない**が、そうもいかないのが現実の人間社会である。 ◇台風が接近している。こういう日は仕事を切り上げてさっさと帰る**にしくはない**と思うのだが、そんな日に限って仕事が片付かない。 ◇卒業論文のテーマを決め、今から資料を集めて読んでおく**にしくは**

ない。来年のことなどと言って、のんびりしてはいられない。

187　～にして

接　続	（1）（時間・数量）名詞/副詞＋にして
意　味	特定の名詞や副詞に付いて、事柄の状況（起こった時点やかかった時間）を強調する表現。ほとんど慣用表現として使われる。
訳　文	接在特定的名詞、副詞后面，属于强调事态的状况（发生的时间或花费的时间）的表达。大多都为惯用表达形式。"在……时候"、"在某个时间段"。
例　文	◇「ローマは一日**にして**ならず」（ことわざ） ◇論語の「三十**にして**立つ」という言葉の意味を知った。 ◇地震が起こり、ビルが一瞬**にして**倒れてしまった。 ◇心痛のあまり、一晩**にして**母の髪は真っ白になってしまった。 ◇みんなはお腹が空きすぎたのか、テーブルに並べるそばから、たちまち**にして**皿は空になった。 ◇幸い**にして**大事に至らずに済んだ。 　不幸**にして**重い病にかかってしまった。 ◇生まれながら**にして**体の弱い子どもだった。 ◇今**にして**思えば、あの時あそこへ行かなければよかったのだ。

接　続	（2）（人物・団体）名詞＋にして（はじめて）、～可能表現
意　味	「AだからこそBである/AだけがBできる」という意味を表す。AとBの組み合わせ、Aの能力や性格に非常に合致している、という表現。よく「～にしてはじめて」の形で使われる。
訳　文	表示"只有前项的A（人或团体）才有能力做后项的事情B；也因为是有了前项A的人或事物才会有后项的结果B"。通过A与B的组合，表达非常符合A的性格或能力。"只有……才……"、"正因为……才有……"。
例　文	◇子供も行儀が悪いが親もひどい。「この**親にして**この子あり」だ。 ◇これは長年訓練を積んだ彼のような人**にしてはじめて**できる技だ。 ◇勇気ある彼**にしてはじめて**大物政治家の不正を暴くことができたのだ。 ◇親を失った人**にしてはじめて**親のありがたみが分かるのかもしれない。 ◇この仕事はベテランの鈴木さん**にしてはじめて**やれることだと思う。 ◇そんな驚異的な発明は彼のような天才**にしてはじめて**できることだ。

接　続	（3）（期間・年齢・人物）名詞＋にしてはじめて/にしてようやく
	（人物・団体）名詞＋にして/にしてからが～できない

意　味	高い段階・程度にある人や年齢・期間などの名詞に付いて、そのレベルに到達して初めてようやく起こる、という順接条件を表す。また、後に否定的表現が来て、逆接の条件を表す場合もある。

順接：「～にしてはじめて/にしてようやく」の形で、「～であってこそ～できる」という高い段階・特別な条件に合っているのを表す。通常想定されるより、長い・高い（短い・低い）ことに感慨を込めている。後には可能表現がよく来る。

逆接：「～にして/にしてからが～ない」の形で、「程度の高いAでさえできないのだから、ましてそれより程度の低いBはできないのも無理もない」という高い段階・特別な条件に合っていないのを表す。

訳　文	前项接高水平、高程度的人或年龄、期间等名词，表示到了前面的阶段之后，才终于发生后项这一顺接的条件表达。另外，后项如果接否定表达则表示逆接的条件。

順接：以「～にしてはじめて/にしてようやく」的形式，表示"只有到了……（期间、阶段）才终于发生了某事"这样一种符合前项较高程度阶段或特别条件的意义。包含了一种比通常预想的要长、高（短、低），并对此表示感慨的心情。后项常接表示可能意义的内容。

逆接：以「～にして/にしてからが～ない」的形式，表示"就连程度高的A都不行，更何况是程度低的B、B做不到也是合理的"。这样一种不符合前项较高程度阶段或特别条件的意义。"就连……也（无法……）"。

例　文	◇35歳**にしてようやく**子供が生まれた。

◇20年目**にしてやっと**国を貫通する道路工事が完成した。

◇彼女は50歳**にしてようやく**人生を共にする相手を見つけた。

◇浪人の彼は、五回目**にしてようやく**大学院の試験に合格することができた。

◇この問題は、クラスで頭が一番いい彼女**にしてからが**できなかったのだから、私たちにできるわけがない。

◇彼のようなベテラン**にしてからが**失敗することもあるのだから、まだ新米の私が失敗するのも当然だ。

◇プロの俳優の彼**にしてからが**「演じにくい」と言っているのだから、私ごときが望むべくもない役なのだ。

◇国連**にしてからが**解決できそうもないことだから、A国一国ではとても無理だ。

◇あの優秀な能力を持つ彼**にして**完成できなかったものは、だれにも
　作れないだろう。

◇ノーベル賞を受賞した博士**にして**少年時代は学校の勉強が嫌いだっ
　だというのだから、うちの子が勉強しないからといって気にするこ
　とはない。　（1994年1級）

接　続	（4）名詞/ナ形容詞語幹＋にして＋名詞/ナ形容詞語幹
意　味	並列を表す。「XはAであり、またB」Xについての二つの異なる面を説明する。書き言葉として用いられる。古風な言い回しや格言、広告宣伝コピーなどに多く見られる。会話では「Aでもあり（かつ/同時に）Bでもある/〜にも〜にもなる/〜も〜もする」などを用いる。
訳　文	表示并列。"X既是A又是B"这样就关于主体X的两个不同的面进行说明。书面语表达形式。常见于一些古风的措词表达格言及广告宣传等。会话中一般使用「Aでもあり（かつ/同時に）Bでもある/〜にも〜にもなる/〜も〜もする」。"既是……又是……"、"……的同时"。
例　文	◇観客は彼女の優美**にして**大胆な演技に感動した。　（2007年1級） ◇今度の皆既日食は私のこの年では、最初**にして**最後でもある。 ◇そのタレントは歌手**にして**映画監督でもある。 ◇学問の道には終わりがないから、私は先生**にして**学生でもある。 ◇山田先生は小児科の医者**にして**、有名な恋愛小説家でもある。 ◇この公園は観光地**にして**住民たちの憩いの場所としても利用されている。

188　〜に即して/に即した/に則して/に則した

接　続	名詞＋に即して/に即した/に則して/に則した
意　味	「事実・現状・状況・実情・実状・実戦・実態・方針・政策」などの名詞に付いて、それに合わせて、したがって、という意味。やや硬い言い方。「法律・法則・規則・校則・ルール・契約・基準・規範」などの名詞に付くとき、よく「に則して/に則した」と表記する。
訳　文	接在「事実・現状・状況・実情・実状・実戦・実態・方針・政策」等名词后，表示根据、依据、结合、按照的意思。属于略微生硬的书面语。当前面接续「法律・法則・規則・校則・ルール・契約・基準・規範」等表示"规矩、规则、法规、政策"等名词时，时常写作汉字「に則して/に則した」的形式。"按照…"、"结合…"、"依据…"。
例　文	◇外国語教育について、政府の方針**に即した**計画を立てた。

（2005年1級）

◇新聞には、事実**に即して**、正確な情報を提供してほしい。

(2008 年 1 級)

◇このような規則は、実態**に即して**柔軟に適用すべきだ。

(2009-2　1 級)

◇規則というものは、実状**に即して**改めていく必要がある。

◇情けに流されず、あくまでも規則**に則して**処理することが大切だ。

◇過去の経験**に即しても**、今度の事態**に即しても**、この計画には無理がある。

◇この大学では、政府の方針**に即した**外国人留学生受け入れ計画を実施している。

◇町の再開発を一挙に進めるのには無理がある。実情**に即して**、計画を練らなければならない。

189　〜にたえる/にたえない

形　式	（1）動詞辞書形/名詞（サ変動詞語幹）＋にたえる
意　味	（1）「鑑賞・聞く・読む」などの名詞や動詞に付いて、退屈したり、途中で諦めたりしないで、最後までそのことを続けさせるものがある、価値があるという意味。話者自身の主観的評価・心情的気持ちを伝える。「〜に値する/〜に値しない」とほぼ同じ意味である。
訳　文	接在「鑑賞・聞く・読む」等名词或动词后，表示不会感到无聊，也不会让人中途想放弃，具有值得让人坚持到最后的某种东西或价值。是一种表达说话人自身主观评价和心情的文型，和「〜に値する/〜に値しない」同义。"值得……"、"足以……"。
例　文	◇その演奏は世界で有名な演奏家のことだから、十分鑑賞**に堪える**。 ◇この五つのうちで、評価**に堪える**のはこの作品だけだ。 ◇あの映画は子供向けですが、大人の鑑賞**にも**十分**堪える**映画です。 ◇最近読む**に堪える**小説がめっきり減ってきた。 ◇彼の文章はとても下手で専門家の批評**に堪える**文章ではない。 ◇近年、東京にはギャラリーがたくさんあるが、味わう**に堪える**絵がなかなか見えない。 ◇わが社が開発したこの機種は、多くのユーザーの評価**にたえる**ものだ。 ◇最近の CD は品質がよく、厳しい音楽家の耳に十分**に堪える**だろう。
形　式	（2）名詞＋にたえる
意　味	（2）「悲しみ・批判・屈辱・高温・使用・訓練」などの名詞に付い

て、そのことを我慢する、それに持ちこたえる、という意味。

訳文 接在「悲しみ・批判・屈辱・高温・使用・訓練」等名词后，表示忍受、忍耐、挺住的意思。"经得起……"、"耐得住……"。

例文 ◇この服は洗濯する**にたえる**生地でできる物です。
◇日本の高層ビルは、震度7の地震**に耐える**構造でなければならない。
◇この器具は安いながらも、長い間使用**に耐える**。
◇雪国での住宅は雪の重さ**に耐え**られるように造られている。
◇さすがプロの選手だけあって、厳しい訓練**にたえる**。
◇その歌手は、ファンの期待やマスコミの取材によるプレッシャー**に
たえ**られず、実力を発揮することができなかった。

形式 （3）動詞辞書形＋にたえない

意味 （3）「見る・聞く・読む」などの限られた動詞に付いて不快感があり、そうすることに耐えられない、価値がない、ということを表す。ほとんど慣用表現として使われる。

訳文 只接在「見る・聞く・読む」等一部分有限的动词之后，表示使人感到不快，无法忍受去做前项的事情或不值得去做前项的事情。几乎多为惯用的表达形式。"无法……"、"不堪……"、"不值得……"。

例文 ◇あの役者のきざな格好は、まったく見る**にたえない**。
◇美しかった森林が、開発のためすべて切り倒され、見る**にたえない**。
◇彼女の同僚に対する悪口は、聞く**にたえない**。
◇彼の書いた論文は読む**にたえない**物です。
◇最近、聞く**にたえない**セリフで使っている番組が多くなったようだ。
◇見る**にたえない**戦争の場面はいつまでも忘れられない。

慣用句 「見るにたえない」（不堪入目）、「聞くにたえない」（不堪入耳）

形式 （4）（感情類）名詞＋にたえない

意味 （4）「感謝・感激・悲しみ・喜び・遺憾・憤慨・〜の念・〜の思い」などの限られた名詞に付いて、その意味を強調する。硬いあいさつ言葉。

訳文 只接在「感謝・感激・悲しみ・喜び・遺憾・憤慨・〜の念・〜の思い」等一部分有限的感情类名词之后，强调其意思。属于郑重的寒暄语。"非常……"、"极其……"、"不胜……"。

例文 ◇ファンの皆さんには温かい声援を送っていただき感謝**にたえません**。
◇先生には本当にお世話になり、感謝の念**にたえません**。
◇友達の死は友人にとって悲しみ**にたえない**ものだった。
◇地震後の現地のニュースを見るにつけ、悲しみ**にたえません**。
◇一点差で不合格だったので遺憾**にたえない**。

◇志望の大学院に入学できまして、喜び**にたえません**。

◇一瞬にして20万人の命が大津波に飲み込まれて悲しみ**にたえない**。

◇不公平な判決に対し、憤慨**にたえない**。

190 ～に足りる/に足る/に足りない/に足らない

接続	動詞辞書形/名詞＋に足りる/に足る/に足りない/に足らない

意味　「信頼する・尊敬する・推薦する・満足する・称賛する・議論する」などの動詞に付いて、それだけの価値がある物事や人、という意味。硬い書き言葉。「～に足る」は、もと西日本方言で文語。否定形は「～に足りない」、「～に足らない」で、それほどのものでもない、そうするだけの価値はない、という意味。

訳文　接在「信頼する・尊敬する・推薦する・満足する・称賛する・議論する」等動詞或名詞后，表示根评价，某事、某物或某人达到了某种程度或要求，所以有相对其那样做的价值和意义。属于较为生硬的书面语。「～に足る」原是西日本方言，文言语。否定形式「～に足りない」、「～に足らない」即表示某事、某物或某人未达到某种程度基准，所以不足以那样去做。"（不）足以……"、"（没）充分达到……"、"（不）值得……"。

例文　◇この作品の芸術的価値は高く、十分、今回の展覧会に出品する**に足る**。（2005年1級）

◇先日提出された調査報告は信頼**に足る**ものではなかった。
（2007年1級）

◇合格と認められる**に足る**成績を示さなかった者には再試験を課す。
（2009-2　1級）

◇新聞に掲載された世論調査は、信頼**に足る**ものではなかった。

◇最近の彼の作品は論ずる**に足る**ものが少なくなってしまった。

◇彼のように自慢ばかりする選手は恐れる**に足らない**。

◇危機一髪の時、子供の命を救った彼の行為は、称賛**に足る**ものだ。

◇そんな言う**に足らない**ことで腹を立てるなんて、君らしくもない。

◇彼女は性格といい成績といい、推薦する**に足る**唯一の人物だ。

◇夫婦げんかの原因を聞いたら、全くとる**に足りない**ばかばかしいことだった。

弁別と分析　「～に足る」と「に値する」と「～にたえる」

①「足る」は「必要量が十分ある/十分条件を満たす」などの意味の動詞で、この「～に足る」は「～に値する」と同じ意味を表すようになる。この文型は必要な質・量・条件などを満たすかどうかという基準に立ち理性

的評価を加える文型である。

②同義表現に「〜にたえる/〜にたえない」があるが、「聞くにたえない」は
　「聞いているのが我慢できないほどひどい」という感情や心情を表すから、
　外部の対象を客観的に評価し、相手に伝えるときは「〜に足る/〜に足りな
　い」か「〜に値する/〜に値しない」の方が適切になる。

◇満足する<u>に足る</u>成績だった。（〜にたえる×）

③「〜する価値がある」という意味を表すとき、ほとんど入れ替えが可能だが、
　「満足・信頼・程度」などの言葉に付く場合、「〜に値する/〜にたえる」
　が付きにくい。

◇田中君は大学の代表として推薦する<u>に足る</u>有望な学生だ。

（〜に値する/〜にたえる○）

◇今度こそ、真に信頼<u>に足る</u>人物を選らばなければならない。

（〜に値する/〜にたえる？）

◇彼は大学に進学<u>に足る</u>ような成績をおさめていない。

（〜に値する/〜にたえる？）

191　〜につながる

接　続	名詞＋につながる
意　味	前件の行為或いは状況の変化などの結果が、後件のような状況を導くという意味を表す。
訳　文	表示前项的事情直接引起后项的事情或与后项事情的发展有关。"关系到……"、"牵涉到……"。
例　文	◇今日の努力は明日の成功<u>につながる</u>。 ◇紙を一枚でも節約することが自然の保護<u>につながる</u>。 ◇国民一人ひとりの労働が、その国の経済の繁栄<u>につながる</u>。 ◇今、対策を立てないと、大事故<u>につながる</u>恐れがある。 ◇日中関係の悪化は、経済の悪化<u>につながる</u>ので、慎重に対応すべきである。 ◇調査したところ、機械の保全作業が不十分であったことが今度の人身事故<u>につながっている</u>ということが明らかになった。

192　〜にて

接　続	名詞＋にて
意　味	（1）事柄が行われる場所を表す。格助詞「で」の古語で、今でも公式な書類にはよく使われる。書き言葉。
訳　文	表示事情进行或发生的场所。「にて」是格助词「で」的古语，现在在

公函文件等正式书信里经常使用。书面语。"在……"。

例 文 ◇進学説明会は当ビル5階の会議室にて行われる。

◇卒業記念写真は正門前にて撮ることになっている。

◇2020年オリンピック大会は東京にて開かれる。

◇ビザ更新の手続きは入国管理局にて取り扱う。

◇100周年記念式典は午前10時、大講堂にて挙行されます。

◇タクシーは、当ホテルにて手配いたしますので、御用の方はフロントまでお越しください。

意 味 （2）出来事が起きる時間を表す。ただし終了する期限のみを表すのに注意してください。この点で「～を限りに」、「～をもって/でもって」と同じ意味になる。硬い書き言葉で、催しなどの案内掲示や案内状などで用いられるのが普通である。会話では「～に/で」を用いる。

訳 文 表示事情结束的时间。意思与「～を限りに」、「～をもって/でもって」相同。生硬的书面语。多用于活动的告示、通知。口语中用「～に/で」。"于……"。

例 文 ◇バーゲンセールは本日にて終わらせていただきます。

◇当店は10月31日にて閉店させていただきます。

◇奨学金の申し込みは4月31日にて締め切らせていただきます。

◇この会は今回にて解散します。みなさん、ご協力ありがとうございました。

◇出願の受付は3月31日にて終了しますので、遅れないようにしてください。

193 ～にとどまらず

接 続 （範囲や時間を表す）名詞（だけ/のみ）＋にとどまらず～も/まで

意 味 「地域・時間・人・趣味」などの範囲を表す名詞に付いて、その範囲だけでなく、もっと広い範囲にわたる・及ぶ、という意味。その事柄が持つパワーを示している。前の名詞に「単なる」もよく付く。

訳 文 接在「地域・時間・人・趣味」等表示范围的名词后，表示不仅停留在前项的范围里，而且涉及更广泛的领域。突显出前项事态的影响力。也经常在前项名词前加上「単なる」一起使用。"不仅停留在……而且（还波及到）……"、"不仅限于……"、"不止于……"。

例 文 ◇火山の噴火の影響は、ふもとにとどまらず、周辺地域全体に及んだ。

(2001年1級)

◇今や彼は日本だけにとどまらず、ハリウッドでも知名度のある俳優

になった。

◇ゆとり教育は単なる学力低下**にとどまらず**、学校教育にゆがみをもたらした。

◇大気汚染による被害は、老人や幼い子どもたち**にとどまらず**、若者たちにまで広がった。

◇不登校現象は 70 年代を通して大都市**にとどまらず**、地方にまで波及していった。

◇今後の交流は留学生の交換だけ**にとどまらず**、共同研究など、さらに広範囲なものになるのではないかと思います。

説 明	「～にとどまらず」は二つの事柄だけを述べるのには使いにくい。二つの事柄だけを述べる場合には初中級項目の「～だけでなく/のみならず/ばかりでなく/～はもちとん」などを使うに越したことはない。「～にとどまらず」の後件は広範囲に及ぶ、という意味を表す表現が必要である。 ×最近は忙しくて、土曜日~~にとどまらず~~日曜日も仕事をしています。 →（～だけでなく　○）

194 　～に似合わず

接 続	名詞＋に似合わず
意 味	後件は前件の性質にふさわしくないことを言う時に用いられる。
訳 文	表示后项与前项的性质不一致、不符合。"与……不一样"、"虽然……但是……"。
例 文	◇あの新人は年**に似合わず**しっかりしているね。 ◇彼は大きな体**に似合わず**、あまり力がない。 ◇彼は顔**に似合わず**、恥ずかしがり屋なんだ。 ◇小学生の文章**に似合わず**、よくできている。 ◇いつも賑やかな佐藤さん**に似合わず**、今日は口数が少なかった。

195 　～に則って/に則り

接 続	名詞＋に則って
意 味	「慣例・慣習・習慣・常識・古式・基準・規則」などの言葉に付いて、それにしたがって、それを判断の基準として、という意味。書き言葉。
訳 文	接在「慣例・先例・習慣・常識・古式・基準・規則」等词后面，表示按照前项的内容、规则或是以前项的内容为判断的依据、基准的意思。书面语。"依据……"、"按照……"、"效法……"、"遵照…"。
例 文	◇今回の海難事故は、国際慣習**にのっとって**処理された。

◇この地方の野球大会は、公式の規則**にのっとって**行われる。従って、大会役員は公式の規則を再確認する必要がある。

◇彼らの結婚式は古式**にのっとり**、昔ながらの装束を身につけ、この地方の有名な神社で厳かに行われた。

◇従来の経営戦略**にのっとった**販売方法では、売れ行き不振が続くこの深刻な現状を打破することはできません。

◇日本の食品は、安全基準**にのっとって**厚生労働省が指定した食品添加物しか使用されてないので食べても安心だ。

◇留学生が日本で働く場合、入国管理法**にのっとって**手続きを行い、アルバイトをする許可を受ける必要がある。

196 ～には～が/けど

接 続	動詞辞書形＋には、同一動詞普通形＋が/けど

イ形容詞辞書形＋には、同一イ形容詞普通形＋が/けど

ナ形容詞辞書形＋には、同一ナ形容詞普通形＋が/けど

意 味	「～ことは～が」とも言う。譲歩の気持ちを表し、あることを一応認めるが、それほど積極的な意味を持たせたくない時に使う。

訳 文	也可以用「～ことは～が」的说法。前后重复同一词语，表示一种让步的语气，前项的事情做是做了，但是不一定能达到满意的结果。

例 文	◇好き**には**（＝好きなことは）好きだ**けど**、値段がちょっと…。

◇忙しい**には**（＝忙しいことは）忙しい**が**、2時間ぐらいあなた方のお伴をするくらいは何でもありません。

◇大学院に出願する**には**出願した**が**、受かるかどうかは分からない。

◇料理を作る**には**作りました**けれども**、お口に合わないかもしれません。

◇約束する**には**約束した**けど**、その日に来られない可能性もあると言っている。

◇その仕事を引き受ける**には**引き受けた**が**、うまくできるかどうか自信がないんだ。

弁別と分析　「～ことは～が」と「～には～が」

　動詞に付く場合、「～ことは～が」は、現在形にも過去形にも付くが、「～には～が」は現在形にだけ付く。

　「～ことは～が」はこれからやろうとする動作にもやり終えた動作にも用いられるが、「～には～が」はやり終えた動作を述べるのにだけ用いられる。済んだ事を述べる場合は、大抵置き換えられる。

◇君の話を相手に伝える**ことは**/伝えた**ことは**/伝える**には**伝えた**けど**、十分に

納得できていないようだった。

◇この本を読む**ことは**/読んだ**ことは**/読む**には**読んだ**が**、筆者が何を言いたいのかさっぱり分からなかった。

◇料理を作る**ことは**/作った**ことは**/作る**には**作りました**けれども**、お口に合わないかもしれません。

197 〜には無理がある

接　続	動詞辞書形＋には無理がある 名詞/形式名詞＋には無理がある
意　味	実現できそうもない、するのが困難なところがある。或いは道理のないところがある。
訳　文	表示存在着不可能実現的地方。或表示有不合乎道理的地方。"……里面有不合理的地方"、"……里面有不切合実際的地方"。
例　文	◇一見よさそうな計画だが、実施に移す**には無理がある**。 ◇この工事をただ３ヵ月で完成させるという**には無理がある**。 ◇設計上の問題は何もないが、スケジュール上**には無理がある**かもしれない。 ◇その計画はずさんとまでは言えないが、ちょっとその中**には無理がある**ようだ。 ◇一日に学生たちに新しい単語を 200 も覚えさせるという教育**には無理がある**。 ◇町の再開発を一挙に進めるの**には無理がある**。実情に即して、計画を練らなければならない。

198 〜にひきかえ/にひきかえて

接　続	用言連体形＋の＋にひきかえ/にひきかえて 名詞（であるの）＋にひきかえ/にひきかえて
意　味	対照的な二つを比べて、それとは正反対に、ということを表す。前の事柄とは大きく変わって、という主観的な気持ちがこもる。前と後は異主体。「それにひきかえ」は接続詞として用いられる。書き言葉。話し言葉では「〜に比べて」。
訳　文	比較両個相対的事物，表示后項与前項有着很大的差异或相反的意思。帯有説話人主観的心情。前后項是不同的主体。「それにひきかえ」可以作為接続詞使用。書面語。口語表達是「〜に比べて」。"与……相反"、"和……不同"。
例　文	◇兄がのんびりした性格であるの**にひきかえ**、弟は短気でせっかちだ。

◇駅の南側は商店街が続き、賑やかなの**にひきかえ**、北側は店が一軒もなくひっそりとしている。

◇彼の給料は１か月 40 万円だ。それ**にひきかえ**、私の給料はなんと安いことか。（2002 年 1 級）

◇周囲の人々の興奮**にひきかえ**、賞をもらった本人はいたって冷静だった。（2003 年 1 級）

◇退職前の慌ただしい生活**にひきかえ**、今の生活はのんびりしている。まるで夢のようだ。（2007 年 1 級）

◇若いころは一日中テニスをしても何ともなかった。それ**にひきかえ**、最近は一時間やっただけで足が動かなくなってしまう。

（2009-1　1 級）

×彼女はいつもは明るいの~~にひきかえ~~、さびしがり屋でもあります。

→同一主体（～明るい反面　○）

199　～に向けて

接続	（１）（事情を表す）名詞＋に向けて

意味	「ある目的を実現させるために、ある目標の達成のために」と言う時に使う。動詞である「向かう」と置き換えにくい。

訳文	表示朝着某个目标做某事情。"为了……"。

例文	◇オリンピックの成功**に向け**、競技場や道路の整備が行われている。
	◇スピーチコンテスト**に向けて**先生の指導のもとに厳しい練習をした。
	◇自然環境の改善**に向けて**、多くの人が力を尽くしている。
	◇国際会議の再開**に向けて**、事務レベルでの折衝が始まる。
	◇民族紛争の解決**に向けて**人々は努力を惜しまずに頑張ってきた。

接続	（２）（人物・団体を表す）名詞＋に向けて

意味	ある人、ある団体に向かってなんらかの態度を取る、何かを訴える。動詞である「向かう」と大抵置き換えられる。

訳文	表示面对某人、某团体采取什么态度或叙述什么。"面对……"、"对……"。

例文	◇テロ組織はアメリカ**に向けて**、警告を発した。
	◇会長はテレビで視聴者**に向けて**深くお詫びをしました。
	◇政府と反政府武装グループは国民**に向けて**、休戦宣言をした。
	◇諸国の代表は A 国**に向けて**「京都議定書」の批准を訴え続けた。
	◇彼は増税案について会議の参加者**に向けて**反対の態度を示した。

200 〜に（も）まして

接　続	名詞/疑問詞＋に（も）まして
意　味	「〜もそうだが、それより・それ以上に」ということを表す。後の事柄の程度を強調する。後には否定文は来ない。また、疑問詞に付くと、「なによりも・だれよりも・いつよりも」という最上級の意味を表す。「それにもまして」の形で接続詞として使われる。
訳　文	表示比起前项内容，后项情况更甚的意思。强调后项的程度。后项不接否定的表达。另外，当接续疑问词时，表示"比什么都、比谁都、比任何时候都"这样一种最高级的意义。也可以用「それにもまして」的形式作接续词使用。"比……更加……"、"超过……"、"胜过…"。
例　文	◇今回のイベントは、前回にもまして好評だった。（2009-1　1級） ◇大学生の就職は、今年は去年にもまして、さらに厳しい状況になることが予想される。（2005年1級） ◇彼の家の息子は父親から会社を任されて、前にもまして仕事に励むようになった。（1999年1級） ◇君の一言は、何にもまして私を勇気づけてくれました。 ◇ゴミ問題、排気ガス問題などは、何にもまして緊急を要する問題だ。 ◇少子化が進む現在、外国人労働者の必要性は以前にもまして高まっている。 ◇そのバンドは人気急上昇中で、コンサートは前回にもまして大盛況だった。 ◇新しい会社では、覚えなければならないことが多くて大変だが、それにもまして大変なのは、人間関係だ。
注　意	「前・前回・去年・以前・昔」過去の意味を表す名詞に接続する形が多い。

201 〜によるところが大きい

接　続	名詞＋によるところが大きい
意　味	ある出来事は〜と大きな関係がある、という意味。プラス評価でもマイナス評価でも使える。「〜によるところが多い」と言うことはできない。
訳　文	表示某件事情在很大程度上依靠前项内容或与前项内容有着密不可分的关系。既可以用于积极的评价也可以用于消极的评价。"得益于……"、"多亏了……"、"主要依赖于……"、"原因在于……"。
例　文	◇彼の成功は妻の助力によるところが大きい。 ◇入学試験に合格できたのは先生のご指導によるところが大きい。

◇日本の風俗は日本の独特の気候**によるところが大きい**と言える。

◇金融危機後の潜在成長率の低下は投資の急減**によるところが大きい**。

◇優勝できるかどうかは、メンバーの努力はもちろん、チームの監督の指導**によるところが大きい**。

◇かつて映画スターであった山田氏が初挑戦で知事選に勝利したのは、能力というより、人気と知名度**によるところが大きい**。

（2010-2　N1）

202　～の至（いた）り

接　続	（感情類）名詞＋の至り
意　味	相手の言動によって引き起こされた主体の心理的反応が極限に達すること。「感心・感激・光栄・幸福」など感情を表す名詞（ほとんど漢語）に付いて、「最高に～の気持ちだ」という意味。多くは慣用的に決まった表現で、公式の改まった場でしか使われない。
訳　文	由于对方的言行所产生的主体的心理反应达到了极限。接在「感心・感激・光栄・幸福」等表示感情的名词（几乎都是汉语词）之后，强调感情达到极致。多为惯用语，只用在一些较为正式的场合。"非常……"、"……之极"。
例　文	◇市民代表に選ばれ、スペシャル番組に参加できることは光栄**の至り**です。 ◇皆様の行き届いたご配慮には感激**の至り**でございます。 ◇このような名誉ある賞をいただき、光栄**の至り**です。 ◇つきっきりで病身（びょうしん）の母親を看病する姿は、実の娘ながらも感心**の至り**だ。 ◇和やかな家庭、順風満帆（じゅんぷうまんぱん）な仕事、そういう人生こそ幸福**の至り**です。 ◇先生のご研究は大きな成果を収めたそうで、慶賀（けいが）**の至り**に存じます。
慣用句	「若気（わかげ）の至り」（由于年轻幼稚）は慣用的な言い方で、「若かったため、愚かな行動を取ってしまった」という意味。 ◇**若気の至り**で、あのような失礼な話を言ってしまい、本当に申し訳ない。 「赤面（せきめん）の至り」（羞怯之极）は慣用的な言い方で、「恥ずかしく思って顔を赤くする」という意味。 ◇ベテランなのに、あんな凡ミスをしたなんて、全く**赤面の至り**だ。

203　〜の極(きわ)み

接　続	名詞＋の極み
意　味	これ以上ないという極限の程度。「贅沢・恐縮・贅沢・貧困・疲労・不幸・無責任・痛恨・感激」などの限られた名詞にしか付かない。
訳　文	表示极限的程度。一般只接在「贅沢・恐縮・贅沢・貧困・疲労・不幸・無責任・痛恨・感激」等一些固定的词后面。"极其……"。
例　文	◇遠いところをわざわざお越しいただき、感激**の極み**です。 ◇日本では、不幸**の極み**のことを「不幸の星の下に生まれた」と言う。 ◇こんなにおいしい料理を一人占めできるなんて、贅沢**の極み**だ。 ◇全身が震えていた彼はもう怒り**の極み**に達している。 ◇当時私は、日々の食べ物にも事欠くありさまで、まさに貧困**の極み**でした。 ◇不眠不休で子供を看護した母も、とうとう疲労**の極み**に達した。 ◇世界的に有名な俳優と握手できたなんて、感激**の極み**だ。 <div align="right">（2003 年 1 級）</div>
説　明	同義語に「〜の至り」があり、「〜の至り」の用例は慣用句以外に、全て「〜の極み」に置き換えることができる。この「〜の極み」は「疲労の極み/贅沢の極み」のように感情以外の語にも付くことができるが、その場合には「〜の至り」は使えない。それ以外にも、どんな場合にも使える「〜の極み」とは異なり、「〜の至り」はほとんどいいことにしか使えないという制約がある。

204　〜の〜ないのって/のなんのって/〜なんてもんじゃない

接　続	動詞/イ形容詞普通形・ナ形容詞な＋の〜ないのって/のなんのって 動詞/イ形容詞普通形・ナ形容詞語幹＋なんてもんじゃない
意　味	「非常に〜だ/驚くほど〜だ」を表す口語表現で、驚きや意外感がとても強く表れる。「〜の〜ないのって」と「〜のなんのって」は同じ意味で、後者は短縮形である。これらは「〜といったらない」と同義表現になるし、若者言葉として、接頭辞「超〜」も使われている。
訳　文	表示"非常……、极其……"的口语表现，带有说话人强烈的惊讶或意外的语气。「〜の〜ないのって」和「〜のなんのって」表达的是相同的意思，后者是其缩约形。和「〜といったらない」是同义的表达，另外，在年轻人用语中也经常使用接头词「超〜」表达相同的意义。
例　文	◇その女性の美しい**の美しくないのって**（＝美しいのなんのって/美しいなんてもんじゃない/美しいといったらない/超美しい）、この世の人とは思えないほどだった。

◇昨日、銀座でフランス料理を食べたけど、高い**の**高く**ないのって**。
（＝高いのなんのって/高いなんてもんじゃなかったよ/高いといった
らなかったよ/超高かったよ）

◇驚いた**のなんのって**、てっきり女とばかり思っていたのに、なんと
男だったんだ。

◇その料理のうまい**の**うまく**ないのって**、ほっぺたが落ちそうだとは
正にあのことだよ。

◇その女性の食べる**のなんのって**、5人前を軽く平らげたよ。

◇うちのおじいちゃんは元気**なんてもんじゃない**。5階の階段を駆け
上がっても、息切れひとつしないんだから。

◇その注射の痛い**の**痛く**ないのって**、思わず悲鳴を上げそうになった
よ。

◇男「今朝の電車、もう込んでる**なんてもんじゃなくて**、参った
よ。」

　女「朝からそれだと、どっと疲れが出そうね。」（2015-1　N1聴）

205　～はおろか

接続	名詞/動詞辞書形こと＋はおろか～も/さえ/まで
意味	「も・さえ・まで」などの語と呼応し、「～はもちろんであるが、～さえも～」ということを強調する。前項は程度が低いことで、後項は程度が高いことが来る。話し手の不満・失望の気持ちがある。マイナス評価。「おろか」は「いい加減、おろそか」という意味。書き言葉。
訳文	与「も・さえ・まで」相呼応使用，強調"不用说……就连……也…"的意思。前项为程度较低的内容，后项是程度较高的内容。含有说话人不满、失望的心情。用于消极的评价。是「おろか」"靠不住、马虎疏忽"的意思。书面语。
例文	◇洪水によって家財道具**はおろか**、大切な家族の命まで奪われてしまった。 ◇最近は忙しくて、山登り**はおろか**、近くを散歩することさえできなくなった。 ◇不器用な彼女は料理を作ること**はおろか**、野菜を切ることさえ満足にできない。 ◇腰を痛めてしまい、歩くこと**はおろか**立つことも難しい。 　　　　　　　　　　　　　　　　　　　　　　　　　（2009-1　1級） ◇腰に痛みがあると、運動**はおろか**日常生活でもいろいろ不便なことが多い。（2005年1級） ◇もうすぐ海外旅行に行くというのに切符の手配**はおろか**パスポート

も用意していない。（2000 年 1 級）

206 ～ばかりは

接続	名詞/指示詞（これ・それ・あれ）＋ばかりは
意味	「ほかのことはともかくとして、これだけは～」と数量・時間・程度を限定して言いたい時に使う。古い言い方である。
訳文	表示"其他事情暂且不论，唯独这件事情或至少在这个关键时刻……"。用于数量、时间、程度进行限定时使用。属于比较陈旧的说法。"唯有……"。
例文	◇お金を全部あげてもいいが、命**ばかりは**お助けください。 ◇私はどうでもいいが、家族**ばかりは**幸せにしてあげたいです。 ◇ほかのことは折れてやるが、この条件**ばかりは**譲れない。 ◇小さい子供がやったことです。それ**ばかりは**お許しください。 ◇いつもは厳しい父も、この時**ばかりは**怒らなかった。 ◇ほかのことなら何でも教えてあげますが、それ**ばかりは**ご勘弁ください。うちの会社の存亡にかかわる秘密なんだから。

207 ～ばこそ

接続	動詞ば形＋こそ イ形容詞ければ＋こそ ナ形容詞であれば/ならば＋こそ
意味	理由を強調する古めかしい言い方で、書き言葉。話す人の積極的な姿勢の理由を強く言うから、マイナスの評価にはほとんど使わない。後に説明を示す「のだ」がよく付く。過去時制の文は来ない。
訳文	属于用来强调理由的较为陈旧的说法。用于书面语。由于叙述的是说话人较为积极态度的理由，所以通常不用在表示消极评价的场合。后项经常会呼应表示解释说明的「のだ」。后项不接表示过去时态的句子。"正因为……才……"。
例文	◇君のためを思え**ばこそ**、こんな言いにくいことを忠告するんです。 ◇愛していれ**ばこそ**、別れるのです。私の気持ち、分かってください。 ◇教育熱心な親であれ**ばこそ**、子どもを厳しく躾けるのだ。 ◇将来のことを考えれ**ばこそ**、こんなに苦しい生活にも耐えられるのです。 ◇彼女の働きがあれ**ばこそ**、計画が順調に進んでいるのだ。 （2008 年 1 級） ◇子どものためと思え**ばこそ**、留学の費用は子ども自身に用意させた

のです。 （2001 年 1 級）

| 注　意 | 通常は直接的な理由として考えにくいことをあえて理由として強調する。また、「〜のは/のも〜ばこそだ」という原因を後ろに置く形もよく使われる。 |

| 例　文 | ◇この事業が成功したのも、貴社のご協力があれ**ばこそ**です。 |

（2001 年 1 級）

◇うるさいと感じるかもしれないが、親があれこれ言うのはあなたのことを心配していれ**ばこそ**だ。 （1997 年 1 級）

◇危険を承知で新事業を進めたのも、会社の将来を考えれ**ばこそ**だ。

◇私がこうして結婚後も仕事を続けられるのも、親が家事を手伝ってくれれ**ばこそ**だと思います。

◇マスコミの弊害を言う人は少なくない。しかし、世界のニュースを知ることができるのは、マスコミが発達していれ**ばこそ**だと思う。

208　〜はさておき/はさておいて

| 接　続 | 名詞＋はさておき/はさておいて |

| 意　味 | 前項の事柄は、考えの外にはずして、今は後項のことを先に考える、という意味。「〜はともかくとして/は別として〜する」ということを強調する。後項のほうが主であるということを表す。 |

| 訳　文 | 表示前項的内容暫且不考慮，首相考慮後項的事情。強調其他的事情暫時放一放，先処理最重要的問題。"……暫且不談，首先……"。 |

| 例　文 | ◇試合の結果**はさておき**、選手たちはよく頑張ったよ。 |

◇社員旅行の件ですが、費用のこと**はさておいて**、まず日程について検討してみましょう。

◇A「K 社との契約は大変でしたね。」

　B「ええ。途中、先方と意思疎通ができなくて、ごたごたしたこと**はさておき**、契約が取れてよかったですよ。」

◇今日の会議は新しい企画のこと**はさておいて**、まず先月の仕事のまとめから入りましょう。

◇進学塾の是非が教育上の問題となっているが、それ**はさておき**、相変わらず多くの子供たちが受験のために塾に通っていることは事実だ。

◇実現できるかどうか**はさておき**、まずは新商品のアイディアをみんなで出してみよう。 （2009-2　1 級）

| 慣用句 | 「何はさておき A」（優先……）は慣用的な言い方で、「まず A」という意味。 |

◇地震のときは、**何はさておき**火を消してください。

「A。それはさておき、B」（闲话先就不说了）は慣用的な言い方で、余談から本題に返るときに使う。

◇A「来週のプレゼンの準備そろそろですね。」

B「ま、**それはさておき**、まずこの仕事、片付けちゃいましょうよ。」

209　〜はしから

接 続	動詞辞書形＋はしから
意 味	Xの動作が終わったらすぐにすべてYの事態になる、Yの事態を発生させる、という意味。一回きりの動作には使えない。同じ場面で繰り返される動作を強調する。「はし（端）」は名詞で、続いているものの最後の部分、という意味。「〜そばから」と類義文型である。
訳 文	表示刚做完了X，全部马上会变成事态Y或使事态Y发生。不能用于一次性的动作。强调同一场面反复出现的动作。「はし（端）」是名词，表示连续着的东西的最后部分的意思。"刚……就"。
例 文	◇庭をきれいに掃く**はしから**落ち葉が散ってくる。 ◇読む**はしから**数行前になにが書かれてあったか忘れ、遡って読み直した。 ◇年を取ると物覚えが悪くなり、見る**はしから**忘れてしまう。 ◇小さい子供がいると掃除をする**はしから**汚されてしまい、いくら掃除してもきりがない。 ◇あそこの焼きそばは大人気で、作る**端から**うれてしまい、行列ができていました。

210　〜はしない/もしない/やしない

接 続	動詞ます形/名詞＋はしない/もしない/やしない
意 味	否定の意を強調するのに用いる。普通なら当然するはずのことをしないので、話し手が驚いたり、呆れたりしている場合に使うことが多い。特に「無意志動詞・可能動詞＋〜やしない」の形で、「ある事柄がなかなか実現できない・起こらない」という話者の諦め・断念など否定的な感情をこめて使われる。
訳 文	用于否定的强调，经常用于表示"原本应该要做的事情却不做"这样一种让说话人惊讶、无奈的场合。特别是以「無意志動詞・可能動詞＋〜やしない」的形式，表示"某一事态怎么也不发生或无法实现"这一说话人死心、断念的否定语气。"不会……、不是……、决不……"。

例　文	◇彼女は私に声をかけ**もしないで**、私の前を通っていった。

◇彼女は私に声をかけ**もしないで**、私の前を通っていった。
◇どんなにダイエットしても痩せ**はしません**。
◇女の気持ちは男の人には分かり**はしない**でしょう。
◇どんなに苦しくても、自分が選んだ道だから後悔**はしない**。
◇今の成績では、東京大学には入れ**やしない**よ。もっと頑張らなきゃ。
◇あの子は本当に強情だ。あんなにひどく叱られても、泣き**もしない**。
◇うちの妻は、50万以下のファッションにはまったく見向き**もしない**。
　昨日、300万円もの鞄を買ったんだ。
◇いかなる理論でも、データによって実証されなければ多くの人に受
　け入れられ**はしない**。（2010-2　N1）

211　〜弾（はず）みに/弾みで

接　続	名詞＋の＋弾みに/弾みで 動詞た形＋弾みに/弾みで
意　味	前件が起こったとたん、後件が起こった。前件が後件を起こすきっかけになるものである。前の動作の余勢で、当然の成り行きでマイナスの事態が発生した、という意味。
訳　文	表示前项的事情刚一发生，顺势就发生了后项的事情。前项是引发后项的契机。在前项动作的余势下，自然而然发生了消极的后项事态。"在……的时候"、"刚一……顺势就……"。
例　文	◇転んだ**弾みに**、テーブルに頭をぶつけてしまった。 ◇衝突の**弾みに**、数人の乗客は車外に放り出された。 ◇その本は、崖から滑り落ちた**弾みに**失ってしまった三年間の記憶を回復する過程について克明に描いた小説です。 ◇倒れた**弾みに**足を折った。それで病床生活を1か月ほどさせられた。 ◇バスの急ブレーキの**弾みで**、立っていた乗客が転倒するなどして軽いけがを負った。 ◇鈴木選手は飛び上がって頭でボールをゴールへ叩き込もうとした**弾みに**、ほかの選手とぶつかった。
説　明	「〜弾みに/弾みで」の前件と後件は連鎖的な事柄でなければならない。そういう関係がない文には使いにくい。 ◇滑った**弾みに**転んでしまった。 （解説：「滑る」ことは往々にして「転ぶ」ことにつながる。） ◇家を出た弾みに（？）/出たとたん/出るなり（○）、雨が降り出した。 （解説：「家を出る」ことは必ずしも「雨が降る」ことにつながるとは限らない。）

212 ～ば（たら/なら/と）それまでだ

接続 動詞ば形＋それまでだ
動詞た形＋ら＋それまでだ
動詞辞書形＋とそれまでだ
形容詞/名詞＋であれば/なら＋それまでだ

意味 もしXの行為をしたら、Xの状況が起こったら、それで終わりだ、それ以上やりようがない、という意味。話し手の諦めや絶望的な気持ちがあるので、「だから、今のうちに何かしておこう」という、話し手の決意や忠告を表す表現が後にくることが多い。

訳文 如果做了X的动作或发生了X的状况，那就完了，没办法了。由于带有说话人放弃或绝望的心情，故后项常接"所以最好趁着现在的机会做某事"等表示说话人决意或忠告的表达方式。"……的话，也就完了"、"……的话，也就没有意义了"。

例文 ◇どんなに美しい花でも、散ってしまえ**ばそれまでだ**。

（2008年1級）

◇この精密機械は水に弱い。水がかかれ**ばそれまでだ**。

（2004年1級）

◇コンピュータに入れておいても、うっかり消してしまえ**ばそれまでだ**。（1997年1級）

◇いくらお金を貯めても、死んでしまえ**ばそれまでだ**。

◇せっかくの野外コンサートも、雨天**ならそれまでだ**。

◇これこそ千載一遇の好機、この機会を逃し**たらそれまでだ**。

◇女は子供ができる**とそれまでだ**。自分のやりたいことが何一つできなくなる。

◇勉強よりまず健康のことを考えるべきだ。試験に合格しても、病気になってしまっ**たらそれまでだ**。

注意 「～と/ば/たら」をどう使い分けるかは難しい問題だが、「～と」は必然の結果、「～ば」は「もし～であれば、～と言う結果になる」という一般判断、「～たら」は一回性のことに使われる特徴がある。

説明 「～た以上、～これまでだ/これまでのことだ」という既定事実の表現もある。（既然已经发展至此，那也就无法改变这种消极的局面了）

◇銀行がもう金を貸してくれなくなっ**た以上**、この会社も**これまでだ**。

◇千載一遇の好機を逃してしまった。こうなっ**た以上**、もはや**これまでだ**。

接　続	名詞＋は無理からぬ/も無理もない/はもっともだ
	動詞/イ形容詞普通形＋のは無理からぬ/のはもっともだ
	ナ形容詞な＋のは無理からぬ/のはもっともだ
	各品詞て形＋も無理からぬ/無理もない/ももっともだ

意　味	一般常識や人情、道理から考えて「～するのは当然だ」という意味を表すが、「無理からぬ」は「そうなったのは仕方がない」と消極的に認める語感を、「もっとも（尤も）」は「もちろん正しい」と積極的に認める語感をそれぞれ持っている。また、「～（の）は無理からぬ」は書き言葉なので、会話では「～（の）は当たり前だ/～（の）は当然だ」を使えばいい。

訳　文	表示从一般常识、人情或道理来考虑，"即使出现前项也是理所当然的"的意思。「無理からぬ」带有一种"无可奈何的"的消极语感，而「もっとも（尤も）」则带有一种"当然是对的、合乎情理的"这样一种积极语感。另外，「～（の）は無理からぬ」是书面语，口语中可以用「～（の）は当たり前だ/～（の）は当然だ」。"也难怪……"、"怪不得……"、"当然会……"、"即使……也是理所当然的"。

例　文	◇あんなひどいことを言われては、君が怒る**は無理からぬ**。（＝怒るのも無理はない/怒っても無理もない/怒るのはもっともだ）
	◇あんなに遊んでばかりいては、成績が悪いの**も無理もない**。
	◇親友に裏切られたのだから、彼が落ち込むの**ももっともだ**。
	◇エアコンもついてないし、ドアも窓も閉まっているから、蒸し暑いの**も無理もない**。
	◇あんなに湯水のように金を使っては、財産を食いつぶすの**も無理からぬ**ことだ。
	◇君の意見は理屈の上では**もっともだ**が、それでは仲間への情義を欠くことにならないか。

接　続	名詞＋の＋拍子に
	動詞た形＋拍子に

意　味	何かをしたそのタイミングに予期しないことが起きてしまった、という意味。「～弾み」と同様に偶発事態の発生を表す表現になる。これらは「人が～した瞬間に、それがきっかけや機会になって、うっかり/つい/ふと/誤って～が起こった」という人間の不注意や動作に伴って偶発した連鎖事柄を表す表現。

| 訳 文 | 表示在做前项某动作的那一瞬间，发生了预想不到的事情。和「～弾み」同样，描述的都是偶发事件。全都带有"某人在做了某一动作的瞬间，由于该动作的关系，一不小心、不经意地发生了后项的连锁事态"这样一种伴随主体的不注意或意外动作而产生的某一连锁事情。"在……的瞬间"、"刚……就……"。 |

| 例 文 | ◇ふとした**拍子に**、初恋の人を思い出した。 |

◇駅の段階で転んだ**拍子に**、ヒールが取れてしまった。

◇荷物を持ち上げた**拍子に**、ギックリ腰になってしまった。

◇ポーチへ一歩踏み出した**拍子に**、何か柔らかいものを足の下に感じた。

◇今ちょっと度忘れしましたが、何かの**拍子に**思い出すかもしれません。

◇A「どうしたの、その傷は？」

B「対向車を避けた**拍子に**、ハンドルを切り損なって電柱にぶつかったんだ。」

215 ～ふしがある

接 続	動詞普通形＋ふしがある
	イ形容詞（怪しい・疑わしい）＋ふしがある

| 意 味 | 本人が明確に言っていないにもかかわらず、言動の全体の中で特に目立ち、心がとまるような点・所・様子があるという意味である。名詞「ふし（節）」は、全体のなかで特に目立つところ、という意味。 |

| 訳 文 | 表示"虽然本人没有明确地说过，但是通过言行可以看出有某种很明显的迹象"的意思。名词「ふし（節）」表示整体当中特别显眼的地方。"有……之处"、"有点……"。 |

| 例 文 | ◇よく考えると、彼の供述には、疑わしい**節がある**。 |

◇犯人は、その日被害者が家にいることを知っていたと思われる**節がある**。

◇あの男の言動には、どことなく怪しい**節がある**。彼が犯人ではないか。

◇何回も誘ってみたが、彼女はどうもデートするのを嫌がっている**節がある**。

◇向こうは、うちの内密の計画を知っていたと思われる**ふしがある**。

◇彼女は僕の目を見て答えようとしなかった。何か隠している**ふしがある**。

216 ～ぶる

接続	名詞＋ぶる
	イ形容詞/ナ形容詞語幹＋ぶる
意味	そういう素質を持っていることを人に見せ付けるように振舞う。多くは「それはあくまでも虚勢を張っているにすぎない」とマイナス評価を与えるのに用いられる。「わざと～ようにふるまう」という意味を表す自動詞を作り、話者の嫌悪感が強く現れる表現である。「～ようなふりをして」という表現に類似する。
訳文	表示故意做出一副高不可攀的样子，其实不过是一种虚张声势而已，用于消极的评价。是一种带有说话人厌恶感的自动词表达。和「～ようなふりをして」的意思类似。"摆出一副……样子"。
例文	◇父は学者**ぶって**英語の文法についての解説を始めた。
	◇彼は高尚**ぶって**いるが、たいした人物ではない。
	◇昇進したばかりの課長は偉**ぶって**部下に指示している。
	◇この辺りは高級住宅街で上品**ぶった**奥さんが多く、とてもつき合いきれない。
	◇あいつは教師の前ではいつもいい子**ぶって**いるが、そのくせ裏に回っては弱い子をいじめている。
	◇たかが女に振られたぐらいで、そんなに深刻**ぶる**なよ。俺なんか、振られる相手もいないんだから。
注意	イ形容詞・ナ形容詞に付くこともあるが、その場合は限られたものと使うことが多い。よく使われるものを以下に挙げておく。
	名詞：学者ぶる・聖人ぶる・かわい子ぶる・金持ちぶる・お嬢さんぶる・いい子ぶる…
	形容詞：上品ぶる・偉ぶる・賢ぶる・高尚ぶる・驕り高ぶる・深刻ぶる・悪ぶる・利口ぶる…

217 ～分

接続	（1）動詞普通形＋分（には/だけ）～（問題ない/かまわない）
意味	「分」は「部分・分け前・本分・身分・程度・情況」などを表す多義語であること。その「部分・程度」の範囲内の行動・状況なら大丈夫で問題がないという意味を表わす。後件には前件に関する話し手の判断・意見が述べられる。会話では「～のなら・～だけなら」と置き換えられる。
訳文	表示如果是按这个程度，如果是在这种情况下去做的话如何如何。后项往往是没有什么大问题、没什么影响等表达。后项为讲话人就前项阐述

自己的意見，判断等。相当于「〜のなら・〜だけなら」的意思。

| 例 文 | ◇片仮名はちょっと苦手だが、平仮名を読む**分には**（＝読むのなら）大丈夫だ。
◇勉強に差し支えない程度にアルバイトをする**分には**問題ないと思う。
◇掃除は涼しい日にする**分には**いやではないが、暑い日にするのはたまらない。
◇私に言う**分には**かまわないが、君の口のきき方は他の人には誤解を与え兼ねないよ。
◇今の会社は、頑張って業績をあげた**分だけ**、給料も上がる仕組みになっているのでやりがいがある。
◇とりあえず１か月分の薬を入れておきますが、使った**分だけ**お支払いくだされば結構です。 |

| 接 続 | （２）（この/その）分（だと/では/でいくと/なら） |

| 意 味 | 「この調子でいくと」という意味で、後件は話し手の推測や判断を述べる。 |

| 訳 文 | 表示如果按这个速度进行的话，如果照这个样子发展的话等意思。谓语为说话人的推测或判断。"如果这样的话……"。 |

| 例 文 | ◇A「一時間でたいていどれぐらい翻訳できるの？」
　　B「えーと、10ページぐらいかなあ。」
　　A「**その分だと**（＝その分では/その分でいくと）、徹夜しても出来上がりそうもないね。」
◇**この分なら**明日はたぶん晴れるだろうが、念のため、自分の分の雨具は用意しておくように。
◇仕事のスピードが速いね。**この分だと**、予定より早く終わりそうだ。
◇一年かかって、工事は半分も終わっていない。**この分だと**一年以上かかると思う。
◇あまり勉強しないね。**この分では**、君は試験に落ちるんじゃない？
◇２回目のジャンプも120メートルを超えていない。**この分では**優勝は望むべくもないなあ。 |

218　〜べからず/べからざる

| 形 式 | （１）動詞辞書形＋べからず（する→すべからず/するべからず） |

| 意 味 | 古語助動詞「べし」の否定終止形。「〜てはならない」という強い禁止を表す。個人的な判断ではなく、社会通念上許されないという判断である。看板や掲示などにしか使わない。硬い書き言葉。 |

| 訳 文 | 古語助動詞「べし」的否定終止形。相当于表示强烈禁止的「〜てはな |

らない」。該禁止不是个人的判断，而是从一般社会概念上来考虑所作出的判断。只用在看板和揭示等。属于较为郑重的书面语。"禁止……"、"不要……"、"严禁……"。

| 例 文 | ◇「危険！工事中につき、立ち入る**べからず**。」（2009-1　1級）
◇お寺の入り口に「ここより中には入る**べからず**」と書かれていたので、見学はあきらめるしかなかった。（2007年1級）
◇（公園で）「芝生に入る**べからず**」
◇初心を忘る**べからず**。成せば成る。
◇昔はよく立て札に「ここにゴミを捨てる**べからず**」などと書いてあった。 |

| 形　式 | （2）動詞辞書形＋べからざる＋名詞
　　　（する→すべからざる/するべからざる） |

| 意　味 | 古語助動詞「べし」の否定連体形。「～べからざる＋名詞」は「～てはならない＋名詞」と同じ意味を表すが、書き言葉で改まった会話の場でしか使われない。 |

| 訳　文 | 古语助动词「べし」的否定连体形。「～べからざる＋名詞」相当于「～てはならない＋名詞」。属于书面语所以只用在郑重的会话中。"不可以……的……"、"不应该做的……"。 |

| 例　文 | ◇彼は学生として許す**べからざる**行為を行ったとして退学させられた。
（1996年1級）
◇山崎選手はわがチームにとって欠く**べからざる**存在である。
◇彼は大臣として言う**べからざる**発言をしたため、辞任せざるをえなくなった。
◇彼は母親に対して言う**べからざる**ことを言ってしまったと後悔している。
◇相手の気持ちも考えず、言う**べからざる**ことばかり言う指導者は失格である。 |

219　～べし

| 接　続 | 動詞辞書形＋べし（だ）（する→すべし/するべし） |

| 意　味 | 義務・推量を表す古語推量の助動詞。そうすることを当然のこととして、相手に要求することを表す。「～すべきだ」と同じ、古い表現で書き言葉。 |

| 訳　文 | 表示义务、推量的古语推量助动词。要求对方表示那样做是理所当然的、是应该的。和「～すべきだ」同义，属于陈旧的说法，书面语。"应该……"、"必须……"。 |

　◇学生たるものは勉強に励む**べし（だ）**。

◇すべての国民は納税の義務を負う**べし**。

◇明日朝７時に集合す**べし**。

◇今日のことは今日やる**べし**。明日は明日のことがある。

◇今度の試験はよほど難しかったらしく、クラスで一番良くできる生徒でも 60 点しか取れなかった。後は推して知る**べし**だ。

注　意　今では「恐るべし」（惊人的）「後世畏るべし」（后生可畏）「（後は）推して知るべし」（一推測就会明白）などの慣用句にしか使わない。

220　～べく

接　続　動詞辞書形＋べく（する→すべく/するべく）

意　味　文語の助動詞「べし」の連用形。そうするために、そうすることができるように、という意味。後の文に話し手の命令・依頼などの文は来ない。硬い書き言葉。また、「しかるべく」は副詞で、それに応じて適切に、という意味。

訳　文　文语助动词「べし」的连用形。表示为了某种目的而做某事。后项不可以接说话人的命令、依頼等。生硬的书面语。另外，「しかるべく」是副词，表示根据情况适当地、酌情处理。"为了……"

例　文　◇自分の会社を持つ**べく**、大学で経営学を学んでいる。

◇たまった借金を返済す**べく**、アルバイトを二つも増やした。

◇今までの人生を見つめ直す**べく**、しばらく旅に出ることにした。

◇多くのボランティアが被災者を救援す**べく**、被災地に向かった。

◇予定どおりに工事を終わらせる**べく**、深夜も作業が続いている。

◇兄は締め切りに間に合わせる**べく**、昼も夜も論文に取り組んでいる。

(1997 年 1 級)

◇ウイルスの感染経路を明らかにす**べく**、調査が行われた。

(2004 年 1 級)

◇彼が率いるチームはこれまで蓄積してきた膨大なデータを活用す**べく**試行を重ねている。（2005 年 1 級）

221　～べくして

形　式　（1）動詞辞書形＋べくして、同一動詞

意　味　同じ動詞を繰り返して、当然予想されたことが実際に起こった。或いは必然な結果を表す。古い表現。

訳　文　重复同一动词，表示预想该发生的事情实际上真的发生了。或者表示某

事态的出现是必然的。陈旧的说法。"该（发生）的就（发生）了"。

|例　文| ◇問題は解決す**べくして**解決した。

◇潔く負けを認めよう。この試合は負ける**べくして**負けたのだ。

◇これは無秩序な状態が招いた、起こる**べくして**起こった惨事だ。

◇彼が勝ったのは偶然ではない。練習につぐ練習を重ねて彼は勝つ**べくして**勝った。

◇未経験者がしっかりとした装備もせず山に入ったんだから、この遭難は起こる**べくして**起こったのだ。

◇国の恋人と７年も離れていたのだから、二人は別れる**べくして**別れたといえる。

|形　式| （２）動詞終止形＋べくして〜ない

|意　味| 「〜ことは〜が、実際はそれだけで何も〜ない」という建前だけのことに使われる。用例も限られている文語表現となっている。

|訳　文| 仅用于表示"虽然该做的都做了，该发生的都发生了，但也就仅仅止于此，结果不尽理想"的意思。使用十分有限的文语表达。

|例　文| ◇その本は専門用語が多く、読む**べくして**理解しがたい。

◇この案、やる**べくして**やったが、やっぱり失敗しちゃった。

◇親として話す**べくして**話したが、子供は全然聞いてくれなかった。

◇行財政改革だ、行財政改革だと騒がれているが、言う**べくして**行われない。

◇地球環境を守れとは誰も言う。しかし、なす**べくして**なし得ないままでいる。

222　〜べくもない

|接　続| 動詞辞書形＋べくもない（する→すべくもない/するべくもない）

|意　味| そうすることはとてもできない、そうするはずもない、そうする余地や可能性がない、という意味。個人の能力ではなく、周囲の条件や社会的理由によって希望が妨げられているという語感になる。文語文の使い方で、書き言葉として使われる。

|訳　文| 表示做不到某事、不可能做某事或完全没有做某事的余地及可能性。带有并非由于个人能力，而是因为社会性等理由而阻碍到希望的语感。属于文语用法，书面语。"做不到……"、"不可能……"。

|例　文| ◇土地が高い都会では、家などそう簡単に手に入る**べくもない**。

（2003 年 1 級）

◇突然の事故で家族を失った彼の心情は推し量る**べくもない**。

◇事態がここまで悪化しては、もはや平和的解決など望む**べくもない**。

◇わが社が業界第一位になったということは、疑う**べくもない**事実だ。

◇そのとき、彼はまだ幼かったので、両親の離婚の原因を知る**べくもなかった**。

◇経済の不況の今では給料もまあまあで、おまけに楽な仕事なんか、そう簡単に見つかる**べくもない**。

223 ～放題

接　続	動詞ます形＋放題
	動詞ます形＋たい＋放題
	勝手放題にする（慣用語）
意　味	（1）「やる・する・言う」などの動詞に付いて、他の人のことを配慮せずに好きなように振舞う、勝手に意のままに何かをする、という意味。マイナス評価に使われる。
訳　文	接在「やる・する・言う」等动词后面，表示不顾及他人，自己想怎么样就怎么样，随心所欲地做某事的意思。含有说话人负面的评价。"随便……"、"随意……"、"随心所欲地……"。
例　文	◇彼はよく使い**放題**に人のものを使う。
	◇彼が、ゴミを散らかし**放題**に散らかしているのを見て腹が立った。
	◇口の悪い田中さんは人の気持ちもかまわず、いつも言いたい**放題**のことを言う。
	◇君には一切関係ない。おれは何でもやり**放題**だし、どこへでも行き**放題**だ。
	◇何でも勝手**放題**にすると、人に嫌われるよ。

意　味	（2）「食べる・飲む」などの動詞に付いて、制限なく自由に存分にある行動をする意味を表す。
訳　文	接在「食べる・飲む」等动词后面，表示没有限制，能够自由地做某事。"无限制地……"、"任意的……"。
例　文	◇バイキング料理とは、同じ食事代で食べ**放題**のサービスです。
	◇このサービスに申し込めば、月々3,000円で、インターネットが使い**放題**になる。
	◇あの店は、飲み物一杯で、何時間いても大丈夫。好きなマンガ、読み**放題**だよ。
	◇寝たきりになってから、植木にも花にも手入れをしてやれないので、庭が荒れ**放題**だ。
	◇一年も経つと、男は骨と皮ばかりに痩せ衰え、髪も髭も伸び**放題**の、哀れな状態になった。

～ほどでもなく/ほどの（こと・もの）ではない

接　続	名詞/それ＋ほどでもない/ほどの（こと・もの）ではない
	名詞（だ）＋と言う/思うほどでもない/ほどの（こと・もの）ではない
	動詞/イ形容詞普通形＋ほどでもない/ほどの（こと・もの）ではない
	ナ形容詞な＋ほどでもない/ほどの（こと・もの）ではない

意　味	「それほど大した～ではない/それほど重要な～ではない」という前件の程度ではなく、後件のことは事実だ、と言いたい時に使われる。

訳　文	表示并没有达到前项那种高程度，并没有前项所说的那么重要，后项才是事实。也有使用「～と言う/思うほどでもない」的用法。"并未达到……"、"远没有达到……程度"、"不像人们所说的那种程度"。

例　文	◇世間で言われている**ほどでもなく**、意外にやさしい入学試験でしたよ。（1998年1級）
	◇自慢する**ほどのことではない**が、私は入社以来10年、一度も遅刻をしたことがない。（2010-2　N1）
	◇納豆はたいへん嫌いな**ほどでもなく**/嫌いだ**というほどでもなく**、ただその匂いにはなかなか馴染めないだけだ。
	◇あの人は気が利かないとは言えるが、心配する**ほどでもなく**/**というほどでもなく**、けっこう利口な人だよ。
	◇擦り傷をしたぐらいで、いちいち医者に行く**ほどのことはなかろう**。
	◇ガンの宣告を周りの人が思っている**ほどでもなく**、比較的に冷静に聞いた。
	◇現地で調べたところ、災害があることはあったが、報道されている**ほどでもない**ことが分かった。メディアは大げさに報道するきらいがある。
	◇A「山本さんは中国語が非常に上手だそうですね。」
	B「いや、それ**ほどでもなく**、たかだか挨拶ぐらいだよ。」

～ほどなく

接　続	動詞て形＋ほどなく（して）
	動詞辞書形＋とほどなく（して）

意　味	あることがあってまもなく後件が起こった。書き言葉である。会話では「～てまもなく」を使うのが多い。「～てすぐ/とすぐ」より時間的な緊迫感が厳しくない。

訳　文	表示前项的事情发生后没过多长时间就发生了后项的意思。书面语用法。口语中多用「～てまもなく」的形式。"没过多久就……"。

| 例　文 | ◇おじいさんが亡くなって**ほどなく/まもなく**、おばあさんもその跡を追った。 |

◇おじいさんが亡くなって**ほどなく/まもなく**、おばあさんもその跡を追った。

◇新しい首相が就任して**ほどなく**/就任すると**ほどなく**、国民からの非難を浴び始めた。

◇第二次世界大戦が勃発(ぼっぱつ)して**ほどなく**、父は戦死(せんし)した。

◇夜が明けると**ほどなく**、セミが鳴き始めた。

◇彼女が結婚して**ほどなく**、振られた彼も他の女性と結婚した。

◇S社が携帯を値下げして**ほどなく**、A社も後を追って値下げに踏み切った。

226 ～まじ/～にあるまじき/～としてあるまじき

接　続　（1）動詞辞書形＋まじ/まじく
動詞辞書形＋まじき＋名詞

意　味　「まじ」は、古語否定推量の助動詞で、「～まじき」は連体形、「～まじく」は連用形である。意味は否定の助動詞「～まい」と類似で、否定の推量を表すときに「～ないだろう・ないはずだ」という意味で、否定の意志を表すときに「～してはいけない」という意味である。

訳　文　「まじ」是表示否定的古语推量助动词，「～まじき」是连体形，「まじく」是连用形。意思和否定助动词「～まい」类似，当表示否定的推量时，相当于「～ないだろう・ないはずだ」的意思，当表示否定的意志时，相当于「～してはいけない」的意思。否定的推量："应该不……吧"；否定的意志："不可以……"、"绝不能……"。

例　文　◇今日は鈴木さんも来る**まじく**（＝来ないだろう/来ないはずだ）、山田さんも来るまい。「否定の推量」

◇東京で震度10度ぐらいの大地震が起こる**まじく**（＝起こらないだろう/起こらないはずだ）思う。「否定の推量」

◇政治の不正を許す**まじ**（許すべからず/許してはいけない）。
「否定の意志」

◇弱い者を苛めるなんて、許す**まじき**行為（＝許してはいけない行為/許すべからざる行為）です。「否定の意志」

◇職場のセクハラは女性にとって、許す**まじき**犯罪（＝許してはいけない犯罪/許すべからざる犯罪）だ。「否定の意志」

接　続　（2）（身分・職業を表す）名詞＋に/としてあるまじき＋名詞
＝～に/としてはいけない・に/としてすべきではない＋名詞

意　味　文型「～にあるまじき」における格助詞「に」は「対象・身分」を提示し、「～として」と同じ。職業や身分地位を表す名詞に付いて、そ

の立場にふさわしくないことを非難する意味。後には必ず名詞（行為・こと・もの・発言など）が来る。硬い表現で、口語として残っているが、あらたまった場面でしか使われない。

訳文 文型「〜にあるまじき」中的格助词「に」提示"对象、身份"，和「〜として」一样。接在表示职业、身份地位等名词之后，对其做出与其立场不相符的情况进行批评、指责。后项一定接续名词（行为・こと・もの・発言）等，属于较为生硬的表达，作为口语仅用在一些特定的郑重场合。"作为……所不应该有的……"。

例文 ◇患者のプライバシーをほかの人に漏らすなんて、医者**としてあるまじき**ことだ。（1999 年 1 級）

◇彼のやったことは、人**としてあるまじき**残酷な行為だ。

（2003 年 1 級）

◇彼の言動は社会人**としてあるまじき**もので、とうてい許すことはできない。（2007 年 1 級）

◇子供を誘拐するなんて、人間**としてあるまじき**許しがたい行為だ。

◇気に入った学生にだけ点数をプラスするなんて、教師**にあるまじき**ことだ。

◇相手の弱みを利用して恐喝まがいのことをするなんて、警察官**としてあるまじき**行為だ。

◇教育者**としてあるまじき**体罰を、見て見ぬふりをしてきた学校側の責任を見過ごすことはできない。

◇政治家から不正なお金を受け取り、記事を書くなど、ジャーナリスト**としてあるまじき**行為だ。

227 〜までだ/までのことだ

接続 （1）（ても/ば/たら/のなら）、動詞辞書形＋までだ/までのことだ
意味 「動詞辞書形＋までだ」の形で、それ以外の方法がないから、最後の手段としてそうするしかない、という話し手の決意・覚悟や相手に対しての忠告を表す。多少脅迫している気持ちがあるので、目上の人には使わない。「〜までだ」の強調表現が「〜までのことだ」である。

訳文 用「動詞辞書形＋までだ」的形式，表示没有其他办法，作为最后的手段，只能那么做。表示说话人的决心、心理准备或对他人的忠告。带有些许威胁的语气，所以对上级或长辈不能使用。「〜までのことだ」是「〜までだ」的强调形式。"只好……"、"只有……"。

例文 ◇試験は終わった。あとはただ結果を待つ**までだ**。（2000 年 1 級）

◇生活保護がもらえなくなったら、ホームレスになる**までのことです**。

◇終電に乗り遅れたので、歩いて帰る**までのことだ**。

◇社長である私の命令に従わなければ、辞めてもらう**までのことだ**。

◇今さら、私の言い分を変えるわけにはいかない。彼女が折れないなら、別れる**までだ**。

◇あくまで借金を返していただけないのでしたら、裁判に訴える**までのことだ**。

| 注意 | 条件の文とともに使うことが多い。過去形では使わず、現在・未来のことについて使う。 |

| 接続 | （２）動詞た形＋までだ/までのことだ |

| 意味 | 「動詞た形＋までだ」の形で、それだけの理由でしたので、ほかに他意はない、という意味を表す。軽い気持ちで言い訳をするときに使う。 |

| 訳文 | 用「動詞た形＋までだ」的形式，表示只是因为有前項的理由，所以才有后項的行为，并没有其他特别的意思。用于解释某个行为的目的，想要对自己的行为进行轻微辩解时使用。"只不过……罢了"、"只是……而已"。 |

| 例文 | ◇あの映画はただ暇つぶしに見た**までのことだ**。

◇今度の試験に合格したのは運がよかった**までのことだ**。

◇別に用事があったわけではなく、ただ通りかかったから、寄ってみた**までだ**。

◇君にはあまり関係ないかもしれないが、念のため知らせた**までのことだ**。

◇彼は悪い人間ではない。私とは気が合わなかった**までのことだ**。

◇私の言葉に特別な意味はない。ただ、彼を慰めようと思って言った**までだ**。

◇私は率直な感想を述べた**までです**。特定の人を批判する意図はありません。（2007年1級） |

228 〜までもない/までのこともない

| 接続 | 動詞辞書形＋までもない/までのこともない |

| 意味 | 「言う・説明する・解釈する・見る・聞く・調べる・確かめる」などの意志的な行為を表す動詞の文に付いて、そうする必要はないという意味。当然そうだから、そうしても無駄だ、という場合によく使う。 |

| 訳文 | 前接「言う・説明する・解釈する・見る・聞く・調べる・確かめる」等意志動詞，表示用不着，没必要那样做。经常用在一些表示"即使那样去做都有些多余"的场合。"没有必要……"、"用不着……"。 |

| 例文 | ◇駅までそれほど遠くないから、タクシーに乗る**までもない**。

◇そんな簡単なこと、わざわざあなたに説明してもらう**までもない**。 |

（1997 年 1 級）

◇わざわざ言われる**までもなく**、私は自分の責任を認めている。

（2003 年 1 級）

◇そんな遠い店まで買いに行く**までもない**よ。電話で注文すればすぐ
　届くんだから。（2008 年 1 級）

◇いちいち指摘される**までもなく**、自分の言動には細心の注意を払っ
　ているつもりだ。

◇このくらいの小さい切り傷なら、わざわざ病院に行く**までのことも**
　ない。消毒して薬を塗っておけば治るだろう。

| 慣用句 | 「言うまでもない」（自不必説、当然）は慣用的な言い方で、「言う
必要もなく、もちろんのこと」という意味。 |

◇就職する時、英語がペラペラ話せれば有利なことは**言うまでもない**。

◇孫が無事生まれたとの知らせに、彼が喜んだのは**言うまでもない**。

（2001 年 1 級）

229　～（受身形）（が）まま（に）

接　続	動詞受身形（ら）れる＋（が）まま（に）
意　味	だれか他の人の意志や状況に従って言いなりになる様子、他人の意志 の通りに、他人の意志に任せての意味を表す。前件と後件は同一主語。
訳　文	表示遵从其他什么人的意志或状态，任凭摆布的样子，按照、任凭别人 的意志之意。前后必须是同一主体。"任凭……"、"听凭……"。
例　文	◇親に望まれる**ままに**、地元の国立大学に進学した。

◇もっといい方法があると思ったが、社長に指示される**ままに**従った。

◇その難破船（なんぱせん）は波に流される**ままに**、小さな島に辿り着いた。

◇彼は相手に要求される**まま**、謝罪の文書にサインしてしまった。

◇友人に勧められる**ままに**生命保険に入ったが、なんとその保険会社
　が倒産してしまった。

◇いじめの被害に遭った子供は、同じクラスの子供に言われる**ままに**、
　お金を渡しており、奪い取られた金額は 30 万円に上った。

◇友人に誘われる**ままに**お見合いパーティーに参加したが、全然楽し
　いとは思えなかった。

◇部屋の広さも考えず、店員に勧められる**まま**、大きいテーブルを買
　ってしまった。（2010-1　N1）

230　～まみれ

| 接続 | 名詞＋まみれ |
| 意味 | 「血・泥・汗」などの不快な液体や細かいもの「ほこり・粉」などが |

裏表満遍なく付いて汚れている様子。体そのものの変化や、ある場所
にたくさんあるもの、散らかっているものなどには使わない。

| 訳 文 | 表示都被"血、泥、汗"等让人不快的液体或"灰尘、粉末"等细小的东西等整体附着，非常肮脏的样子。不能用来表示身体本身的变化、某处地方有很多的东西、到处乱放的东西等。"全是……""沾满……"。 |

| 例 文 | ◇選手たちは優勝に向け、汗**まみれ**になって練習している。 |

◇自動車の修理工場に勤める彼は、毎日油**まみれ**になって働いている。

◇長い間住んでいない部屋を掃除して、全身埃**まみれ**になっちゃった。

◇サッカーの選手たちは雨の中、泥**まみれ**になってボールを追い掛け
ている。

◇交通事故の被害者が血**まみれ**で、病院に運び込まれてしまった。

◇この頃の都会の子供は、泥**まみれ**になって遊ぶことはほとんどない
だろう。

×あの人は交通事故で全身傷~~まみれ~~になっていた。

→体そのものの変化（〜だらけ　○）

| 注 意 | 「〜だらけ」と「〜まみれ」の違いについて言えば、「〜まみれ」は汚い物が表面に付着した場合、つまり付着物にしか使えないが、「〜だらけ」はそれ以外の場合にも使える。 |

◇間違いだらけ（×まみれ）の作文

◇血だらけ（○まみれ）の手

231　〜向（む）きがある/向きもある

| 接 続 | 名詞＋の＋向きがある/向きもある |
| | 動詞普通形＋向きがある/向きもある |

| 意 味 | あることに対してかかわりを持ったり、ある種の意思表示をしたりする人がいる。或いは、そういう傾向が見られる。 |

| 訳 文 | 表示那样想、那样认为的人也存在，或表示也有那种倾向、动向。 |

| 例 文 | ◇この工事に関しては反対の**向きもある**。 |

◇君の活躍を快く思わない**向きもある**ようだから、発言を差し控えた
ほうがいい。

◇当局の圧政（あっせい）を不満とする**向きもある**が、表面的に街は普段と変わっ
ていない。

◇生活はそんなに豊かではないが、彼女はいつでも楽観する**向きがあ
る**。

◇政治迫害（はくがい）を蒙（こうむ）ってからというもの、彼は何事も悲観的に見る**向きが
ある**。

232 ～めく

接 続	名詞＋めく
	擬声語/擬態語語基（きらきら→きら）＋めく
意 味	それが表す要素をもっているように明らかに見える、ということを表す。限られた語に付いて、Ⅰ類（五段）動詞になる。「春めく・正月めく・色めく・他人めく・老人めく・古めく・作り物めく・皮肉めく・謎めく・うごめく・あだめく・なまめく・言いわけめく・冗談めいた言い方・非難めいた言い方・儀式めいたこと」など。 また、擬声語・擬態語に付いて「ざわざわ→ざわめく、きらきら→きらめく、ひらひら→ひらめく、はたはた→はためく」など自動詞になる。
訳 文	表示明显具有该词所表示的要素。接在有限的词之后，成为Ⅰ类（五段）动词。如「春めく・正月めく・色めく・他人めく・老人めく・古めく・作り物めく・皮肉めく・謎めく・うごめく・あだめく・なまめく・言いわけめく・冗談めいた言い方・非難めいた言い方・儀式めいたこと」等。另外，与拟声拟态词连接，如「ざわざわ→ざわめく、きらきら→きらめく、ひらひら→ひらめく、はたはた→はためく」，构成自动词。"带有……气息"、"像……样子"、"有一点……感觉"。
例 文	◇雪が溶けて、野の花も咲き始め、日差しも春<u>めいて</u>きた。

（1998年1級）

◇菊の花も満開になり、すっかり秋<u>めいて</u>まいりました。
◇彼女はいつも皮肉<u>めいた</u>言い方をするので、みんなに嫌われている。
◇彼女の話は冗談<u>めいて</u>聞こえたが、目は真剣だった。
◇秋の野山があざやかに色<u>めいて</u>きた
◇謎<u>めいた</u>事件が相次いで、近所の住民たちは心の動揺が隠せない。
◇いい年をして、いつまでたっても、子供<u>めいた</u>考え方が抜けない奴だ。
◇古<u>めいた</u>寺の一角に、いわくありげな文字が刻まれた石碑がぽつんと建っていた。
◇きら<u>めく</u>太陽に青い海、考えだけでも胸がときめくわ。

233 もう少しで/あやうく/すんでのところで～ところだっだ

接 続	もう少しで/あやうく/すんでのところで～動詞辞書形＋ところだった
意 味	もう少しである事が起こりそうな、厳しい状態だ、と言いたいときに用いる。話し手の驚いたり、ほっとしたりする気持ちが込められている。前には副詞「もう少しで/もうちょっとで/すんでのところで/危うく/あわや」などと呼応することが多い。

| 訳　文 | 表示某严峻的事情差一点点就发生了。带有说话人惊讶或总算松口气的语感。前面经常呼应副词「もう少しで/もうちょっとで/すんでのところで/危うく/あわや」等搭配使用。"差一点就……"、"险些……"。 |

| 例　文 | ◇<u>あやうく</u>大事故になる<u>ところだった</u>が、幸い負傷者は出ずにすんだ。
◇<u>すんでのところで</u>、対向車と衝突する<u>ところだった</u>。
◇妻が目配せしてくれたよかったものの、<u>**もう少しで**</u>言わずもがなのことを言ってしまう<u>ところだった</u>。
◇彼女に振られた彼はショックに耐えられず、<u>**もう少しで**</u>気が狂う<u>ところだった</u>そうだ。
◇運転手が教えてくれたからよかったものの、<u>**もう少しで**</u>大切な卒業論文をタクシーの中に忘れる<u>ところだった</u>。　（1994 年 1 級）
◇あなたがたまたま確認してくれたからよかったものの、<u>**もう少しで**</u>原稿の締め切りに間に合わなくなる<u>ところだった</u>。　（2002 年 1 級） |

| 注　意 | この表現は「もう少しで〜動詞ます形＋そうだった」という表現とほぼ同じ意味で、大抵置き換えることができる。しかし、接続上の違いに要注意。
◇歩きながら、試験の問題を考え込んでいたら、「気をつけてよ」と誰かに声をかけられたからよかったものの、<u>**もう少しで**</u>電柱にぶつかる<u>ところだった</u>/<u>**もう少しで**</u>電柱にぶつか<u>りそうだった</u>。 |

234　〜も顧（かえり）みず/を顧みず/を顧みる〜もなく

| 接　続 | 名詞＋も顧みず/を顧みず/を顧みることもなく
名詞＋を顧みる＋名詞＋もない |

| 意　味 | 本来は大事に扱うべきもの十分考えないで、気を配ることなく、ということを表す。前には「身の危険・命・家庭・健康・他人」などの名詞がよく来る。動詞「かえりみる」は、考慮が十分行き届いているかどうかみる、という意味。プラス評価でもマイナス評価でも使える。 |

| 訳　文 | 表示没有充分顾及到考虑到原本应该重视的东西。前项常接「身の危険・命・家庭・健康・他人」等名词。动词「かえりみる」是指充分顾及的意思。"（也）不顾及……"。 |

| 例　文 | ◇カメラマンは自らの命<u>**も顧みず**</u>戦場に向かった。　（2004 年 1 級）
◇内乱の続く A 国で、記者たちは身の危険<u>**も顧みず**</u>、取材を続けた。
◇彼は自らの体力<u>**も顧みず**</u>、トライアスロン世界大会に向けて練習を続けている。倒れてしまわないか心配だ。
◇自分の健康も家庭<u>**も顧みず**</u>、ただ仕事に没頭している会社人間を見ると、同情の念を禁じ得ない。
◇現代人の生活は、他人のこと<u>**を顧みる**</u>暇<u>**も**</u>ないほど、殺伐（さつばつ）としたも |

のとなっていないだろうか。

◇周囲の迷惑**もかえりみず**、深夜に爆音<ruby>爆音<rt>ばくおん</rt></ruby>を響かせてバイクを乗り回している若者たちを、警察は厳しく取り締まるべきだ。

235 ～もさることながら

接　続	名詞＋もさることながら
解　説	古語の連体詞「さる（然る）」には「ある/某」の意味（例：さる人/さる場所/さる事情）のほかに、「そのような/それにふさわしい・かなりな/たいした」という意味もある。
意　味	文型「AもさることながらB」は「Aはもちろんそうですが、でも、Bの方がもっと大切ではないでしょうか」という婉曲な表現になる。プラス評価のときによく使う。相手が目上の人だったりして、相手の考え（A）を直接否定するのがはばかられるとき、使われることが多い。
訳　文	文型「AもさることながらB」是委婉的表达"A是当然的、自不必说，但是B更为重要"这一意思。多用于好的评价。当对方的身份地位高于自己而对直接否定对方的想法有所顾忌时经常使用。"……自不必说，……更是如此"、"……不用说，尤其是……更加……"。
例　文	◇結婚するには愛情**もさることながら**、経済力のある人を選ぶべきだ。 ◇味**もさることながら**、心のこもったサービスがあの店の行列の秘密だろう。 ◇勉強**もさることながら**、健康も重視しなければならない。体を壊してしまったら元も子もない。 ◇両親は、息子に病院の跡を継いで医者になってほしいと思っているようだ。だが、親の希望**もされることながら**、やはり本人の気持ちが第一だろう。（2002年1級） ◇ごみを減らすためには、市や町の取り組み**もさることながら**、個人の心がけもやはり大切だ。（2007年1級） ◇このパソコンは、価格や性能**もさることながら**、デザインが良いので人気がある。（2009-2　1級） ◇このドラマの人気は、ストーリー**もさることながら**、俳優の演技力によるところが大きいといえる。（2013-1　N1）
注　意	「前件も無視できないが、そればかりでなく後件も～」。後には「～が大切だ」「～が最も～」「～が一番～」「～が第一」などの表現が来ることが多い。
説　明	この表現は「Aよりも、（むしろ）Bの方がいい」を使って表すこともできるが、語感はずいぶん違う。 ◇お金よりも命の方が大切です。＜直接的＆断定＞

- 174 -

◇お金もさることながら、命はもっと大切ではないでしょうか。

<間接的＆婉曲>

236 ～もそこそこに/そこそこ

接　続	動詞辞書形＋の/動作名詞＋もそこそこに
意　味	「そこそこ」には副詞の用法と接尾語の用法がる。副詞「そこそこ」は「慌てて～/いい加減に～」という意味を表す語で、文型として「動作名詞＋もそこそこに」は、「～することが当然なのに/～するべきなのに、それをしないで急いで～する」ことを表す。また、「～もそこそこにする/～もそこそこにしなさい」などの形で、「～適度を守れ」と言う意味を表したりする。この場合、「～もほどほどにする/～もほどほどにしなさい」を使っても同じ意味が表せる。
訳　文	「そこそこ」分別有副詞和接尾詞的用法。副詞表示“慌慌张张、马马虎虎”的意思，作为文型以「動作名詞＋もそこそこに」的形式，表示“理应要好好做的某事没做或草草了事，赶忙着急地做另外一件事”的意思。另外，用「～もそこそこにする/～もそこそこにしなさい」的形式表示“要适度、适可而止”的意思。这时同「～もほどほどにする/～もほどほどにしなさい」表达的意思一样。“匆匆……”、“草草地……”。
例　文	◇寝坊した息子は、朝食もそこそこに出かけて行ったから、今頃お腹をすかせているだろう。 ◇彼は派遣社員として初めて行った会社で、自己紹介もそこそこに、てきぱきと仕事を片付けはじめた。 ◇好きなテレビドラマが始まる時間なので、夕飯の後片付けもそこそこに、テレビの前に座った。 ◇この暑さの中でテニスの練習から帰ってきた息子は、手を洗うのもそこそこに、ご飯を食べはじめた。 ◇いつもはコーヒーを飲んでから仕事につくのだが、納期に追われるこの時期は、朝の挨拶もそこそこに、一日の仕事を始めなければ間に合わない。 ◇そこの若いの、さっきから見ていたが、悪ふざけもそこそこにしないか。でないと、おれが黙っていないぞ。
説　明	数詞に付くときは、「せいぜい/多く見ても～の数量だ」という語感を持つ接尾語になる。「～かそから」と類義だが、それよりも軽視の感情が強く表れる。 ◇二十万円そこそこの給料じゃ食うのが精一杯で、マイホームどころじゃないよ。

237 〜（など）もってのほかだ

接続	名詞＋（など）もってのほかだ
	動詞/イ形容詞/ナ形容詞普通形＋（など）もってのほかだ
意味	常識や予想を超えていて、とんでもない、けしからぬこと、という意味。話し手は相手の行為に対し非常に不満がある。
訳文	表示那是超出一般情理、预想之外、令人出乎意料或无法容忍的事。含有说话人对对方的行为非常不满的情绪。"……岂有此理"、"……是绝对不能容忍的"、"……是决不可以的"。
例文	◇遅刻ならともかく、無断欠勤**などもってのほかだ**。（2006年1級）
	◇教師と学生が不倫関係だなんて、教育上**もってのほかだ**。
	◇そんな小さい子供を、一人で留守番させる**などもってのほかだ**。
	◇若い娘が無断外泊する**などもってのほか**と、父はいつも以上に怒った。
	◇この忙しいときに1週間休みたい**などもってのほかだ**よ。休まれたら困るよ。
	◇奨学金をもらいながら、研究に励まず論文が書けない**などもってのほかだ**。

238 〜も同然だ/も同然の

接続	名詞＋も同然だ/も同然の＋名詞
	動詞た形＋も同然だ/も同然の＋名詞
意味	百パーセントというほどでもないが、事実とほとんど一致していると話し手が感情を込めて評価するときに用いられる。
訳文	表示虽然没有达到百分百的程度，但与事实已经是相差无几。句子含有说话人感叹的语气。"几乎等同于……"、"差不多等于是……"。
例文	◇3割も安くしてあげるとすれば、原価**も同然の**値段になってしまう。
	◇彼はパートタイマーだが、10年以上も働いてきたし、正社員**も同然だ**。
	◇試合が終わるまであと5分だ。わがチームはもう勝った**も同然だ**。
	◇彼にお金を貸したら、やった**も同然だ**から、貸してやらないほうがいい。
	◇夫とは法律上夫婦だが、長年別居しているので、離婚した**も同然だ**。
	◇あとは表紙をつけるだけだから、クラスの文集はもうできたの**も同然だ**。（2004年1級）

239　～も、～ないもない/何もない

接　続	動詞辞書形＋も、同一動詞ない形＋ないもない

動詞辞書形＋も何もない

名詞＋も何もない

意　味	「そうするかそうしないかという話にはならない」と、強く相手の話を否定したり、非難したりするときに用いられる。

訳　文	主要用在会话中。表示在重复对方话时给予强烈的否定或责备。"根本就不是要做还是不要做的事情"。

例　文	◇A「昨日のこと、すみませんでした。許してください。」

　　　B「何を言っているんだ。許す**も**許さ**ないもない**/許す**も何もない**。
　　　　君の責任じゃないんだから。」

　　◇A「お嬢様、あの外国人と結婚なさるんですって、同意なさったんですか。」

　　　B「同意する**も**し**ないもない**んですよ/同意する**も何もない**んですよ。
　　　　娘が自分で決めてしまい、親には事後報告なんですから。」

　　◇A「今の政界についてどう思っていますか。」

　　　B「政治倫理**も何もない**政界には、何を言っても無駄だ。」

　　◇A「私の意見に反対なさるじゃないかと心配しているんですが。」

　　　B「反対する**も**し**ないもない**/反対する**も何もない**。喜んで応援するよ。」

　　◇A「犯人を逮捕するかどうか考えております。」

　　　B「何を言ってるんだい。考える**も何もない**。3人も殺したんだから。」

240　～ものを/もんを

接　続	動詞/イ形容詞/ナ形容詞の連体形＋ものを

意　味	前には「～ば・～たら」と呼応して、話し手の相手に対する「～すればよかったのに」という期待とは違った現実に後悔・不満・非難などの気持ちこめて言うときに使う。接続助詞としても終助詞としても使われるが、「～のに」と置き換えることができる逆接表現で、「～のに」より強い話し手の恨みがましさがある。「もんを」は口語形。

訳　文	前项与「～ば・～たら」等条件表达相呼应，表示说话人向对方表示"明明只要……做就好了，但却……"这样一种事与愿违的后悔、不满、遗憾、指责等心情。既可以作为接续助词使用也可以用于句末作终助词使用。大都可以和表示逆接「～のに」的替换使用，但带有比「～の

に」更強烈的怨気。「もんを」是口語形式。"要是……就好了"。

◇だれかに相談すれば簡単に解決できた**ものを**、どうして一人で悩んでいたのだろう。（1992 年 1 級）

◇検査を受けていればすぐに治った**ものを**、痛みを我慢して検査に行かなかったことが悔やまれる。（2006 年 1 級）

◇悪いと思うなら素直に「ごめん」と謝ればいい**ものを**、弟はそれができなくて、すぐ言い訳する。（2014-2　N1）

◇私に言ってくれればお金を貸してあげた**ものを**、どうして黙っていたのだろう。

◇もう少し早くこの薬ができていたら、多くの人が助かった**ものを**。

◇もっと前から試験勉強をしていたら、直前になってから慌てずに済んだ**ものを**。

◇嫌なら嫌だと言えばいい**ものを**、曖昧な返事をするから、こんな始末になるんだよ。

◇A「熱があるなら、休めばよかった**ものを**、どうして無理して来たんですか。」

　B「休めるものなら休みたいんですが、仕事がたくさんたまっているので…」

「～ものを」と「～のに」は大抵置き換えられるが、「～ものを」を使うと相手に対する不満や非難の感情が強く表れ、「～のに」を使うと自分自身の残念な感情が表れる。

241　～や/や否（いな）や

動詞辞書形＋や/や否や

前の行為・事態を待ち構えて、追いかけるように後の行為・動作が起こる、という意味。すでに起こった事柄を描写するので、意志・命令・否定を表す文は来ない。前件と後件は同一主体でも異主体でもよい。「～や」は「～や否や」の「否や」を省略した形。書き言葉。

表示期待着前項行為、事态的发生，迫不及待地做后项的行为、动作。由于是描写已经发生过的事情，所以后项不能接表示意志、命令、否定等句子。前后两项可接同一主体，也可接不同主体。「～や」是「～や否や」省略了「否や」的形式。书面语。"刚刚……立刻……"。

◇彼女は私の顔を見る**や否や**、涙を浮かべて駆け寄った。

◇彼女が壇上に立つ**や否や**、会場から割れんばかりの拍手が沸き上がった。

◇首相を乗せた車が官邸に到着する**や否や**、報道陣はマイクを片手に駆け寄った。

◇娘は家へ帰る**や否や**お腹が減ったと言って、冷蔵庫をのぞき込んだ。

（1998 年 1 級）

◇いたずらをしていた生徒たちは、教師が来たと見る**や**いっせいに逃げ出した。（2003 年 1 級）

◇電車が駅に止まり、ドアが開く**やいなや**彼は飛び出していった。

（2005 年 1 級）

注　意	この文型は既に起こったことを取り上げるから、習慣的なことを取り上げるのでなければ、文末は完了形（た形）になる。 ◇彼は（毎日）家に帰るや否やパソコンに向かう。＜習慣＞ ◇彼は家に帰るや否やパソコンに向かった。　＜既定事実＞

242　〜矢先に

接　続	動詞た形＋矢先に 動詞意向形＋とした＋矢先に
意　味	予定の前件の行動にかかろうとする、ちょうどそのとき、後件の事態が発生した、という意味。前件はその人の意志行為である。後件で予期しなかった突発・偶発事態の発生を表す。そのため、後件では最初から予定していた行動や意図的な動作には使えない。
訳　文	表示正要做预定的前项行为的时候，发生了后项的事态。前项是人的意志行为，而后项则是预期之外的突发的、偶发的事态。所以，后项不能使用一些最初有所预想又或是有意图的行为动作。"正要……的时候……"、"正当……的时候……"。
例　文	◇机を片付けて帰ろうとした**矢先に**、課長に会議室へ呼ばれた。 ◇仕事を始めようとした**やさきに**、お客さんから電話がかかってきた。 ◇これからはがんばって勉強するぞと思った**やさきに**、風邪を引いてしまった。 ◇留学生活を終えて、帰国しようとしていた**矢先に**、あの人に出会ったのです。 ◇やっとマイホームを手に入れ、これからは幸せな生活が続くと信じた**矢先に**、夫が病気で倒れた。 ◇久しぶりの家族旅行。これから出かけようとした**やさきに**、息子がおなかが痛いと言い出した。
注　意	「〜矢先に」は「〜とたんに」とほとんど同じ意味だが、日常会話よりも新聞や報道などでよく使われる客観的な表現である。

243　〜やれ〜だの、やれ〜だのと/〜や〜の

接　続　やれ＋引用句＋だの、やれ＋引用句＋だのと
　　　　やれ＋名詞＋だ、やれ＋名詞＋だと

意　味　「やれ〜だ、やれ〜だ（の）と」は広く相手の言葉を引用して、「〜とか〜とか言って」という意味を表す。話し手の不満・怒り・我慢できないといった感情を表すもので、強意の「〜とか〜とか」と言える。また、「〜や〜の」の形式もあり、「食うや食わずの/飲めや騒げの/一度や二度の/殴るや蹴るの」などの慣用的言い回しが多い。

訳　文　表示列举引用对方的话，举出两个具有代表性的事物，后项进行综合性描述。因为表达的是说话人不满、生气、无法忍耐的情绪，所以可以认为是「〜とか〜とか」加强语气的表达。另外也有「〜や〜の」的形式，多用在一些固定的惯用措词上，例如「食うや食わずの/飲めや騒げの/一度や二度の/殴るや蹴るの」等。"什么……啦，什么……啦"。

例　文　◇<u>やれ</u>宿題をしろ<u>だの</u>、<u>やれ</u>塾へ行け<u>だのと</u>、俺んちの親父はうるさくて困る。
　　　　◇日本で部屋を借りる場合、<u>やれ</u>礼金だ<u>やれ</u>敷金だ<u>と</u>、いろいろお金がかかる。
　　　　◇<u>やれ</u>人権だ、<u>やれ</u>自由だ<u>と</u>言ってるくせに、自国の人種差別問題も解決してない。
　　　　◇<u>やれ</u>ああだ、<u>やれ</u>こうだ<u>と</u>、いちいち指図されたら、やってる方が嫌になる。
　　　　◇うちの妻は子供がちょっとでも具合が悪いと言うと、<u>やれ</u>薬だ、<u>やれ</u>医者だ<u>と</u>大騒ぎする。
　　　　◇あの当時は、食う<u>や</u>食わず<u>の</u>生活だった。
　　　　◇君に注意したのは、一度<u>や</u>二度<u>の</u>ことではない。
　　　　◇あの日は飲め<u>や</u>歌え<u>の</u>忘年会になってね、大変な盛り上がりようだったよ。

244　〜（が）ゆえ（に）/ゆえの

接　続　動詞/イ形容詞普通形＋（が）ゆえ（に）/ゆえの
　　　　名詞（である）/ナ形容詞語幹（である）＋（が）ゆえ（に）/ゆえの

意　味　それが原因・理由で、という意味。古い文語的な硬い表現の書き言葉。日常会話には使わない。よく手紙や公式の書類で使う。独立して接続詞で「それゆえ/故に」。

訳　文　表示原因、理由。较为陈旧的书面语，且语气较生硬。日常会话不使用。经常用在一些信件或正式的文件文书里。「それゆえ/故に」单独作为

接続詞使用。"由于……"、"因为……"。

| 例　文 | ◇女性である**が故に**差別されるようなことがあってはならない。

◇部下を評価する立場になると、優しすぎる**がゆえに**、思い悩む人も少なくない。（2004年1級）

◇彼女は若いときに両親を亡くし、20代で父親の工場を継いで、倒産の危機を経験した。**それゆえに**、工場経営の厳しさを知り尽くしている。（2006年1級）

◇全国の名産品を電話一本で自宅まで届けてくれるサービスが、その手軽さ**ゆえに**人気を集めている。（2011-2 N1）

◇数々の名曲を生み出し、天才作曲と呼ばれる山川氏だが、天才である**がゆえの**苦悩もあったという。（2016-1 N1）

◇社長にアメリカ出張を命じられたが、急なこと**ゆえに**、たいした準備もできずに出発しなければならない。

◇これは紛れようもない事実である。**故に**、臭いものにふたをするのでなく、あるがままを直視すべきである。

説　明 改まった会話では「故」が「理由・特別の事情」の意味の名詞として単独で使われることがある。

◇故のない非難を受けた。

◇彼が怒るのも故なきことではない。

◇故あって、この度退職することになりました。

245 ～よう/ようによって（は）

形　式 （1）動詞ます形＋よう

意　味 接尾語「～よう」は「苦しむ・悲しむ・嘆く・怒る・驚く・喜ぶ・変わる・～がる…」などの感情や状態を表す自動詞の［ます］形に付いて、様子や状態を表す。また、「する・言う・例える・話す・直す…」など動作性の他動詞の［ます］形に付いて、方法を表す。

訳　文 接尾词「～よう」接在「苦しむ・悲しむ・嘆く・怒る・驚く・喜ぶ・変わる・～がる…」等感情或状态的自动词［ます］形后，表示样子和状态。另外，接在「する・言う・例える・話す・直す…」等动作性的他动词［ます］形后，表示方法。

例　文 ◇本のタイトルさえ分かれば、探し**よう**もあるのだが。

（2004年1級）

◇このラジオは直し**よう**があるようなので、捨てないでください。

◇仕事が見つからないのは、君の探し**よう**に問題があるからです。

◇口の利き**よう**が悪いので、彼女の気持ちを悪くした。今から反省しても後悔先に立たずだけど。

◇赤ちゃんが無事に誕生したことが分かった時、彼の喜び**よう**といったらない。

◇20年ぶりに生まれたところに帰った。故郷の変わり**よう**にまったく驚いた。

| 説 明 | 同じ方法・手段を表す「～方」と違って、動作そのものは「～方」がよく、困難さや程度など内容に近づくほど「～よう」がよくなると言える。どちらも使える「言いようが悪い」と「言いかたが悪い」を比べても、話の内容を問題にしたのが「言いよう」で、話す態度・言葉遣いを問題にしたのが「言い方」のである。 |

◇料理の作り方（？作りよう）を教えて。

◇喩えよう（×喩え方）のない美しさ。

形 式	（2）動詞ます形＋ようによって（は）/ようで（は）/よう次第で
意 味	後件のことが出来上がるかどうか、前件の動作のやり方や考え方によるものだ。違うやり方次第では異なる結果に至る、と言いたいときに用いられる。
訳 文	表示会不会产生后项的事情，取决于前项的做法、想法等。由于方法或想法的不同，当然后项也会得出不同的结果。"要看怎么……"、"取决于……（的方法）"、"根据……的方式"。
例 文	◇当時、両親の反対を押し切って彼は中国人の女性と結婚した。しかし、考え**ようによっては**/考え**ようでは**/考え**よう次第では**、これからの国際化社会を先取りしていたとも言える。 ◇物事の見**ようによっては**/見**ようでは**/見**よう次第では**、正しいと思っていたものが、正しくなくなることもある。 ◇話すことは技術が要求される。話し**ようによっては**/話し**ようでは**/話し**よう次第では**、相手の気持ちを和らげたり、傷つけたりすることもある。 ◇この古新聞も使い**ようによっては**何かの役に立つのではないかと思いますが。（1993年1級） ◇やり**ようによっては**、その事件はもっと簡単に済ませることができる。（2001年1級） ◇昔から「毒も使い**ようによっては**薬になる」と言われている。

（2012-2　N1）

246　よく（も）～ものだ

| 接 続 | よく（も）＋動詞辞書形/た形＋ものだ |
| 意 味 | 他人の言動に付いて、迷惑やひどいこと、非常識なことなどをするの |

に対して「どうしてそんなことを言うのか、どうしてそんなことをするのか信じられない・理解できない」という怒りや非難の気持ちを表す時に使う。

訳 文	接在他人的言行之后，表示"对他人所做出的让人感到过分的事情或违背常理的事情难以相信、难以理解为什么居然会那么做"的生气和谴责的心情。"还真能……（真是难以置信）"、"怎么能……（不可理解）"。

例 文	◇人の彼を奪っていて、私と**よく**平気で話せる**ものだ**。

◇人に借金しておいて、**よくも**あんな高いバッグが買える**ものだ**。

◇専門知識がないのに、**よくも**知ったかぶって偉そうにできる**ものだ**。

◇あなた、**よく**そんな人を傷つけるようなことを平気で言える**もんですね**。

◇1週間旅行しただけなのに留学したなんて、**よく**あんなつまらないウソがつける**ものだ**。

◇あいつ、振られた彼女に毎晩電話して「やり直そう」って言ってるらしいよ。あんな情けないこと、**よく**やれる**もんだ**。

◇課長ときたら、自分は飲みすぎて会社を休んだくせに、僕に酒を飲みすぎるななんて、**よく言える**よ。

◇スイッチの入れ方すら知らない人に、この装置を動かしてみろなんて、**よく言えます**ね。　（1998 年 1 級）

注 意	感嘆表現の一種で、前に来る動詞はほとんど可能動詞である。また、「よく（も）言える（还真说的出口、可真敢说啊）」は慣用的な使い方として用いられる。

247　〜よほど〜（よ）うと思った（が）/としたが

接 続	よほど〜動詞意向形＋（よ）うと思った（が）/としたが
意 味	「極端な行動を思い切って取ろうとしたが、結果的には取らなかった」という意味である。プラス、マイナスのイメージはない。
訳 文	表示真想下决心做某事情。或表示原本很想做某事的，但是结果没做成。"真想……"、"很想……"、"差一点就……"。
例 文	◇こんなつらい練習は、**よほど**やめ**ようと思った**。

◇彼の失礼極まりない発言に**よほど**言い返してやろ**うと思った**。

◇この付近には時々熊が出るという話を思い出して、**よほど**引き返そ**うと思った**。

◇また試験に失敗した。**よほど**諦め**ようとしたが**、将来のことを考えて来年もう一度受けてみることにした。

◇その先生の公開講義があんまりつまらなかったので、**よほど**途中で

抜け出そ**うと思った**が、きまりが悪いと思って最後まで聞いていた。

◇先生がガラスを割ったのは誰かと聞いた時、**よほど**山田君がやった
と言ってやろ**うと思った**。

248　～をおいて

接　続	名詞＋をおいて～否定表現
意　味	Aを除いては、という意味で、それと比較できるものはほかにない、という高い評価を表す。後には否定表現がくる。
訳　文	表示除了X，就没有能与X相比较的事物或人物了。是对X本身的积极、高度评价。后项接否定的表达。"除了……之外，（没有……）"。

例　文	◇彼**をおいて**、この仕事を任せられる人間はいないだろう。

（1992 年 1 級）

◇みんなから信頼されている彼**をおいて**ほかに適当な人がいるだろう
か。（1997 年 1 級）

◇次の首相にふさわしい人物は、彼**をおいて**ほかにはいない。

（2000 年 1 級）

◇新しく住宅開発を進めるなら、この地域**をおいて**ほかにはない。

（2002 年 1 級）

◇結婚を決めたのは、彼**をおいて**理想の人とは出会えないと思ったか
らだ。

◇これほど多くの資金調達ができたのは、A社**をおいて**ほかに考えら
れない。

注　意	「～をおいてほかに～ない/いる（ある）だろうか」の形で、「～以外に適当な（人・物・事）がない」という意味を表す。前項はそれらの中で最も積極的な選択で、強い断定の語感を持っている。
慣用句	「何をおいても」（不论怎么样、无论什么情况）

◇日本の中華料理なら、私は**何をおいても**中華丼を薦めたい。

249　自発助動詞　～（ら）れる

接　続	Ⅰ類動詞「ない形」＋れる/Ⅱ類動詞「ない形」＋られる（例：思い出さ＋れる、忘れ＋られる） 使役助動詞（せる・させる）「ない形」＋られる（例：笑わ＋せ＋られる、考え＋させ＋られる） Ⅲ類動詞「する」→させられる→される（例：想像させられる＝想像される）
意　味	「笑わせられる」「思われる」「感じられる」「考えられる」「思い

出される」「案じられる」などの思考・感情動詞に限られる。何かの
きっかけで、自然に、思わず話し手の感情が流出させられる、という
意味。論説文などで、主観を交えず客観的に述べる場合（根拠のない
断定を避け、論を進めると自然にそんな結論になる、という気持ちが
あるから婉曲な言い方になる）やそのような感情が自然と湧いてくる
場合に使う。

訳　文	仅限于「笑わせられる」「思われる」「感じられる」「考えられる」

「思い出される」「案じられる」等表示思考、感情的动词，表示由于
某种原因或契机，使说话人（第一人称）不由自主地、情不自禁地产生
感情上的流露。一般用在评论文等不掺杂主观感情的客观说明的场合
（避免没有根据的断定，表示进行推论的话，自然而然就会得出那样的
结论，委婉的说法），或某种感情自然而然产生的场合。"不由得……
…"、"情不自禁……"、"忍不住让我……"。

例　文	◇花田さんの冗談には、いつも思わず**笑わせられた**。（1999 年 1 級）

◇今回の調査で事故の原因が明らかになるものと**思われる**。

　　　　　　　　　　　　　　　　　　　　　　　　（2009-1　1 級）

◇今まであんなに時間をかけてのがばかばかしく**思える**くらい簡単に
　計算できたよ。（2011-1　N1）

◇景気は徐々に回復してきていると言われるが、私には一時的な現象
　のように**思われる**。（2013-2　N1）

◇試合後、木村選手は、「絶対に勝ちたい相手だっただけに、大事な
　場面でのミスが**悔やまれて**ならない」とコメントした。

　　　　　　　　　　　　　　　　　　　　　　　　（2014-2　N1）

◇学生時代によく通ったこの喫茶店に来ると、あのころのことが昨日
　のことのように**思い出される**。（2015-1　N1）

◇東京に来たら行くと決めてたんだ。浅草は本当に下町の風情（ふぜい）が**感じ
　られる**町だね。

◇アルバイトであっても最後までやりぬく彼女の責任感には**感心させ
　られる**。

◇入院している父のことが**案じられて**、夕べよく眠れなかった。

◇笑っている写真を見ていると、まるで昨日のことのように、故人が
　偲（しの）ばれる。

◇現地は暑さに加えて、飲み水も不足しているだけになおさら救援が
　待たれる。

説　明	現代日本語では「思われる→思える」、「笑われる→笑える」、「泣

かれる→泣ける」という新しい言い方も用いられるようになった。

慣用句	「この先が思いやられる」（令人担心、将来情况堪忧）は慣用的な言

い方で、「これから先が心配だ」という意味。

◇今年の新入社員ときたら初日から二時間も遅刻するなんて、**この先が思いやられる**よ。

250 ～を押して/を押し切って

接続	（反対・非難・批判・困難・危険などの）名詞＋を押して、～する

意味 誰かが強く反対や非難したけれども、それを聞かずに何か押し切るだけの価値があり、またそのほうがよかれと非常に強く行為者が思い、ある行動を起こすことを表す。プラス評価でもマイナス評価でも使える。「～を押し切って」とも言う。

訳文 表示虽然受到了强烈的反对或指责，但不顾这些阻滞，仍旧觉得有做该事的价值；或表达了行为者自认为那样比较好的一种想法从而采取了后项行动的意思。该文型既可以表示积极的意思也可以表示消极的意思。"不顾……"、"冒着……"、"对……漠然视之"。

例文 ◇私の妹は両親の反対**をおして**結婚した。（2003 年 1 級）
◇その選手は、39 度の高熱**をおして**、試合に出場していた。
◇大統領は国民の反対と非難**を押して**戦争を始めた。
◇病気、貧困など、様々な困難**を押して**一人で実験を最後まで行った。
◇お忙しいのは承知しておりますが、そこ**を押して**お願いいたします。
◇救援隊を乗せた船が荒波（あらなみ）**を押し切って**遭難者のいる島のほうへ全速で向かっていった。

251 ～を限りに

接続	（1）（時間・時期）名詞＋を限りに

意味 「今日・今回・今月」などの時を表す名詞の後ろに付いて、今まで続いていたことが今後はもう続かなくなる、という意味。その最後の期限を表す。あらたまった硬い言い方。

訳文 接在「今日・今回・今月」等表示时间的名词之后，表示在此之前一直在持续的事情从此以后不会再继续下去的意思。表示其最后的期限。郑重生硬的表达方式。"以……为截止日期"、"到……为止"。

例文 ◇今日**を限りに**タバコをやめることにした。
◇このグループは今回のコンサート**を限りに**解散することになった。
◇今月**を限りに**、当サービスは終了させていただくことになりました。
◇今年度**を限りに**この講座の受講生募集を行わないことになりました。
◇私の好きな野球選手が、健康状態を理由に今季**を限りに**引退するらしい。
◇鈴木アナウンサーはきょうのサッカーの試合の中継放送**をかぎりに**

引退した。（1997年1級）

接続	（2）（声・力）名詞＋を限りに/の限りに
意味	「声・力」など一部限られた名詞の後ろに付いて、前件を最大限にして、惜しみなく使い切って後件をする、という意味。ほとんど慣用表現として使われる。
訳文	接在「声・力」等一部分极其有限的名词之后，表示以前项为最大限度，用到极限做某事。多为惯用的表达。"以……为最大限度"、"尽最大的……"。
例文	◇天まで届けとばかりに、声<u>を限りに</u>歌った。（2006年1級） ◇雪山で遭難した彼女は声<u>を限りに</u>助けを呼んだ。 ◇オリンピック大会で、自分のチームを声<u>を限りに</u>応援した。 ◇どんなことがあっても、力<u>の限りに</u>最後までやり抜きたい。 ◇市民マラソンに力<u>を限りに</u>走っていた身体障害者の彼の姿は、人々を深く感動させた。

252 ～を皮切りに（して）/を皮切りとして

接続	名詞＋を皮切りに（して）/を皮切りとして
意味	それを始まり、出発点として、という意味。あとには連続して、同じあるいは同じような事態が続く。
訳文	以前项的事情为一个开端，后项一连串的同类事情紧接着发生。并且含有以此为开端，此后有飞跃发展的意思。"以……为开端"。
例文	◇人気グループのコンサートが、東京<u>を皮切りに</u>全国30ヶ所で開かれる。 ◇担当者の逮捕<u>を皮切りに</u>、汚職事件の真相が次々と明らかになった。 ◇その新人作家は、芥川賞<u>を皮切りに</u>新人文学賞をさらっていった。 ◇神戸での出店<u>を皮切りに</u>、そのケーキ屋は全国にチェーン展開している。 ◇当劇団は評判がよく、明日の公演<u>をかわきりに</u>、今年は10都市を回る予定である。（2005年1級） ◇その会社は、先週発表した新車<u>をかわきりに</u>、次々と新しい車を発表するそうだ。（2008年1級）
注意	「～を皮切りに(して)/を皮切りとして」は「～を出発点に～を始める」という意味を表す。後には、同じような行動や出来事が次々に起こり、発展していくという意味の文が来る。一続きであることがはっきりしている場合に使う。自然現象や良くないことにはあまり使わな

い。なお、後には、新しい行為の開始は表す場合は「〜をきっかけに/を契機に/を機に」を使う。

◇彼を皮切りに（×をきっかけに）、続々と発言者が手を挙げた。

<同類の行為>

◇腰痛になったのをきっかけに（×を皮切りに）水泳を始めた。

<新しい行為>

253　〜を機(き)に/を潮(しお)に

接続	名詞＋を機に/を潮に
意味	「〜を機に」は中級文法項目「〜をきっかけに（にして/として）」と同じ意味で、ある特別な出来事、あるいは個人的なことを取り上げ、それが機会・動機となって何か新しい行為を始めるときに使われる。「〜を潮に」は「〜を機会に〜をやめる」という意味で、良くない習慣や行為をやめるときによく使われる。
訳文	「〜を機に」和中級文型「〜をきっかけに（にして/として）」的意思相同，常用于举出一些特别的情况或个人事情，并以此为机会、动机开始某一新的行为事项。而「〜を潮に」则用于表达以前项为契机再也不做某事的意思。常用于戒除掉一些个人的不好习惯或行为等。"以……为契机"、"借……的机会"。
例文	◇創業50周年を機に、会社の名前を変更することにした。 ◇離婚を機に、彼女は、住み慣れた東京から京都へ引っ越した。 ◇災害を機に、多くの人が危機管理に関心を持つようになった。 ◇ドイツ留学を機に、異文化コミュニケーションへの興味が高まった。 ◇今回の入院を潮に、酒もタバコもやめようと思っているんだ。 ◇刑事さん、私もこれを潮にやくざ渡世(とせい)から足を洗います。 ◇A「子どもが産まれたのを潮に、麻雀(マージャン)仲間との付き合いをやめたよ。」 　B「これを機に麻雀(マージャン)したつもりで、その金を積み立て貯金にしたらどう？」 ◇山川鉄道は、3月で開業90周年を迎えるのを機に、最新型車両を導入し、15日から営業運転を開始する。（2010-2　N1）

254　〜を禁(きん)じ得(え)ない

接続	（感情を表す）名詞＋を禁じ得ない
意味	「怒り・憤り・憎しみ・悲しみ・哀れみ・喜び・驚き・同情・涙・失

望」などの名詞に付いて、物事の様子や事情を見て、心の中から自然にそのような気持ちが起こってきて意志の力では抑えることができない、という意味。書き言葉、日常会話ではあまり使わない。

| 訳 文 | 接在「怒り・憤り・憎しみ・悲しみ・哀れみ・喜び・驚き・同情・涙・失望」等感情类名词后，表示在了解某事情的情况或看到某事情的样子之后内心自然而然的产生某种意志所无法抑制的感情情绪。书面语。日常会话中一般不使用。"不禁……"、"忍不住……"。 |

| 例 文 | ◇事故で家族を失った人の話を聞いて涙**を禁じえなかった**。 |

(1997 年 1 級)

◇戦争の映画や写真を見るたびに、戦争への怒り**を禁じえない**。

(2000 年 1 級)

◇私たちは、彼の突然の辞職に、戸惑い**を禁じえない**。

(2004 年 1 級)

◇この事件の犯人には、強い怒り**を禁じ得ない**。 (2009-2　1 級)
◇幼い子供を誘拐して殺したなんて、憤り**を禁じえない**。
◇大臣の要領を得ない答弁を聞いて、失笑**を禁じえなかった**。
◇彼があの会社の社長になったなんて、驚き**を禁じえなかった**。
◇家族の一員として、皆で可愛がっている犬が死んでしまい、悲しみ**を禁じえない**。

| 注 意 | 主語は普通一人称だが、文中に表れないことが多い。三人称に使うときは、文末に「そうだ・ようだ・らしい」などを付ける必要がある。 |

◇戦争で子供を亡くした彼の話を聞いて、小林氏は涙**を禁じ得なかった**そうだ。

255 ～を境に（して）/を境目に（して）/～をピークに（して）

接 続	名詞＋を境に（して）/を境目に（して）/をピークに（して）
意 味	「～を境に」は「～を分岐点に・分かれ目に」という意味を表し、「～をピークに」は「～を最高峰・絶頂に」という意味を表す。「ピーク」は一つだが、「境/境目」は分岐点なので、いくつも取り上げることも可能である。新聞紙上や学術論文などで、統計資料に立って評論を加えるときによく使われる。なお、対応する自動詞の使い方もあるが、その場合、「～がピークになって」「～が～境になって」という形にる。
訳 文	「～を境に」表示"以……为分界点、分叉口"的意思；「～をピークに」表示"以……为巅峰、最高程度"的意思。"巅峰、最高潮"是一个，但"分界点、分叉口"可以举出好几个。多用于报纸或学术论文中基于统计数据等资料加上评价的场合。

◇秋分の日を境にして、昼よりも夜の時間が長くなります。

◇この街は、線路を境に住宅地と工業地に分かれている。

◇彼に出会った日を境に、私の人生は大きく変わった。

◇私は 40 代の前半を境に、急に体力の衰えを感じるようになった。

◇生死をさまよう大病(たいびょう)をしたのを境に、人生観が大きく変わった。

◇オイルショックを境にして、日本は省資源・省エネルギー型経済への転換を進めた。

◇首都圏の地価は、バブル期をピークに値崩れを始めた。

◇日本では 1967 年をピークに 18 歳人口の減少過程に入った。

◇通勤ラッシュは朝の 8 時前がピークになっているが、解決できない問題ではない。

◇文化サークル活動は昭和 43 年をピークに隆盛(りゅうせい)を過ぎ、今日ではカルチャーセンターが花盛(はなざか)りだ。

256 ～を尻目(しりめ)に（して）

接　続　名詞＋を尻目に（して）

意　味　慣用句「尻目にかける」は、目をちょっと向けるだけで、まともにとりあわない態度をとる、という意味。文型として、相手あるいはその場の様子をちらっと見るだけで、あとは構わず・問題にせず、自分の行動を進める様子を表す。

訳　文　慣用句「尻目にかける」原意是"斜楞眼睛瞅人"，引申表示"只是稍微看了一眼，采取不当一回事的态度"。作为文型表示"仅稍微瞥了对方一眼或看了一下当下的样子，而后不予理会、不放在眼里、无视"的意思。"（有瞥到但最终）无视……"、"对……视若无睹"。

例　文　◇次々に転倒する選手たちを尻目に、彼は飛ぶようにゴールインした。

◇ほかの選手が苦労しているのを尻目に、ひとりで先頭を走っている。

◇受験勉強をしている同級生たちをしりめに彼女は推薦で大学に合格した。

◇彼は忙しく働いている人たちをしりめにさっさと自分の仕事を片付けて帰った。

◇一生懸命働いている社員をしりめに社長は優雅にゴルフや旅行を楽しんでいる。

◇あの学生は校則をしりめに遅刻したり欠席したりしたので、学校に退学を告げられた。

257　〜を頼りに/〜を盾に/〜を笠に

接　続　名詞＋を頼りに/を盾に/を笠に

意　味　「頼り」は「依存する人やもの」を表し、「盾」は「自分を守る手段・利用する人やもの」を表すから、「〜を頼りに」は「〜を助けに」、「〜を盾に」は「〜を利用して」の意味になる。なお、「〜を盾に」とほとんど同じ意味を表すのが「〜を笠に/を笠に着て」だが、これは「（他人の力）を利用して」という意味になる。両者の違いは、「〜を盾に」は自分に属する物力を利用するが、「〜を笠に/を笠に着て」は他人（主に上位者や組織）の力を借りて悪いことをするときに使われる。どちらもいい意味で使われることはない。

訳　文　「頼り」表示"依靠、依赖的人或物"的意思；「盾」表示"防护、挡箭牌"的意思。所以「〜を頼りに」即"依靠……、依赖……"；「〜を盾に」即"利用……为借口、以……为挡箭牌"的意思。另外，和「〜を盾に」近意的「〜を笠に/を笠に着て」則是"利用别人力量、仗势"的意思。両者的区别在于「〜を盾に」利用的是从属于自己的事物力量，而「〜を笠に/を笠に着て」是在表达仰仗他人（上层人士或组织）的力量做坏事时使用的文型。両者均不用于积极意义的句子。

例　文　◇月の光だけ<u>を頼りに</u>、私たちは山の中を進んで行った。
　　◇幼い頃の記憶だけ<u>を頼りに</u>、彼は自分の生まれた家を見つけ出した。
　　◇バイトによる収入<u>を頼りとして</u>暮らしている外国人留学生が多いようだ。
　　◇あなたあっての私です。あなたがいなければ、これから私は何<u>を頼りにして</u>生きていけばいいのですか。
　　◇慣例にないの<u>を盾に</u>、役所は老人たちの切実な要求を拒絶した。
　　◇親の威光_{いこう}<u>をかさに</u>、息子は勝手放題をしている。
　　◇金の力<u>をかさに</u>着ての悪逆_{あくぎゃく}非道_{ひどう}の数々、断じて許せない。
　　◇相手の失言<u>を盾に</u>とって、あれこれ個人の人格攻撃をするのは卑劣としか言いようがない。

258　〜を〜に控えて/〜に〜を控えて

接　続　事柄＋を時間・場所名詞＋に控えて
　　　　時間・場所名詞＋に事柄＋を控えて

意　味　動詞「控える」は「待機する・抑制する・間近にする」などの意味があるが、この文型は「〜を間近にして」という意味を表し、時を表すときは「（こと）を（いつ）に控えて」と「こと」と「とき」を同時

に表現できるところに特徴がある。

| 訳　文 | 动词「控える」含有"等候待命、节制减少、临近面临"等意思。作为文型，表示某个时期已经临近，有一种"迫在眉睫"的临近感。也可以用来表示临近某地理位置。"面临……"、"……即将来临之际"。 |

例　文 ◇能力試験を10日後に控えて/10日後に能力試験を控えて、学生たちは、目の色を変えて猛勉強している。

◇１週間後に開幕戦を控えて、選手たちの練習にも熱が入ってきた。

◇妹の結婚式を間近に控えて、我が家は、何となく落ち着かない雰囲気だ。

◇金融自由化を目前に控えて、銀行業界は競争力を強化するために企業体質改革に躍起になっている。

◇しばらくして、私たちは山を背後に控えた村に入りました。

◇そのホテルは前は海に面し、後ろに山を控えた風光明媚な場所に建っている。

◇駅前の新しい喫茶店は、明日の開店をひかえてすっかり準備が整い、あとは客を待つばかりになっている。　（1999 年 1 級）

◇田中君は先週ずっと授業を休んでいて、試験を受けなかった。卒業を控えた身でありながら、海外へ遊びに行っていたらしい。

（2000 年 1 級）

259　〜を踏まえ/を踏まえて

| 接　続 | 名詞＋を踏まえ/を踏まえて |

| 意　味 | 「報告・議論・事実・実情・現状・状況」などの名詞に付いて、それを基礎・土台にしてよく考えた上で、何かをする、という意味。 |

| 訳　文 | 接在「報告・議論・事実・実情・現状・状況」等名詞的后面，表示以其为基础或把前项充分考虑进去，做后项的事情。"依据……"、"根据……"、"立足于……"、"考虑到……"、"在……基础上"。 |

例　文 ◇今年度の反省をふまえて、来年度の計画を立てなければならない。

（2001 年 1 級）

◇現在の状況を踏まえて、今後の計画を考え直す必要がある。

（2007 年 1 級）

◇現状を踏まえて、よりよい政策を立てたいと考えていると首相は語った。

◇本日の会議では、こちらの報告書の内容をふまえて、今後の我が社の経営方針を話し合いたいと思います。

◇我々は伝統を踏まえて、現実と社会の変化に対応する未来の可能性を追求していこう。

260 〜を経て

接 続	名詞＋を経て
意 味	その過程を通り、あることをする。または、ある段階を経験して後件になる。結果よりもその過程を強調する表現。
訳 文	表示经过某个过程或某个阶段之后再去做后项的事情。比结果更强调过程的表达方式。"经过……"、"通过……"、"历经……"。
例 文	◇新しい条約は、議会の承認**を経て**認められた。 （2003年1級） ◇厳しい予選**を経て**、決勝に10チームが進んできた。 ◇ドラマのエキストラ**を経て**、今の主役の座をつかんだ。 ◇私は企業の管理職**を経て**、今は経営コンサルタントをしています。 ◇彼に手紙を送ってもう3カ月**を経た**のに、何の返事も来ない。 ◇彼は戦場で生死の境をさまようような経験**を経て**以来、すっかり人が変わってしまった。 ◇入試資格審査、第一次試験、第二次試験および口述試験**を経て**、この大学院に進学した。
注 意	「〜を経て」は経過や経由の意味を表すが、中級文型「〜を通して」と重なる用法もあるので、それを対照させてみる。 ◇10年の歳月**を経て**（○を通して）、ついに司法試験に合格した。 <div align="right">＜時間＞</div>◇正規の手続き**を経て**（○を通して）、面会を申し込んでください。 <div align="right">＜過程＞</div>◇幾多の困難**を経て**（○を通して）、今の地位を築いた。　＜経験＞ ◇香港**を経て**（×を通して）、シンガポールに行く。　＜経由地＞ 例えば、「〜を通して」は経由地を表せないので、「香港を通して、シンガポールに行く」と使うと、「（香港の人脈）を通して」という手段・方法の意味になってしまう。「〜を経て」は主に場所や時間の時に使う。

261 〜をもって/〜でもって/〜をもちまして

接 続	（1）（時間・時期を表す）名詞・指示詞＋をもって/をもちまして
意 味	開始や終了の区切りのときや限界点を明示する基準・境界。公式文書や挨拶などで使う、硬い表現。「〜をもちまして」は、丁寧な言い方。
訳 文	表示开始或结束的时间，也可以明示界限点的基准、境界等。属于比较生硬的说法，用于正式文件或寒暄等。「〜をもちまして」是其郑重的说法。"以……（为起始点）"、"于……开始"、"于……结束"。
例 文	◇弊社は本日**をもちまして**創立100周年を迎えました。

◇以上をもって、今回のシンポジウムは、すべて終了しました。

◇2月20日<u>をもって</u>願書受け付けを締め切ります。遅れないように
出してください。

◇<u>誠に勝手ながら、当店は10月30日<u>をもって</u>閉店いたしました。</u>

（2009-2　1級）

◇乗客の減少が続いていた竹山鉄道が、今年の3月31日<u>をもって</u>廃
止された。（2013-1　N1）

◇来年2月のコンサート<u>をもって</u>解散するバンド「Z」が6枚目にし
て最後となるCDを発売した。（2014-2　N1）

◇（司会者）「本日の結婚パーティーは、これ<u>をもちまして</u>お開きと
させていただきます」。

✎「お開き」は、会合や宴会などを終わりにすること。特に、婚礼などの祝宴に
用いる。意味合い的には「会が終わる」「会を閉じる」といった言い回しにな
るが、「終わる」「閉じる」といった言葉が縁起が悪く、忌み言葉となるため、
「終わり」のような不吉な意味の語を連想させる言葉を避けるために、わざわ
ざ逆に言い、「お開き」のような他の言葉を使うのである。

接続	（2）名詞＋をもって/でもって
意味	動作、行為が行われる手段や状態を表す。格助詞の「で」とほぼ同じ だが、身近で具体的な道具や手段にはあまり使われない。書き言葉。
訳文	表示动作行为进行的手段或状态。相当于格助词「で」的用法，但一般 不用来表示身边具体的工具、手段。书面语。"以……"、"用……" "凭借……"。
例文	◇面接の結果は、1週間後メール<u>をもって</u>お知らせします。 ◇選手たちは自信と団結力<u>をもって</u>、優勝を勝ち取った。 ◇彼はリーダーシップ<u>をもって</u>、会社を成功させた。 ◇目には目を、歯には歯を。武力には武力<u>をもって</u>対抗する。 ◇彼女はまれな歌唱力と美貌<u>をもって</u>、スターになった。 ◇誠実な山田さんは非常な努力<u>をもって</u>問題解決に当たりました。 ◇プレゼントに当選された方には来月上旬にお届けいたします。なお、 　プレゼントの発送<u>をもって</u>当選者の発表に代えさせていただきます。 ×この紙を10枚ずつクリップ<u>をもって</u>留めておいてください。 　　　　　　　　　　　　　　→具体的な道具（～で　○）
注意	「～をもって」はほとんど「～でもって」と置き換えが可能である。 ただし、原因・理由のときは「～をもって」を使うと不自然になるの で、「～でもって」だけに使う。 ◇拍手で（○でもって/○をもって）二人を迎えましょう。 　　　　　　　　　　　　　　　　　　　　　　＜手段・方法＞ ◇60点で（○でもって/○をもって）合格点とする。　＜基準＞

◇今日で（○でもって/○をもって）会社を辞めます。　＜限定＞
◇戦争で（○でもって/×をもって）多くの人が死んだ。

＜原因・理由＞

説　明	①「AをもってすればB」という順接の形で、大変な状況であってもAという手段・ものを有効に使えばBといういい結果が出せる、何とかなるという話し手の判断。Aの力を高く評価することを表す。
訳　文	使用「AをもってすればB」这一顺接的形式，表示即使处于非常的状态下，有效地使用A这种手段或东西的话，也能达到B这一好的结果。表示说话人做出最终能实现的判断。对前项A的力量做出高度评价。"如果凭借……的话"。
例　文	◇君の能力<u>をもってすれば</u>、どこに行ってもやっていけると思う。 ◇彼女の深い愛情<u>をもってすれば</u>、今の学校教育を変えることは不可能ではない。 ◇彼女の美しさ<u>をもってすれば</u>、どんな宝石も輝きを失うでしょう。 ◇彼の実力<u>をもってすれば</u>、能力試験で満点を取ることも夢ではない。 ◇彼の才能<u>をもってすれば</u>、世界的なコンクールでも優勝できるだろう。
説　明	②「Aをもってしても～否定表現」という逆接の形で、Aという手段・ものを使ってもいい結果は出せないという意味になる。
訳　文	使用「Aをもってしても～否定表現」这一逆接的形式，表示即使使用A这种手段或东西，也无法出现好的结果。"即使凭借……也不…"。
例　文	◇現代の科学<u>をもってしても</u>、解明できない謎はたくさんある。 ◇チームの団結力<u>をもってしても</u>、ライバルに勝てなかった。 ◇たとえ自信<u>をもってしても</u>、必ずしもうまくできるとは限らないよ。 ◇彼の経済力<u>をもってしても</u>、彼女の愛を手に入れることはできない。 ◇空手で鳴らした彼<u>をもってしても</u>、かなわなかった相手とあっては、私たちではとても歯が立ちません。 ◇現代医学<u>をもってすれば</u>結核やコレラは容易に治せるようになったが、癌やエイズは未だに現代医学<u>をもってしても</u>治せないでいる。
慣用句	「身をもって」（亲身体验、以身作则）は慣用的な言い方で、「自分の体で、自分自身の体験として」という意味。 ◇日本に来て、地震の恐ろしさを<u>身をもって</u>経験した。 ◇今回のアルバイトで私は働くことの厳しさを<u>身をもって</u>経験した。 ◇戦争中の苦労は、<u>身をもって</u>体験した人にしか分からないだろう。 ◇外交官としてどう対処するべきか、彼女は<u>身をもって</u>示した。

（2006年1級）

262 ～をものともせず（に）

接　続	（困難な状況などを表す）名詞＋をものともせず（に）
意　味	厳しい条件を克服して、それに立ち向かう、ということを表す。前項の困難や障害を承知の上で敢えて後項を選択するときの表現で、行為者の勇気や勇敢さに対する話者の賛嘆が込められている。書き言葉。
訳　文	表示克服艰难的条件，并与之抗衡的意思。即不把前项的困难状况或重重难关视为问题，在后项采取较为积极的行为或态度。含有说话人对行为人明知前项的困难和麻烦，但仍旧采取了后项的行为或选择的这一勇气可嘉的感叹。"不顾……"、"不畏惧……"。
例　文	◇部長は批判<u>をものともせず</u>に、自分の責任を最後まで果たした。 ◇悪天候<u>をものともせず</u>に、冒険家はヨットで世界一周の旅に出た。 ◇マスコミの非難、中傷<u>をものともせず</u>に、彼は選挙に勝ち、堂々と首相の地位に就いた。 ◇彼女は３度の足のけが<u>をものともせず</u>、オリンピック代表選手になった。（1997年1級） ◇周囲の反対<u>をものともせず</u>、兄はいつも自分の意見を通してきた。 （2002年1級） ◇彼はたび重なる困難<u>をものともせず</u>、前に進んでいった。 （2005年1級）
注　意	大きな困難や障害になるような状況を表す言葉（反対・批判・困難・非難・危険・失敗・悪天候など）に付き、努力してそれを乗り越え、好ましい結果に達することを強調する。話者自身のことには使わない。
説　明	類義文型の「～をよそに」が「すべきことをしないで」という非難の気持ちで使われるのと対照的である。例えば同じ文脈で使っても、以下のように全く異なる評価になる。 ◇吹雪をものともせず、男は山に登った。＜勇気ある行為＞ ◇吹雪をよそに、男は山に登った。　＜無謀で愚かな行為＞

263 ～を余儀なくされる/～を余儀なくさせる

接　続	（動作）名詞＋を余儀なくされる/を余儀なくさせる
意　味	「余儀」は、ほかの方法の意味。「余儀ない」は、古語の形容詞で「他に方法がない、仕方なく、やむをえない」という意味。自然の力や本人の力では及ばない、どうしようもない強い力のために、仕方なくそうした、という諦めの気持ちがある。
訳　文	「余儀」指其他的办法。「余儀ない」是古语形容词，表示"别无他法、无可奈何、不得已"的意思。由于自然的力量或本人能力所不及，

或迫于外界的强大力量而不得已、无可奈何地做某事。带有一种断念放弃的心情。

形　式	（1）Aは/が～（ため/ゆえ/ので/で/によって）Bを余儀なくされる

意　味　「～を余儀なくされる」受身の形で、「ある原因で、自分の意志に反して、仕方なく～という苦しい選択をしなければならなくなる」という意味。自分ではどうすることもできない大きなものや自然の力によって、本来ならばしたくないことをしなければならないという話者の不満や残念な気持ちを表す表現。

訳　文　用「～を余儀なくされる」被动的形式，表示"由于某一不可抗力的原因，说话人不得不违反自己的意志、违心的做出后项痛苦的选择"。是对自己无能为力的重大事情或自然现象，按理说不想做的事情，不得不做的这一说话人不满或遗憾心情的表达。"A（由于……）而不得不B、被迫违心的做出B"。

例　文　◇台風によって、私たちは旅行の中止**を余儀なくされる**。
◇収入が少ないし、年も取っているので、私は独身**を余儀なくされている**。
◇出席したかったが、子供が急に熱を出して、欠席**を余儀なくされました**。
◇うちの店は、今までは何とか値上げをせずにやってきたが、ここのところの材料費の値上がりなどで、値上げ**を余儀なくされた**。
◇キャリアウーマンだった彼女は、親の介護のために帰郷**を余儀なくされた**。
◇地震により家が倒壊し、人々は仮設住宅での生活**を余儀なくされた**。
◇道路拡張の工事のために、この周辺の人々は引越し**を余儀なくされた**。（2002年1級）
◇不正な取引が明らかになり、その取引に関わった会社役員は辞職**を余儀なくされた**。（2007年1級）

注　意　なお、例文では取り上げなかったが、「～のやむなきに至った」も「～を余儀なくされる」と同じ意味を表している。
◇私たちは相手にこちらの弱点を突かれて、妥協**を余儀なくされた**。
→私たちは相手にこちらの弱点を突かれて、妥協**のやむなきに至った**。
→私たちは相手にこちらの弱点を突かれて、**やむを得ず妥協した**。

形　式	（2）Aは/が～（Bに～）、Cを余儀なくさせる

意　味　「～を余儀なくさせる」使役の形で、「～という苦しい選択をさせる・そうせざるを得ない状態にする・相手に～を強制する」という意味。相手のそれをしたくないという思いに反して、もう一方の意志や都合でそういう辛い状況、大変なことをさせてしまう。

訳 文	用「～を余儀なくさせる」使役的形式，表示"强迫地让对方做出某一痛苦的抉择或陷入某一不得已的状态"。当对方不想做一件事情的时候按照与对方的想法相反的另一方的意志或理由，让人做痛苦的事情或不愿意做的事情。"A迫使（B/我、我们）不得不C……"。

例 文	◇台風は私たちに旅行の中止**を余儀なくさせる**。

◇収入が少ないし、年も取っていることが、私に独身**を余儀なくさせている**。

◇出席したがていったが、子供が急に熱を出して、欠席**を余儀なくさせました**。

◇深刻な金融危機が、その会社にリストラ**を余儀なくさせた**。

◇両国関係の悪化が、共同開発プロジェクトの中止**を余儀なくさせた**。

◇サッカー選手になりたかったのだが、家庭の事情は太郎に家の商売を継ぐこと**を余儀なくさせた**。

◇A社はB社にプレッシャーをかけ、そのリゾート計画の中止**を余儀なくさせた**。

◇この会社に入ってわずか一ヶ月だったが、家の事情が彼に辞職**を余儀なくさせた**。

264 ～をよそに

接 続	名詞＋をよそに
意 味	「よそ」は「無関心・ひとごと」という意味を表す語で、「～をよそに」は「本当は自分に関係のあることととらえなければいけないのに、自分とは関係ないものとして無視する」という意味を表す文型になる。非難の気持ちがある。前には「心配・非難・期待・不安・忠告」などの語がよく来る。
訳 文	「よそ」是表示"不关心、旁人的事"的词。文型「～をよそに」表示"把本来与自己有关的事情当成与自己无关的事情无视、漠不关心"的意思。带有说话人指责的心情。前项常接「心配・非難・期待・不安・忠告」等词。"漠视于……"、"不顾及……"、"无视……"。

例 文	◇国民の不安**をよそに**、政府の方針は二転三転している。

◇医者からの忠告**をよそに**、彼は毎晩のように酒浸りの生活を続けている。

◇地下鉄の中で、周りの人々の冷たい視線**をよそに**、あの若い男は終点まで優先席に座っていた。

◇住民の反対運動が盛り上がるの**をよそに**、高層ホテルの建設工事はどんどん進められた。（2000年1級）

◇親の期待**をよそに**、子どもたちは毎日ゲームに熱中している。

（2004 年 1 級）

◇あの人は周りの心配**をよそに**、好き勝手に振舞っていた。

（2007 年 1 級）

注　意	「～をよそに」は知らん顔をして他人事のように振る舞う情景が浮かんでくる表現で、非難の感情が強く表れる。マイナス評価。

265　～んがため（に）

接　続	動詞ない形＋んがため（に） （する→せ＋んがため（に））
意　味	「ん」は文語の推量助動詞「ぬ」の音便形。「～という目的を持って、そうしようと思う」という意味。「ぜひ実現させたい積極的な目的を持ってあることをする」と言いたいときに使う。文語的な硬い表現。
訳　文	「ん」是文语推量助动词「ぬ」的音变形。表示"为了前项的某一目的想要做某事"的意思。表达了一种"无论如何想要实现某事，带有积极的目的做某事"的意思。生硬书面语。"为了……"。
例　文	◇事実を明らかにせ**んがため**、あらゆる手を尽くす。（2000 年 1 級） ◇国会に法案を通さ**んがために**、首相は根回し工作を開始した。 　　　　　　　　　　　　　　　　　　　　　　　（2003 年 1 級） ◇夢がかなえ**んがため**、日々努力している。（2008 年 1 級） ◇人間は生き**んがために**、心ならずも悪事を行ってしまう場合がある。 ◇災害から復興せ**んがために**、地域が一つになって頑張っている。 ◇今度の大会で優勝せ**んがために**、毎日早朝（そうちょう）トレーニングを積んでいる。 ◇この仕事を期日までに完成させ**んがため**、皆昼夜を問わず頑張っている。 ◇自らの罪を逃れ**んがため**、彼は虚偽（きょぎ）の証言をしたばかりか、他人に罪をなすりつけた。
注　意	重大な目的を表す言葉（意志動詞）に付き、後にも意志的行為を表す文が来る。依頼や命令、働きかけを表す文は来ない。日常的な場面では使わない。 ×大学に進学せんがために頑張ってください。 ×パンを買わんがためにスーパーに行く。

266　～んだった/～んじゃなかった

接　続	動詞辞書形＋んだった/んじゃなかった
意　味	「～んだった」の形で、実際にはしなかったことについて、それをし

ておけばよかったと後悔している気持ちを表す。それに対し、「〜ん
じゃなかった」の形で、実際にはしなくていいことをしてしまったと
きの悔やんでいる気持ちを表す。両方とも過去の事柄について悔恨の
念を強調する。話し言葉。

訳　文	以「〜んだった」的形式表示说话人后悔没做某件事，觉得“如果那时做了就好了”的意思。与此相对，以「〜んじゃなかった」的形式表示说话人后悔做了某件事，觉得“如果那时没有没有那么做就好了”的意思。两者均是强调对过往事情的后悔、悔恨。口语表达。 “如果当初（不）……就好了”、“当初真（不）应该……”、“早知道就（不）……了”。

例　文	◇あの人のメールアドレスを忘れちゃった。どこかにメモしておく**んだった**。 ◇あと10分あれば間に合ったのに。もう少し早く準備しておく**んだった**。 ◇試験は悲惨な結果だった。こんなことなら、もっとしっかり勉強しとく**んだった**。 ◇あのとき、彼と向き合って真剣に話を聞いてあげる**んだった**。 ◇ああ、あんな負け方するぐらいなら、始めからやる**んじゃなかった**。 ◇ああ、百万円も負けた。彼女の儲け話なんて聞く**んじゃなかった**。 ◇こんなことになるなんて思わなかった。彼女に話す**んじゃなかった**。 ◇このソファース、ペースとるし、デザインも今一だし、最初から買う**んじゃなかった**。

267　〜んだって/んですって

接　続	動詞普通形/イ形容詞＋んだって/んですって 名詞/ナ形容詞＋な＋んだって/んですって
意　味	「〜だということだ」の変化形で、伝聞を表し原因・理由を説明する。親しい間柄で使うくだけた言い方。信じがたいことだ、という気持ちを含む場合がある。
訳　文	「〜だということだ」的变化形，表示传闻，解释说明原因和理由。用于亲近的人之间的随便的说法。有时带有说话人不能相信的心情。 “据说……”、“听说……”、“（某人）说……”。
例　文	◇A「あの店のお菓子、おいしい**んだって**。」 　　B「そう？じゃ、買いに行こう。」 ◇A「田中さんはお酒が嫌いな**んだって**。」 　　B「うん、そう言ってたよ。」 ◇A「さっき来ていた人はどなたですか。」

B「あの方、新しい先生な**んですって**。」

◇鈴木さんは来月から北海道に転勤する**んだって**。

◇山田さん、明日パーティーに来られない**んだって**。なんか病気になった**んだって**。

◇さっき田中さんから電話があって、今日の野球の試合は天気が悪いから中止な**んだって**。

268　〜んばかりに/んばかりの/んばかりだ

接続　動詞ない形＋んばかりに/んばかりの/んばかりだ

（する→せ＋んばかりに/んばかりの/んばかりだ）

意味　「ん」は古語推量助動詞「む」の変化形。「Xんばかりにy」で、客観的に見て今にもXをしそうなほどの態度や迫力がある、という意味。

訳文　「ん」是古语推量助动词「む」的变化形。用「Xんばかりにy」的形式，表示从客观上来看，好像有马上就会有X的态度或迫力的意思。"几乎显出……的样子"、"几乎就要……"。

例文　◇今にも雨が降り出さ**んばかりの**空模様だ。（1999年1級）

◇田中さんは責任はお前にあると言わ**んばかりの**態度だった。

（2000年1級）

◇新しく来たコーチに対する彼の態度は、コーチとして認めないと言わ**んばかりだ**。（2005年1級）

◇ビデオカメラの調子が悪いので、メーカーに電話した。すると、言葉遣いは丁寧だったが、私の使い方が悪いと言わ**んばかりだ**った。

（2007年1級）

◇自分は関係ないと言わ**んばかりの**夫の言動に腹が立った。

（2009-1　1級）

◇あの先生のスピーチが終わると、割れ**んばかりの**拍手が沸き起こった。

◇彼女に泣き出さ**んばかりに**頼まれたので、仕方なく引き受けた。

慣用句　「〜と言わんばかり」（就像是在说……、简直就是在说……）

「割れんばかり」（几乎就要震碎似的）

注意　実際にはそこまでではないがそれに近いほどの状態を表す。全体として程度が普通ではないことを表す。他の人の様子を言う場合に使い、話者自身のことには使わない。

第2章

日本語能力試験で差をつける
重要「超級表現」
115項目

★スコアアップ

1

☑ **暁(あかつき) に（は）**　　　……的时候、……之际

✎ 名詞＋の/動詞た形＋暁に（は）

➡ある待ち望んでいたことが実現・完成した際。「〜時に（は）」と同じ。

◇当選した<u>暁には</u>必ず公約を実行いたします。
◇入社した<u>暁には</u>、大学で学んだ知識を研究開発に生かしたいです。

2

☑ **あまりの〜に**　　　因过于……而……

✎ あまりの＋（感情・感覚）名詞＋に

➡程度がひどすぎて、そのためにある結果が生じる。後には既定事実のマイナス結果が来るので、意志表現は使えない。❖「に」は生理的・心理的な原因を提示することが多い。

◇今年の夏休みに富士山に登った人は<u>あまりの</u>人の多さ<u>に</u>驚いたと言っていた。
◇友だちから借りた本を読み始めたら、<u>あまりの</u>おもしろさ<u>に</u>食事をするのも忘れてしまった。

3

☑ **いかに〜か**　　　多么的……啊

✎ いかに＋形容詞・形容表現＋か

➡「どれほど/どんなに〜であるか」という意味。程度が非常に甚だしいという意味を含むことが多い。書き言葉で用いられる。

◇完璧を目指すことが、<u>いかに</u>難しい<u>か</u>今回の試験で身をもって体験した。
◇この仕事が<u>いかに</u>精神的な苦労が多い<u>か</u>が、手伝ってみて初めて実感できた。

4

☑ **〜以外の何ものでもない**　　　不是别的，正是……

✎ 名詞＋以外の何ものでもない　＝「正に〜そのもので、否定できない」

➡確実であることを示す表現。「〜である」という意味を強調する。

◇今回の交通事故の原因は運転手の不注意<u>以外のなにものでもない</u>。
◇外国人に部屋を貸さないなんて、差別<u>以外のなにものでもない</u>。

5

☑ **いざ～となると/となれば** 　　一旦真的要……的话，就会……

✎ いざ＋動詞辞書形/名詞＋となると/となれば　≈「～のときは」

➥「～という特別なことを前にして、それ以前はなかったある感情が起こってくる」という意味。

◇緊張なんかしないと思ったが、**いざ**試験の当日**となると**ドキドキした。

◇簡単そうに見えるが、**いざ**自分でやる**となると**、なかなかうまくいかないものだ。

◇店には魅力的な品が並んでいたが、**いざ**買う**となると**なかなか決心がつかなかった。　（2007年1級）

6

☑ **いずれにしても/いずれにしろ/いずれにせよ**

　　　不管怎么样、总之……

➥「いろいろな可能性はあるが、どれを取ったとしてもとにかく」という意味。重点が後ろにおかれ、そのことは本当だ、確かだということを言うのに用いる。「いずれにしても」話し言葉でも書き言葉でも用いられる。改まった言い方では「いずれにしろ/いずれにせよ」となる。

◇彼が辞めるのがいいのかどうかは分からないが、**いずれにしても**このまま放っておくわけにはいかない。

◇パーティーに参加するかどうか、**いずれにしろ**返事は早いほうがいい。

◇やりたい仕事はいろいろあるが、**いずれにしろ**こんな不況では希望する職にはつけそうもない。

◇今日はこの問題にはもう触れませんが、**いずれにせよ**今後も考えていかなければならないとは思っています。

7

☑ **一概に（は）～ない** 　　不能一概而论的（说）……

✎ 一概に（は）＋可能動詞ない形＋ない

　 一概に（は）＋普通形＋と（ばかり）は言えない

➥一般的にはすべて同じように思われるが、実際にはそれぞれ違うので一つにはまとめることができないという意味。

◇**一概に**A型の血液の人がまじめな性格だ**とは言えない**。

◇不景気だからといって、どんな業種も不調だとは**一概には言えない**。

◇地球温暖化とはいっても、世界的に気温が高いとは**一概に**証明**できない**。

8

☑ **一切〜ない**　　　完全不……、一点也不……

✍ 一切＋動詞ない形＋ない　＝「まったく〜ない/全然〜ない」

➥「一つも/少しも〜ない」という意味で、否定の意味を強調する。

◇こちらは添加物を<u>いっさい</u>使用してい<u>ない</u>、ヘルシーな食用油です。

(2010-2　N1)

◇私の会社では、どんな理由があろうと、業務に関するデータや資料を社外
　に持ち出すことは、<u>いっさい</u>認められてい<u>ない</u>。　(2015-2　N1)

9

☑ **一途をたどる**　　　日趋……、越来越……

➥一方向的に進行し続ける、という意味。好ましくない状況への進行を表すことが多い。

◇自動車盗難事件は増加の<u>一途を辿っている</u>のが実情である。

◇石炭の産出は減少し続け、鉄道の輸送実績は低下の<u>一途をたどっていた</u>。

10

☑ **今ひとつ/今一〜（ない）**　　　还差一点、还有欠缺、美中不足

➥完全というには欠けたところのある状態。いま一息。

◇昨日、その話題の映画を見たが、<u>今ひとつ</u>迫力が足り<u>ない</u>気がした。

◇人気作家の最新作を読んではいるが、<u>今ひとつ</u>うまく理解でき<u>ない</u>。

◇このカバンは使い勝手はよいが、デザインが<u>今ひとつ</u>だ。

11

☑ **〜（という）憾みがある**　　　遗憾的是……、略显不足的是……

➥他と比べて不満・残念に思われる点、もの足りなく感じる、という意味。

◇経済の発展ぶりが素晴らしかったが、やや走りすぎた<u>といううらみがある</u>。

◇叙述は淡々としていて、平明であるが、短篇としては、盛り上がりに欠ける
　<u>うらみがある</u>。

12

☑ **覚えはない** 　①我不记得……　②不曾……过、你难道想……吗

✎ 　①動詞た形＋覚えはない　　②動詞受身形（ら）れる＋覚えはない

➠①「私にはそういう経験をした記憶はない」という意味。非難されて自分を正当化するような場合に用いられる。

②相手の行為を述べて「あなたにそういう行為をされるようなことをした記憶はない」という意味を表す。相手に対する非難の気持ちが含まれる。

◇僕は彼女が怒るようなことを言った**おぼえはない**のだが。

◇え？ピザの出前？そんなもの注文した**覚えはない**よ。

◇彼女は、いったいだれだ。僕は、あんな女性に恨まれる**覚えはない**よ。

◇「君のような男にお父さんなどと呼ばれる**覚えはない**。帰ってくれ」と父は、わたしの恋人に言った。

13

☑ **ＡがＡだから（で・ので・し・だもの・もので）**

　　表示一种负面的评价。毕竟是……、终归是……

➠同じ名詞を繰り返し用いて、後には理由を表す言葉がくる。多くの場合、名詞の表すものに対するマイナス評価を意味し、そこから当然出てくる結果を述べるのに用いられる。主体を対比的に取り上げる場合、「が」を「は」に置き換え可能である。

◇もう時間**が**時間だ**し**、今から行ってもあのレストランは閉まってるかもしれないよ。（→食事に行くには遅い時間だ）

◇リストラされた私は、再就職しようと思っているけど、年**が**年だから、なかなか難しい。（→再就職するには高すぎる年齢だ）

◇宿題がない大人がうらやましいと子供に言われたが、大人**は**大人**で**大変なことがいろいろあるのだ。（→大人も大人なりの悩みがある）　　（2015-2　N1）

14

☑ **ＡがＡだけに** 　表示从其性质来考虑。理所当然……

➠同じ名詞を繰り返し用いて、「それが持っている性質から考えると当然」という意味を表す。後ろにはそこから当然のこととして導き出される事柄が述べられる。それがどういう性質を持つかということは、後半部分の記述内容が明らかにならないと分からない。

◇ここの料理は、素材**が**素材**だけに**味も格別だ/大した料理はできやしない。

◇この店は味は大したことはないが、場所**が**場所**だけに**たいていいつも満員だ。（→便利で人が集まりやすい場所）

◇夏休みに水族館に行ったら、時期**が**時期**だけに**親子連れで混雑していた。

（2013-2　N1）

◇学長が収賄容疑で逮捕された。今までも小さな不祥事はあったが、マスコミ
　には騒がれないよう注意してきた。しかし、今回はこと**が**こと**だけに**、マス
　コミの取材からは逃れられないだろう。　（→「事が事だけに」は慣用語とし
　て「重大な事柄なので」という意味を表す）

⑮

> ☑　**ＡがＡなら…（だろうが/だろうに/かもしれないが）**
>
> 要是……就……了（但実際上…）

➡同じ名詞を繰り返し用いて、「もしもそれにふさわしい状況であったら」と仮定する気持
　ちを表す。後ろに、実はそうではない現実のありさまが述べられる。つまり、現実より都
　合のいい状態を仮定して「もしそうならこのような良い結果になるはずだ」ということを
　述べる。現実にはあり得ないことなので、願望がかなわない残念な気持ちや悔しさ、諦め
　などの気持ちが含まれる。

◇時代**が**時代**なら**、この本も売れたかもしれないが、今の時代では人間の生き
　方を問うような本は若い人には読まれない。

　（→生き方を真剣に考える人が多くいるような時代なら）

◇世**が**世**なら**、あいつも出世できただろうに。

　（→あいつを正しく評価してくれるような世なら）

◇俺も大学**が**大学**なら**もう少しましな仕事にもつけたのだろうが、この大学で
　はせいぜいこの会社ぐらいがいいところだ。。　（→もっといい大学なら）

⑯

> ☑　**Ａが/もＡならＢもＢだ**　表示対両者的消极评价、指责
>
> ☞　「親子」や「夫婦」などのセットになっている名詞がくる

➡「ＡがＡなら」の名詞と「ＢもＢだ」の名詞は異なるが、関連性のあるもの。「どちらの
　名詞も同じくらいよくない」というマイナス評価を表す。両方を非難する場合に使う。

◇Ａ「隣のうち、夫婦げんかで警察を呼んだんですって。」
　Ｂ「ご主人**も**主人**なら**奥さん**も**奥さん**だ**よね。」

◇あそこの家の父親は、毎日朝から酒を飲んで暴れている。息子は、仕事もせ
　ず賭けごとに夢中になっている。まったく、父**も**父**なら**子**も**子**だ**。

（1994 年 1 級）

◇「なるほど。それでけんかになったのか。もちろん悪いのは冗談を言った彼
　だけど、それくらいのことで怒った君**も**君**だ**よ。」　（2012-2　N1）

　（→「彼も彼なら君も君だ」の省略で、二人ともよくない・非常識だ。）

17

☑ **～か否(いな)か**　是……还是不……、是否……

✏ **名詞/動詞・イ形容詞普通形/ナ形容詞語幹＋か否か　＝「～かどうか」**

➼「～か否か」は文語表現で、口語の「～か～ではないか/～かどうか」と同義である。

◇その新たな雇用対策が有効である**か否か**、結果が出るのはまだ先のことだ。

◇授業のレポートなどでインターネット上のデータを使用するときは、情報が正しい**か否か**だけでなく、いつのデータかを確認することも重要である。

(2016-1　N1)

18

☑ **～が/は欠(か)かせない**　……是不可或缺的

✏ **名詞＋が/は欠かせない**

➼「～が必要だ/～がないと困る」という意味。

◇医学の進歩は目覚ましい。であるからこそ、医師にとっては常に最新の医療に関する知識と技術を学ぶこと**が欠かせない**ことなのだ。

◇女「今ダイエットしてるから、私にはこのお茶**が欠かせない**の。食後にこれを飲むといいらしいのよ。」
男「ほんとにやせるの？いまいち効果出てないんじゃないか？」

◇現代では日本人の食生活も欧米の影響を強く受けるようになりました。それでも、ご飯と漬物の組み合わせ**は**、日本人の食卓に**欠かせない**ものとして受け継がれています。

19

☑ **～かというと（～ない）**　要说……也并不一定都是……

✏ **普通形＋かというと（＋決して/必ずそうではない）**

➼「Aかというと～ない」で、一般的にはAだと思ってしまいがちだが、実際は全部がAというわけではなく、違うケースもあると言いたい時の表現。

◇「３歳までの育児は母親がすべきだ」と言う人もいるが、子育てをするのが母親でなくてはならない**かというと**、必ずしもそうでは**ない**と思う。

(2010-1　N1)

◇たんぱく質は体の組織を作る重要な成分ですが、多くとったからといって、より丈夫になる**かというと**そういうものでも**なく**、とりすぎは逆に健康に悪影響を及ぼすことがあります。（2014-2　N1）

20

☑ **〜からとて〜ない** 虽说……但也不能……、不能仅因……就……

✏ 名詞/ナ形容詞＋だからとて〜ない　動詞/イ形容詞＋からとって〜ない

➥「それだけの理由で」という意味で、後に述べるような結論を出すことはできないということを述べるのに用いる。「からといって」の文語的表現。

◇病気だ**からとて**、無断で休むのはけしからん。

◇仕事に情熱が持てない**からとて**、家族を養う身としては、簡単にやめるわけにはいかない。

21

☑ 仮^{かり}に〜とすれば/としたら　假如……的话

➥「〜を〜であると仮定して、その時は」「仮定の上で〜と考えれば」という意味を表す。あくまでも仮定の上で事柄や状況を設定し、その場合に成立する事柄を述べる場合に用いる。

◇**仮に**君が言っていることが本当だ**とすれば**、彼は私にうそをついていることになる。

◇**仮に**私の言ったことに何か失礼があった**としたら**、深くお詫びします。

22

☑ 仮^{かり}に〜ても/としても　即使……、即便……

➥「ても/としても」のような逆接的な条件節を伴い、「もしそのようなことが起こっても/それが事実だとしても」という意味を表す。

◇**仮に**人類が月に住めるようになった**としても**、人間の悩みはなくならないだろう。

◇**かりに**手術で命が助かった**としても**、一生寝たきりの生活となるだろう。

23

☑ 〜辛^{かろ}うじて〜　好不容易终于……、勉勉强强……

✏ ＝「危なかったが、なんとか/どうにか〜」

➥「やっとのことで〜した/ようやく〜した」という意味。ぎりぎりでよい結果を得た場合や、最悪の状態を避けることができた場合に使う。書き言葉的な硬い表現。

◇前の車にぶつかりそうになって急ブレーキをかけたら、**辛うじて**助かった。
◇雨でタイヤがスリップした。危ないところだったが、**かろうじて**事故は免れた。

24

☑ **～きっての**　（在…范围中）首屈一指的……、头等的……

✏ **名詞＋きっての＋名詞　＝「～の中で一番～」**

➾接尾辞として、場所やグループなどを表す名詞に付いて、その範囲の中で最もすぐれていることを表す。

◇その町**きっての**ワインを出して、客をもてなした。
◇わが社**きっての**中国通と言えば、森田課長をおいてほかにいないだろう。
◇彼はボクシング界**きっての**二枚目（にまいめ）として絶大な人気を誇る。

25

☑ **お/ご～なく**　请不要……

✏ **お＋和語動詞連用形＋なく　ご＋漢語動詞語幹＋なく**

➾「～しないでください」という意味を表す。敬語表現として使われる。「どうぞ、お/ご～なく」の形が多い。

◇週末まで雨や曇りが続く予報となっています。お出かけの際は傘などを**お**忘れ**なく**。
◇「料理が冷めないうちにどうぞ**ご**遠慮**なく**お召し上がりください」と言われた。
◇体調はもうすっかり良くなりましたので、どうぞ**ご**心配**なく**。

（2009-1　1級）

26

☑ **～こと**　①表示命令或建议"应该……、禁止……"　②表示感叹

✏ **①動詞辞書形/動詞ない形＋ない＋こと**

②名詞/ナ形容詞＋だこと　イ形容詞/動詞ている＋こと

＝「どんなに/なんと～だろう/ことだろう」

➾①文末に用いて、命令やそうすべきだという話し手の気持ちを表す。規則や守るべき指示を伝える表現。文章に書かれることが多い。
②文末におき、状態・性質を表す語に付いて驚きや感動などの感嘆の気持ちを表す。女性的表現。やや上品な言い方。若い世代は男女ともに使わない。話し言葉。

◇休むときは、かならず学校に連絡する**こと**。

◇体育館には土足では入らない**こと**。

◇まあ、この写真の面白い**こと**、懐かしい**こと**。

◇「まあ、なんてきれいな夕焼けだ**こと**。」　（2008年1級）

27

☑　**ことによると/ことによれば/ことによったら**　或許……

☞　＝「もしかすると/もしかして/もしかしたら/ひょっとすると/ひょっとして/ひょっとしたら/場合によっては～かもしれない/可能性もある」

➡「～の可能性は少ないだろうが～かもしれない」という気持ちを表す。また、明示されなくても「たぶんそうならないはずだが」という予想が前提になっているので、「そんなことはないと思うが～かもしれない」のように使うといい。

◇**ことによると**A国の民族紛争は内乱に発展する恐れがある。

◇**ことによれば**、近いうちに二人は離婚ってことになりかねないね。

◇会議には出席するつもりでおりますが、**ことによれば**多少遅れるかもしれません。

◇彼女は見た目は若いけれど、**ことによれば**四十歳を過ぎている可能性がありますね。

28

☑　**さすがの～も**　就连……也……、即使是……也……

☞　さすがの＋名詞（人や動植物）＋も　＝「みんなからの評価の高い～も」

➡「さすがのAもB」で、Aは他とは違うとは思っていたが、そんなAでもやはりBという状況になることがあるという意味。Aが尊敬されている存在ならBは好ましくないこと、Aの評価が低い場合はBは好ましいことになる。

◇彼の失礼極まりない言動に、**さすがの**温和な先生**も**怒りを隠せなかった。

◇**さすがの**チャンピオン**も**年には勝てず、若き挑戦者にあっさり負けてしまった。

◇いつもは感情を表に出さない人だが、愛犬の死に、**さすがの**部長**も**涙を流したらしい。

29

☑　**さぞ～（こと）だろう**　一定……吧、想必……吧

☞　さぞ＋動詞/形容詞肯定形＋（こと）だろう

➡ 自分以外のことや自分では経験したことがないことについて話し手が推測する表現。「こ
とだろう」は書き言葉。「さぞ」の代わりに「さぞかし」も使われる。

◇大事な書類をタクシーの中に忘れて、彼は**さぞ**焦った**ことだろう**。

◇家族と離れ一人で暮らす彼は、**さぞ**寂しい思いをしている**ことだろう**。

◇写真でもこうなのだから、実際に目にするサハラ砂漠は**さぞ**雄大な**ことだろ
う**。

◇A「昨日から、母はタイ旅行に行ってるの。」
　B「へえ、あっちは**さぞかし**暑い**だろう**ね。」

30

☑ 　**～術がない**　　无法……、没有办法做到……

✑　**動詞辞書形＋術がない　＝「動詞ます形＋ようがない」**

➡「すべ」は目的を遂げるための手段、方法、てだてという意味を表す名詞で、「～ようが
ない/～すべがない」はどちらも「～する方法がない」と言う意味を表す。

◇こんなに壊れては、もう直す**術がない**。

◇携帯もつながらず、手紙も返ってきてしまって、連絡する術がないんだ。

◇前代未聞の金融危機で失業者が続出し、政府も経済の悪化に**なす術がない**。

　　✎「なす術がない」は慣用句として使われる。「行えることがない、できる手段がない、
　　手詰まり」という意味で、「施す術がない」などとも言う。

31

☑ 　**せめてもの**　　总算……、还算……

（表示前項程度虽然不能满足，但能够这样已经不错了、也算有一定的安慰了）

✑　**せめてもの＋名詞（救い/慰め）　＝「悪い状況の中で唯一の～」**

➡より ひどいことに比べれば、この程度でよかったという意味。後に来る名詞は「救い」
「慰め」など限られている。

◇火事で家を失ったが、金庫が残ったことだけが**せめてもの**救いだった。

◇彼が起業に失敗し落ち込んでいる間、彼女がそばにいてくれることだけが**せ
めてもの**慰めだった。

32

☑ 　**～そびれる**　　错过机会最终没能……

✑　**動詞ます形＋そびれる　＝「動詞ます形＋損なう/～する機会を逃す」**

➡何かの原因・理由で、その行為をする機会を失う。

◇突然帰国することになったので、先生にお礼を言い**そびれた**。

◇毎年「今年こそは」と思いながらも、買い**そびれる**ものがある。

◇ぜひ見ようと思っていた映画だったのに、忙しくて行き**そびれた**。

（2009-1　1級）

33

☑ **たいして～ない**　　　　不太……、不怎么……

✎　たいして≒あまり　大して変わりはない＝だいたい同じだ

➡後ろに否定をともなって、程度があまり高くないことを表す。マイナス評価を下すような文に使うことが多い。

◇今日は**たいして**寒く**ない**ね。散歩にでも行こうか。

◇ここのラーメンは人気があるが、私は**大して**おいしいと思わ**ない**。

◇新車の性能は確かにアップしたが、デザインは**大して**変わりは**ない**ようだ。

34

☑ **たかが～ぐらいで**　　　　頂多也就是……、充其量……

➡副詞「たかが」は、程度・質・数量などが、取るに足りない、問題にするほどの価値のないという意味。文型として「そんなに小さいことのために～する必要はない、気にしないでよい」と言うときに使う。

◇**たかが**試験に失敗した**ぐらいで**、くよくよすることはない。

◇**たかが**千円なくした**ぐらいで**、泣かなくてもいいだろう。

◇**たかが**一度、失恋した**ぐらいで**、人生をあきらめるのは早い。

35

☑ **～たかと思うと**　　　　刚……马上就……（与预想不同）

✎　動詞た形＋かと思うと　＝「～たと思ったら、違っていた」

➡二つの対比的な事柄がほとんど同時に続いて起こることを表す。後ろには話し手の驚きや意外感を表す表現が続くことが多い。話し手自身の行為について述べることはできない。「～た（か）と思ったら/た（か）と思えば」の形も用いられる。

◇赤ちゃんは笑っていた**かと思うと**、わーと泣き出した。お腹が空いたかな。

◇妹は、今勉強を始めた**かと思ったら**、もう居間でテレビを見ている。

◇今日の天気は変だ。さっきまで大雨だった**かと思うと**、もう青空が広がっている。

36

☑ 〜たものか/〜たらいいものか/〜ばいいものか

该……好呢、不知如何是好

✏ 動詞た形＋ものか/らいいものか 　　　動詞ば形＋いいものか

➡どのように行動すべきか分からず、「どうしたらいいだろうか」と自問し、戸惑う気持ち
を表す。相手がいる場合は疑問の表現としても用いられる。どちらの意味かは文脈から理
解するしかない。この「〜ものか」の話し言葉として、男は「〜もんか」、女は「〜もの
かしら」などが使われる。前に疑問詞と呼応する場合が多い。

◇彼はどうし**たものか**、最近学校に来ないねえ。＜自問＞

　彼はもう卒業し**たものか**、最近、学内で姿を見ないね。＜疑問＞

◇A「卒論のテーマ、決まったの？」

　B「いま何にし**たもんか**って迷っているんだ」

◇彼女の誕生日に何を贈っ**たものか**、う〜ん、困ったなあ。

◇日本語の教材は山ほどあるが、どれをどうやっ**たらいいものか**、さっぱり分
からない。

◇友人からコンサートのチケットをもらったが、仕事で忙しく、行けそうにな
いので、どうし**たものか**と悩んでいる。　（2013-2　N1）

37

☑ 〜（て）いたたまれない　……的受不了、非常……

➡それ以上その場所にとどまっていられない。また、それ以上がまんできない。「ていたた
まらない」とも言う。

◇仲の良い友人２人が喧嘩を始めてしまい、私は**いたたまれなく**なった。

◇自分より弱い相手に負けて、残念**でいたたまれない**気持ちだった。

◇彼女がラブレターを読んでいるのを想像すると恥ずかしく**ていたたまれなか
った**。

☑ 〜ていただける/てもらえるとありがたい・うれしい

您要是能……的话，那真是太感谢了/太高兴了/帮大忙了

➡丁寧な依頼を表す。よく「〜ば/たら/と」など仮定の表現とともに使われて、相手がその
行為をすると「ありがたい・うれしい・助かる」など、話し手にとって好ましい状態にな
ることを述べる表現。文末は言い切らないで、「けど/が」などで終わることが多い。

◇一人では心細いんで、一緒に行っ**ていただけるとうれしい**んですけど。

◇今度のパーティーに、鈴木さんに来**てもらえると**うれしいのです。

◇今度の日曜日、もし時間があったら、引っ越しの手伝いに来**てもらえるとあ**
りがたいんですけど。

39

☑ 　～ているところを見ると　　　　　　从……来看

📖 　★状態から理由、原因を推測する言い方

➡直接の経験を根拠に話し手が推量を述べる場合に用いる。文末には「らしい/ようだ/に違いない」などが使われることが多い。「～ところから」や「～ところから見て」という形が用いられることもある。

◇彼が喜ん**でいるところを見ると**、彼の成績はかなり上がったに違いない。

◇皆が頭を抱え**ているところを見ると**、先の試験はかなり難しかったようだ。

◇平気な顔をし**ているところを見ると**、まだ事故のことを知らされてないのだろう。

40

☑ 　～てしまいそうだ　　　　　　快要……了

📖 　★極端な例を示す

➡極端な例を取り上げて、そのような出来事が起こるところだ。話し手の我慢できない、堪らない気持ちを表す。やや誇張的な言い方。自分自身の行為について述べることが多い。

◇一度にいくつも問題が起きて、頭が爆発し**てしまいそうだ**。

◇毎日毎日暑くて暑くて、もう気が狂っ**てしまいそうだ**。

◇ひどく緊張していて、その緊張は私自身を引き裂い**てしまいそうだ**った。

41

☑ 　てっきり～と思っていた　　認为肯定是……（但事実并非如此）

📖 　＝「勘違いしていた」

➡何らかの根拠、きっかけから推量したことを本当のことだと信じこんでしまったときに、それをあとから解説するのに用いる。「てっきり」は思い込みの深さを強調する。実際には事実ではないことが多い。過去の思い込みにしか使えない。

◇彼は、彼に付き合っている女性がいることを**てっきり**親は知っている**と思っ**
ていた。

◇森さんのことを**てっきり**20代か**と思っていた**が、実は40代だと聞いて驚いた。

◇「高橋さんって、お子さんもいるの？**てっきり**独身か**と思っていた**わ。」

42

☑ **～て何(なに)よりだ** ……太好了、放心了

✎ ★「～てよかった、安心した！」という気持ちを表す

➡心配だったり不安だったことが思ったよりいい結果になり、安心したという話し手の気持ちを表す。「～ず何よりだ」という形も使われる。

◇一時はどうなることかと心配したが、早く退院でき**て何よりだ**。
◇知り合いが登山中に行方不明になったが、無事に発見され**て何よりだ**。
◇先生、すっかりご無沙汰しておりました。でも、元気そう**で何よりね**。
◇祖母が家の中で転んだが、大事に至ら**ず何よりだ**。

43

☑ **～てのける** 敢说敢做、直言不讳（做事干净利落、做决定毫不犹豫）

✎ ＝「やりにくいことを見事に、また、思いきってやってしまう」

➡通常言いにくい・やりにくいとされることを敢えて言う・やる、または平然と言う・やるという意味を表す。ためらわず、苦労せずに、人が驚くことをやってしまう。

◇彼は、どんな困難があっても最後までやり通すと言っ**てのけた**。
◇私たちは、彼女にその能力がないと思っていましたが、彼女はやっ**てのけた**。
◇彼女はほかの人が遠慮して言えないようなことを、平気で言っ**てのける**。
◇彼は読解が得意で、普通の人なら1時間かかる問題をたった30分でやっ**てのけた**。

44

☑ **～ではなかろうか** 是不是……呢、也许会是……吧

✎ 動詞/イ形容詞＋のではなかろうか

名詞/ナ形容詞（なの）＋ではなかろうか

➡話し手の推測的判断を表す。確信度が低く、婉曲的な表現。やや古めかしい言い方で、論説調の書き言葉で使われる。「ではないだろうか/ではあるまいか」とほぼ同じ意味。

◇彼の成績では、この大学は無理**ではなかろうか**。
◇低温続きで、今年の桜はちょっと遅いの**ではなかろうか**。
◇水不足が続くと、今年も米の生産に影響が出る**ではなかろうか**と心配している。
◇ここ2週間、息子は原因不明の微熱が続いている。何か悪い病気**ではなかろうか**と、不安になってきた。

45

☑ **～ても…きれない/きれるものではない**

即使想……也无法完全……　＝「～しても完全には～できない」

☞ 　動詞意向形＋としても＋動詞ます形＋きれない/きれるものではない

➠それをやろうとしても、完全には果たせない。また、状況的にそれは無理だという意味。
　「～きれるものではない」のほうがもっと客観的な言い方。

◇彼の知性は、隠そうとし**ても**隠し**きれるものではない**。

◇他人の気持ちは読もうとし**ても**、なかなか読み**きれない**ものだ。

◇滞在中にお世話になった方々には、感謝し**てもしきれない**。

◇大食いコンテストをやっているが、ラーメン10杯なんて食べようとし**ても**
　食べ**きれるものではない**。

46

☑ **～ても…すぎることはない**　　即使再……也不为过

☞ 　いくら/どんなに＋動詞て形＋も＋動詞ます形＋すぎることはない

➠「何かをしても、それで十分だとは言えない」という意味。

◇いくら用心し**ても**用心し**すぎることはない**。

◇冬山登山は注意し**ても**、し**すぎることはない**。

◇親にはどんなに感謝し**てもも**し**すぎることはない**と思っています。

◇いくらお金があっ**ても**あり**すぎることはない**のだから、貯金するに限ると思
　う。

47

☑ **～ても知らない**　　如果再……的话，可就……

☞ 　動詞て形＋も＋知らない

➠「ある好ましくない状態が続いては、大変なことが起こる恐れがあるぞ」という意味。話
　し手が聞き手を戒めるときに用いられる。悪い事態の発生の時にしか使えない。

◇こうやって毎日休まずに働いては体を壊し**ても知らない**。

◇このまま授業をサボってばかりいては、試験に落ち**ても知らない**よ。

◇私の言うことを聞かないなら、痛い目にあっ**ても知らない**ぞ。

◇戸締りを厳重にしなければ、泥棒に入られ**ても知らない**。油断は大敵だ。

◇朝食ぬきでは、胃を壊し**てもしらない**ぞ。体は何よりのものだから、気をつ
　けてよ。

48

☑ **～てもどうにもならない/てもどうなるものでもない**

即使……也无济于事　　＝「～てもしかたがない」

☞ **動詞て形＋も＋どうにもならない/どうなるものでもない**

➡あることをしても解決には至らないという意味。あきらめの気持ちを含む表現。

◇言ってしまったことは今さら後悔し<u>てもどうなるものでもない</u>。
◇損失が生じた今、部下を責め<u>てもどうにもならない</u>。
◇性格は直らないのだから、あの人に説教し<u>てもどうなるものでもない</u>。
◇どうせ聞いてくれないから、彼にアドバイスし<u>てもどうにもならない</u>。

49

☑ **～でもなんでもない/くもなんともない**

一点也不……、根本不……、什么都不……　　＝「～ではない」

☞ **名詞/ナ形容詞語幹＋でもなんでもない　イ形容詞語幹＋くもなんともない**

➡「そうではない」ということを強調して表す。強く否定して、マイナスの評価を表明する。話し言葉。

◇あんな人、恋人<u>でもなんでもない</u>わ。彼の話は、もうしないで。
◇なんと無責任な発言！あんな男、政治家<u>でもなんでもない</u>。なぜ彼が首相などやっているのだ。
◇自分の夢の実現のためなんだから、こんなの苦労<u>でもなんでもありません</u>。
◇そんなくだらないもの、ほし<u>くもなんともない</u>。

50

☑ **～ても始(はじ)まらない**　即使……也无济于事、即使做……也不能解决

☞ ＝「～ていても何も解決できない」

➡そんなことをしていても、物事は何も進まないし解決しないから、他のことを考えるべきだという話し手の批判的な意見。

◇いつまでも文句を言ってい<u>ても始まらない</u>。前向きに考えよう。
◇失敗を今さら後悔し<u>ても始まらない</u>から、次のことを考えなさい。
◇学生がもっと頑張ってくれなければ、教師だけがやる気を出し<u>ても始まらない</u>。
◇一人でくよくよ悩んでい<u>ても始まらない</u>よ。よかったら、私に話してみて。
◇もうすんだことだし、そんなつまらないことにこだわっ<u>ても始まらない</u>。

51

☑ **～（て）もやむをえない** ……也是无可奈何的、也是不得已的

✏ 動詞て形/名詞＋もやむをえない ＝「～もしょうがない」

➡「何か自分自身では変えられない理由・事情があって、不本意だが～は仕方がない/他に
どうすることもできない」という意味を表す。改まった場での会話で使われるほか、書面
語としてもよく使われる表現である。

◇ここまで業績が悪化するに至っては、工場の閉鎖<u>もやむを得ない</u>と判断し
た。（2009-1 1級）

◇これほどの業績不振では、今年のボーナスはカットされ<u>てもやむをえない</u>
と、社員たちも諦めるだろう。

◇現代は物質的に豊かになっている。だから、ものの大切さがわからない若者
が増え<u>てもやむをえない</u>と思う。（2008年1級）

52

☑ **～てやってもらえるか/てやってもらえないか**

能否请你……呢、希望你能……

✏ ＝「～てもらいたい」＝「～ていただきたい」＝「～てほしい」

➡話し手側に属する人のためにある行為をしてほしいと依頼する場合に使う。

◇彼に日本語を教え<u>てやってもらえない</u>だろうか。

◇彼女、人間関係でかなり落ち込んでるみたいなんだけど、それとなく一度話
を聞いてみ<u>てやってもらえるか</u>。

◇私は彼女の父親に「娘を富士山の頂上まで連れて行ってやっ<u>てもらえない
か</u>」と言われた。

◇そのことはぜひ知りたいんです。もし何か詳しいことがわかったら、連絡し
<u>ていただけないでしょうか</u>。

53

☑ **～て寄越す** ……来（表示对方向我方做出了某一行为来）

✏ 動詞て形＋よこす＝「～てくる」「連絡してよこす」＝「連絡してくる」

➡「相手の動作によって何かがこちらに到達する、こちらへある動作をしむけてくる」とい
う意味を表す。あまり丁寧な表現としては使われていない。ただし身内とかの仲が親密な
場合で使われると親しげな表現となって、そういう関係性が存在しない場合に使った場合
偉そうな感じになるものである。

◇田舎にいる祖父母から故郷きってのりんごを送っ<u>てよこした</u>。

◇物を買うのに店員が商品を投げ**てよこす**とはけしからん。
◇私は、彼が何度も送っ**てよこした**手紙に全然返事を出していなかった。

54

☑　　**〜というのも…からだ**　　　之所以……也是因为……

✎　**★理由を表す文型**

➡すでになされた、あるいはすると決まった行為について、そうなった理由を説明するのに用いる。「も」は、それが特別な行為であることを強調する。「…からだ」の代わりに「…ためだ/ゆえだ/のだ」を用いることもある。

◇小林さんが怒った**というのも**、部下がみんなあまりにも怠惰だった**からだ**。
◇彼女が行かない**というのも**、本当は彼が行かない**から**にほかならない。
◇円高が進んでいる**というのも**、ドル安が進んでいる**から**にほかならない。

55

☑　　**〜というよりむしろ…だ**　　　与其说是……倒不如说是……

✎　**各品詞の普通形**　　　　　　　＝「〜よりも〜のほうがぴったりだ」
（ただし、ナ形容詞と名詞は「だ」が付かないこともる）

➡「AというよりむしろB」で、Aも間違いとは言えないが、Bのほうが表現としてもっと適切だ、ぴったりだという意味。

◇彼の歌は、歌**というよりむしろ**、心の叫びといったほうがいい。
◇新しい部長は、優しい**というよりむしろ**優柔不断なタイプだ。
◇彼は勉強のため**というよりむしろ**、日本の会社に就職するために日本に留学した。

56

☑　　**〜と言えなくもない**　　　也可以说是……、也能说是……

✎　**各品詞の普通形**（ただし、ナ形容詞と名詞は「だ」が付かないこともる）

➡「と言える」ほど断定的ではなく、やや消極的に肯定する言い方。後に逆接的な内容が続いたり、それを暗示したりすることが多い。

◇今の生活は充実にしている**と言えなくもない**が、何か物足りない感じがする。
◇この会社に入った当初は、仕事のあまりのきつさにどうなることかと思ったが、今では慣れてきた**と言えなくもない**。少なくとも、前ほどは疲れなくなった。
◇A「彼女の歌はプロ並みだね。」

B「うーん。まあ、そう**と言えなくもない**けど…」

57

☑　**～といっても言い過ぎではない/過言ではない**

即使说……也不为过、就算说是……也不夸张

✏️　＝「～と言っても極端ではない」＝「～というのが適当である」

➡️「そのように述べることもおおげさではない」という意味。主張を強く述べるのに用いる。硬い書き言葉では、「言い過ぎ」の代わりに「過言」が用いられることがある。

◇彼女は、まさしく私の理想の女性だ**といっても言い過ぎではありません**。
◇その試験の結果が私のこれからの人生を決める**といっても過言ではない**。
◇東京にいれば日本中のおいしいものが食べられる**と言っても過言ではない**。
◇現在の政治は、マスコミが決める**といっても言い過ぎではない**。
◇最先端の実験設備を持ったABC研究所の研究施設は、日本一**と言っても過言ではない**だろう。（2014-1　N1）

58

☑　**～といっても、せいぜい…だけだ**

虽说是……但顶多也就只是……而已

✏️　★数（程度）はそんなに多く（高く）ないことを表す

➡️前項の事実を一応認めるが、たいした数・程度ではないという譲歩の言い方。

◇バイトしている**といっても**、**せいぜい**月に5日**だけだ**。
◇ボーナスが出る**といっても**、**せいぜい**2ヶ月分**だけだろう**。
◇賞をもらった**といっても**、**せいぜい**4等賞に当たる努力賞をもらった**だけです**。

59

☑　**どうせ～（の）なら**　　反正……的话、总归……的话

➡️「どのみち～ということが決まっているなら」という意味で、その条件の下で、取るべき態度や行動について述べるのに用いる。

◇**どうせ**参加しない**のなら**、早めに知らせておいたほうがいい。
◇**どうせ**3ヶ月余りの命**なら**、本人のやりたいことをやらせたい。

60

☑ **どうせ～するからには/以上（は）**　　既然都……那就……

➡「～することは決まっているのだから」という意味を表す。話し手の意志・希望・義務や命令・勧誘といった相手への働きかけの表現が続く。

◇<u>どうせ</u>試合に出る<u>からには</u>、必ず優勝してみせる。

◇<u>どうせ</u>留学する<u>からには</u>、博士号まで取って帰ってきたい。

61

☑ **どうせ～に決まっている/に違いない**　　反正一定是……

➡どちらにしても結論や結果は決まっており、個人の意志や努力で変えることができないといった、話し手の諦めや投げやりな態度を表す。望ましくない事柄が続くことが多い。

◇どんなに頑張ったって、<u>どうせ</u>今からでは間に合わない<u>に決まっている</u>。

◇彼の言うことだから、<u>どうせ</u>半分はウソが混じっている<u>に違いない</u>。

62

☑ **道理で～わけだ/はずだ**　　怪不得……、当然……

✏ 道理で＋普通形名詞接続＋わけだ　★理由を知って納得した時の言い方

➡現状についてのもっともな理由を知り、「なるほどそうであるわけだ/はずだ」と納得する場合に用いる。

◇彼女の恋人が日本人だと聞いて、<u>道理で</u>日本語が上手な<u>わけだ</u>と納得した。

◇今度のテストの問題を作ったのが岡崎先生だと聞いて、<u>道理で</u>難しかった<u>わけだ</u>と納得した。

◇A「彼の両親は大学教授だよ。」

　B「<u>道理で</u>彼も頭がいい<u>はずだ</u>。」

63

☑ **とかく/ともすると/ともすれば～がちだ・傾向がある**

✏ ★（しばしば、結局）悪い結果になることが多い　往往容易会有……傾向

➡文末に「がちだ/やすい/傾向がある/ものだ」などの表現を伴って、「どちらかというと～ような傾向がある」という意味を表す。あまりよくない事柄が表されるのが普通。

◇一度失敗すると人は、<u>とかく</u>自信をなくし<u>がちである</u>。

◇人は、<u>ともすると</u>楽な道を選び<u>がちである</u>。
◇我々は、<u>とかく</u>学歴や身なりで人間の価値を判断してしまう<u>傾向がある</u>。

64

☑　**〜ときまって**　　　　如果……就一定……、一旦……总是……

✎　動詞辞書形＋ときまって　　＝「〜といつも」

➥「AときまってB」で、Aが起こると必ずBという現象や行動も起こるという意味を表す。

◇雨が降る<u>ときまって</u>遅刻する学生がいる。
◇うちの犬は、父の靴音が聞こえる<u>ときまって</u>、玄関に向かって走っていく。
◇夜10時になる<u>と</u>、<u>きまって</u>アパートの隣の部屋から変な音が聞こえる。
◇政治家のポスターが貼られる<u>ときまって</u>落書きをする人がいるが、やめたほうがいい。

65

☑　**〜とみられる/とみられている**　　　可认为……

✎　＝「〜と考えられる/と考えられている」

➥様々な状況から、客観的にそう考えられる、判断されるという意味。継続体「とみられている」は、前から現在まで継続してそう考えられている、予想されているという意味。

◇事件の現場付近では、20代<u>とみられる</u>怪しい男性が目撃されている。
◇UFO<u>とみられる</u>物体が飛んでいる、と多くの市民から警察に通報があった。
◇日本語を学習する外国人の数はさらに増加する<u>とみられている</u>。
◇この周辺で地震が起こる確率は、今後30年で30%程度<u>とみられている</u>。

66

☑　**〜とも（終助詞）**　　　……是当然的、理所应当……

➥「もちろん〜する/だ」という相手の言葉に強く同調・同意する意を表す。前にくる文は、普通体でも丁寧体でもかまわない。

◇A「これ、お借りしてよろしいですか」
　B「いいです<u>とも</u>。」
◇A「まさか信じられないよ、それ、本当かい？」
　B「嘘じゃないって、本当だ<u>とも</u>。」
◇A「今度のパーティーに行きますか。」
　B「はい、行きます<u>とも</u>。」

67

☑ **〜（よ）うと（も/は）しない**　　完全不想……、都不……

✏ 動詞意向形＋と（も/は）しない　　＝「〜する意志を表さない」

➠意志的な行為を表す動詞を受け、その動作や行為を行おうとする意志がないことを表す。
　「も」が間に入った「〜ようともしない」は、「〜しようとさえしない」という、否定を
　強調する言い方。「は」が間に入ることもある。

◇携帯電話が鳴っているのに、彼女は出**ようともしなかった**。

◇せっかく写真を撮ってあげたのに、彼女は見**ようともしない**。

◇しきりに他人を批判して、自分の欠点に全く触れ**ようともしない**。

◇彼は自分のしたことがどれだけ人を苦しめているか、知**ろうともしない**。

68

☑ **〜と/に〜を重ねて**　　反復……、屡次……、历经……

✏ 名詞＋と/に＋同一名詞（類義名詞）＋を重ねて

➠同一名詞を繰り返すことにより、「〜して、また〜する、やっと〜」という動作が激しく
　行われたことを表す程度の累加表現を作る。副助詞「に」は列挙・累加する表現で、名詞
　につくときは「〜に加えて」と考えられる。「と」と「に」を比較すると、「に」は密着
　し累加されるのだが、「と」は単なる並列である。

◇努力**と**工夫**を重ねて**、やっと満足のいく作品に仕上げた。

◇これは検討**に**検討**を重ねて**、ようやく出した結論だ。

◇苦労**に**苦労**を重ねて**勝ち取った今の地位を、手放してなるものか。

◇長年にわたって研究**に**研究**を重ね**、実用化に成功したのがこの製品だ。

69

☑ **〜とは裏腹に**　　与……相反

✏ 名詞＋とは裏腹に　　＝「〜と正反対に」

➠「裏腹」は「背と腹」のことで「あべこべ、反対」の意味がある。「Aとは裏腹にB」
　は、「Aとは反対にB」という意味を表す。AとBを直接比較するものではなく、「Aから
　当然に予想される事柄」「Aから導かれる順当な結果」と、Bが一致していない（あべこ
　べである）という意味合いで用いる。

◇周りの人々の心配**とは裏腹に**、彼は全く緊張せずに座っていた。

◇焦るまいと意識するのだが、思い**とは裏腹に**心は落ち着きを失っていく。

◇彼女を愛する気持ち**とは裏腹に**、私はいつも彼女に冷たい態度を取ってい
　た。

◇あの大歌手は、派手な外見**とはうらはらに**、日常生活はとても質素である。

70

☑ 　～とも～ともつかない/つかぬ 　　　模棱两可……、含糊……

✍ 　名詞/用言普通形＋とも～ともつかない/つかぬ

➥ 「AなのかBなのかはっきり分からない」という意味を表す。

◇建物の中から、猫の声**とも**子供の声**ともつかない**声が聞こえてくる。

◇怒り**とも**悲しみ**ともつかない**感情が、胸に渦まいていた。

◇「海の物**とも**山の物**ともつかぬ**」という慣用句は、将来どのようになるか、
　まったく見当が付かない、という意味である。

◇男「あいつら二人、どういう関係？」
　女「結婚している**とも**、していない**ともつかぬ**関係よ。」
　男「じゃあ、一緒に住んではいるんだね。」　（内縁関係）

71

☑ 　～ないと（は・も）限らない 　　　　有可能……

✍ 　各品詞のない形＋ないと（は・も）限らない　＝「～かもしれない」

➥ 一般的にはAはないと考えられるが、まったく可能性がないわけではない。少しは可能性
　があるという話し手の判断を表す。対策を立てておいたほうがいいというニュアンス。

◇雪の影響で、電車が遅れ**ないとも限らない**から、早く家を出よう。

◇しっかり鍵をかけないと、泥棒に入られ**ないとも限らない**から注意してくだ
　さい。

◇彼は口が堅いほうだが他の人に話さ**ないとも限らない**から、この話は秘密に
　しよう。

72

☑ 　～ないものか/ないものだろうか

　　难道不能……吗、能不能设法……、真希望……

✍ 　可能動詞ない形＋ないものか/ないものだろうか　＝「～したいものだ」

➥ 実現がなかなか難しいことを知っているとは言いながら、やっぱりそれを何とかして成立
　させたいという強い願いを言いたい時に使う。

◇ブランド品の偽造に関して何とかなら**ないものか**。

◇事前に地震の予知がなんとかでき**ないものだろうか**。

◇できれば、両者が互いに歩み寄って和解でき**ないものだろうか**。

◇何とかコストを下げられ**ないものか**と思い、いろいろ工夫してみたが、やは
　りだめだった。

73

☑ **〜なければよかったのに**　　没（不）……的话就好了，可……

💬 ＝「〜したばかりに悪い結果になった」　　★残念、後悔の気持ち

➡「〜なければよかったのに/なかったらよかったのに」の形で、聞き手がしてしまったことに関して、すべきでなかったと残念がったり非難したりする気持ちを表す。

◇君はそんなことを言わ**なければよかったのに**なあ。

◇車を運転するのだから、お酒なんか飲ま**なければよかったのに**。

◇風邪を引いているのなら、スキーなんかし**なかったらよかったのに**。

◇周りの人は会社を辞め**なければよかったのに**と言うが、今さら会社には戻れない。

☑ **〜（など・は）もってのほかだ**

　　……是不能被允许的、……实在是岂有此理　★「〜は非難すべきことだ」

💬 名詞/動詞辞書形・ない形＋（など・は）もってのほかだ　＝絶対だめだ

➡「〜などもってのほかだ」は「〜をするのは一番悪い」「〜のはとんでもないことだ」という相手のあってはならない行為に対して、非難する・責めるときに使う。

◇遅刻ならともかく、無断欠勤**などもってのほかだ**。　（2006年1級）

◇医者にジョギング**はもってのほかだ**言われた。しばらくの間、ジョギングしてはいけないそうだ。（2009-2　1級）

◇奨学金をもらいながら、研究に励まず論文が書けない**などもってのほかだ**。

◇家賃を払えない者が飲みに行く**などもってのほかだ**。飲みになんか行くな。

75

☑ **なにひとつ〜ない**　　完全没有……、全然不……

💬 ＝「ひとつも〜ない」＝「全然ない」

➡ものや出来事に関して、「少しも〜ない」「まったく〜ない」と強く否定する意味を表す。人に関する場合には「だれひとり〜ない」という形が用いられる。

◇これで完璧だ。**なにひとつ**不安な点は存在し**ない**。

◇彼の言動には、不審な点は**何ひとつなかった**。

◇あの大地震でも、家の中のものは**何ひとつ壊れなかった**。

◇夫は本ばかり読んでいる。夫らしいことは**何ひとつ**やってくれ**ない**。

◇みんなが「私たちの結婚はうまくいくはずがない」と言い、母も含めて、**誰一人**として私たちを祝福してはくれ**ません**でした。

76

☑ **〜に言わせれば/に言わせると**　按照……的意见、让……来说

☞ 人物名詞＋に言わせれば/に言わせると　＝「〜の意見では」

➡「Aに言わせれば/に言わせると」で、その後にはAという人の個人的な意見や主張が続く。その前に他の人の意見が示されていて、それとAの意見とは違うというニュアンスが強い。

◇私はまだ結婚のことなど頭にはないが、両親<u>に言わせれば</u>もう遅いのだそうだ。

◇部長はリーダーシップがあると言われているが、私<u>に言わせれば</u>ただ傲慢なだけだ。

◇自分ではそんなに短気ではないと思っているが、友達<u>に言わせると</u>、私はけっこう怒りっぽいらしい。　（2013-2　N1）

77

☑ **〜にかぎって**　偏偏在……的时候

☞ 時間名詞（日・時）＋にかぎって　★不運を強調する言い方

➡「〜時・場合だけ好ましくない状況になってしまう、特に悪いことが起こってしまう」という意味。話し手の不満や後悔などの気持ちが含まれる。

◇今日は彼女の誕生日。こんな日<u>にかぎって</u>緊急の仕事が入るんだから、参ってしまう。

◇大事な会議があるという日<u>にかぎって</u>、交通事故に巻き込まれ、遅刻してしまった。

◇やっと取れた夏休み、久しぶりの海。ずっと楽しみにしていたのに、こういう日<u>に限って</u>雨が降るんだよね。

◇ときどき家の中がものすごく散らかってしまうことがある。そんなとき<u>にかぎって</u>、突然客が訪ねてきたりする。

78

☑ **〜にしてからが…（だから/まして）**

☞ （人物・身分）名詞＋にしてからが　就连……也不……更何况……

➡「AにしてからがB」で、程度の高いAでさえできないのだから、ましてそれより程度の低いBはできないのも言うまでもない、無理はないという意味を表す。マイナス評価が多い。

◇プロの選手<u>にしてからが</u>失敗するのだから、素人の彼が失敗しても仕方がない。

◇あの成績優勝な彼**にしてからが**できなかったのだから、私にできないのも無理はない。

◇課長**にしてからが**事態を把握していないのだから、ヒラの社員によく分からないのも無理はない。

79

☑ 　～にしてみれば	从……角度来看、对……来说

💬　人物名詞＋にしてれば

➥人を主題として取り上げる表現で、「その人にとっては」という意味を表す。中立的な「～にとって」に比べて、「誰それの身になって考えれば」と同情や共感が多く現れる点が特徴である。あるいは、その人が他の人と比べて違う見方を持っているということを言いたいときにも使う。「にしてみたら」と言うこともある。

◇夫婦双方に言い分はあるが、妻**にしてみれば**悪いのは夫だった。

◇社員の側**にしてみれば**、労働時間短縮より賃金アップが望ましい。

◇私は軽い気持ちで話していたのだが、あの人**にしてみれば**大きな問題だったのだろう。彼は落ち込んで誰とも口をきかなくなってしまった。

80

☑ 　～に忍びない	不忍心……、不堪……

💬　動詞辞書形＋に忍びない

➥「忍びない」は「つらくて、心が痛んで～我慢できない・耐えられない」という意味を表す。「見るに忍びない」「聞くに忍びない」という言葉がよく使われるが、あまりにも気の毒だったり、悲惨な状態のため、見たり聞くことがとてもつらいという意味になる。ただ単に我慢できない・耐えられないという意味ではなく、何かをしたり、させたりすることに対して、「気が引ける」「申し訳ない」といったニュアンスが含まれる時に用いる。

◇事故の被害者たちの姿はあまりにも気の毒で見る**に忍びない**。

◇戦争で難民になった人々の悲惨な話は、実に聞く**に忍びません**でした。

◇家族みんなが長い間住んだ家だから、壊す**に忍びない**んだけど、仕方ないなあ。

81

☑ 　～に準じて/に準ずる	以……为标准、按照……对待

💬　名詞＋に準じて/に準ずる

➥あるものを基準にしてそれにならう。また、あるものと同様の資格で扱う。公的な文書、または求人情報などの給与に関する部分に使われる。「規格に準ずる」であれば、規格を基

- 229 -

準としてそれにならった形の内容という意味。「正社員に準ずる」であれば、正社員の扱い
と同じ内容という意味になる。

◇先例に準じて措置を取るほうがいい。

◇経済状況と経験年数に準じて手当てを支給する。

◇毎年の業務の実績及び勤務時間に準じて、ボーナスを決める。

◇うちの会社はアルバイトの人にも、正社員に準ずる待遇を与えている。

82

☑ 〜に照らして　　　　　以……为标准、按照……对待

✎ 名詞＋に準じて/に準ずる

➥「基準になるものと比べ合わせて確かめる・判断する、参照する」という意味。

◇彼の行いは、法律に照らして、罰せられるべきものだ。

◇憲法に照らして、国民の権利と自由を保障する。

◇常識に照らして考えれば、やっていいことかどうか分かるだろう。

◇新人を採用するかどうかは、次の条件に照らして、判断されます。

83

☑ 〜にと（思って）　　　　　想要作为……

✎ 名詞＋にと（思って）＝「〜にしようと思って」

➥「〜にしようと思う」の省略。「お土産に/参考に/プレゼントに」に付くことが多い。

◇旅行の記念にと思って、写真をたくさん撮った。

◇今後の参考にと思って、海外旅行での体験を記録しておくことにした。

◇出張の帰りに空港の売店で、家族へのおみやげにと、人気の紅茶クッキーを
買った。（2015-1　N1）

84

☑ 〜にもほどがある　　　　　即使……也要有个度

✎ 動詞辞書形/イ形容詞/ナ形容詞語幹/名詞＋にもほどがある

➥この「ほど」は「適度」を表していて、相手の行為がやりすぎだと感じたとき、「冗談に
もほどがある。（＝冗談が過ぎている）」のように戒めるために使う。話者の不愉快な気
持ちを表している。

◇「結婚して」ですって？あなたは既婚者のくせに、冗談にもほどがある。

◇この書類、計算も漢字も間違いだらけじゃないか。いいかげんにもほどがあ
る。

◇大変そうだったから手伝ってあげただけなのに、私があなたのことを好きだ
なんて言いふらして…。勘違い**にもほどがある**わ。

◇中村「山田さんは本当に猫が好きなんだね。今日のバッグも猫の絵柄だ
し。」

　山田「うん。でも、あんまり持ち物が猫柄ばかりなんで、家族から『猫好き
にもほどがあるだろう。』って言われたりする。」　（2013-1　N1）

85

☑　**～のは…ぐらいのものだ**　　　　　就只有……才（还）……

✎　**普通形＋のは＋名詞＋ぐらいのものだ**

➡「Xのは Y ぐらいのものだ」の形で、「X が成立するのは Y の場合だけだ」という意味を
表す。

◇100万円も払ってこんなどこにでもある絵を買う**のは**君**ぐらいのものだ**。

◇息子が電話をよこす**のは**金に困った時**ぐらいのものだ**。

◇そんな高価な宝石が買える**のは**、ごく一部の金持ち**くらいのものだ**。

86

☑　**～のももっともだ**　　　　　……也是当然的

✎　**普通形＋のももっともだ　＝「当然だ・無理はない」**

➡状況から考えて、そういう行動をしてしまうのは当然のことで、その人の心情がよく理解
できるという意味。

◇親友に裏切られたんだから、彼が落ち込む**のももっともだ**。

　　　　　　　　　　　　　　　　　　　　　　　　　（2009-1　1級）

◇約束を守らなかったのだから、彼女が怒る**のももっともだ**。

◇電車で知らないおじさんにじっと見られたら、赤ちゃんが泣いてしまう**のも
もっともだ**。

87

☑　**～はいいとして**　　　　　……先不说，但……

✎　**名詞＋はいいとして/用言の連体形＋の＋はいいとして**

➡「～は問題にならないが、その他は～」という意味。後ろで心配なことを表す。

◇論文を書くの**はいいとして**、まだ、テーマも何も決まってないのは問題だ。

◇娘の医学部への進学**はいいとして**、その費用をどこから出すかだ。

◇テレビ画面が大きいの**はいいとして**、テレビを置くとベッドが置けないよ。

- 231 -

88

☑ **～はそっちのけで/をそっちのけで** 抛开……不管、不顾……

✎ 名詞＋はそっちのけで/をそっちのけで　＝「～かまわずに放っておく」

➥ある対象を気に止めず、ほうっておくこと、相手にしないことなどを意味する表現。「そっちのけ」は、しなければならないことよりも別のことに心が移っているために、そのままにしておくという意味。「は」は前項の内容を強調する。

◇彼女は本業<u>をそっちのけで</u>、副業に精を出している。
◇生徒たちは教師の注意<u>をそっちのけで</u>おしゃべりに夢中だ。
◇大学４年生の弟は就職のこと<u>はそっちのけで</u>、毎日パソコンゲームに熱中している。

89

☑ **～は（が・も）無<small>な</small>きにしも非<small>あら</small>ず** ……也并非没有

✎ 名詞＋は無きにしも非ず　＝「ないわけではない」＝「少しはある」

➥否定の意味を持つ語を二度使用する「二重否定」の表現で、消極的な肯定を表す。「～なさそうだけど、ある可能性が捨て切れない」時に使う。

◇努力すれば合格の可能性<u>はなきにしもあらず</u>である。
◇今回は失敗する可能性<u>がなきにしもあらず</u>だが、結果がどうであれ実験は続けるつもりだ。
◇今日は日本晴れの予報だが、台風が接近しているので雨が降ること<u>もなきにしもあらず</u>なので傘をお忘れなく。

90

☑ **～は別<small>べつ</small>として/は別<small>べつ</small>にして** ……例外、……暂且不论

✎ 名詞＋は別として/は別にして　＝「～は例外だが/は特別だが」

　疑問詞＋か（かどうか）は別として/は別にして

　＝「～は今問題にしないが」

➥「Aは別として/にして」の形で、Aのような特別な場合は例外だが、ということを表す。「Aかどうかは別として/にして」の形で、Aについては後で考えるとして、ということを表す。Aには対立する語や疑問詞が来る。

◇天才と言われている彼<u>は別として</u>、ほかの生徒の成績はめちゃくちゃだ。
◇賛成、反対が同数の場合<u>は別として</u>、大抵は多数決で決着がつくものだ。
◇実現可能かどうか<u>は別として</u>、この計画はやってみる価値があると思う。

◇だれか言ったか**は別として**、今回のような発言がでてくる背景には根深い偏見が存在すると思われる。

91

☑ **〜羽目になる/羽目に陥る**　　落到……地步、陥入……境地

✆ 動詞辞書形/イ形容詞/ナ形容詞語幹＋羽目になる/羽目に陥る

➥ 「〜という悪い・苦しい状態になる」という意味。ある原因によって、予想外の困った結果になることを表す。すでに起こったことを述べるから、ほとんど文中に過去形を使う。

◇授業をサボりすぎたので、試験前は徹夜する**羽目になり**そうだ。

◇就職活動に失敗して苦しい**羽目に陥った**。

◇商品の納入が遅れたので、契約違反を指摘されて違約金を支払う**羽目になった**。

◇上司の仕事のやり方に意見を言ったら、地方に転勤させられる**羽目になった**。

92

☑ **〜ばよかったのに/たらよかったのに**　　蛮好……的

✆ 動詞ば形＋よかったのに/動詞た形＋らよかったのに

➥ 「〜ば/たらよかったのに」の形で、聞き手が実際にはしなかったことに関して、すべきであったと残念がったり非難したりする気持ちを表す。

◇試験の日の朝、もっと早く家を出ていれ**ばよかったのに**。

◇昨日のパーティーにあなたも来れ**ばよかったのに**。楽しかったよ。

◇そんなにやりたくないのなら「いやだ」と言え**ばよかったのに**。

93

☑ **〜ほうがましだ**　　还是……来的好些

✆ 動詞た形/名詞の＋ほうがましだ　＝「よくはないが、〜ほうがいい」

➥ 「AよりBのほうがましだ」で、AもBも決していいとは言えないが、どちらか一つを選ばなければいけないならBを選ぶという意味。とても消極的な選択。

◇途中でやめるなら、最初から何もしない**ほうがまし**です。

◇こんな会社で働くなら、フリーターになった**ほうがまし**かもしれない。

◇音楽は私の命だ。もし耳が聞こえなくなるくらいなら、死んだ**方がまし**だ。

◇5年前に買ったパソコンは機能は古いが、ないより**（あったほうが）まし**だ。（✎文の内容で分かる場合は「〜ほうが」を省略することもある）

94

☑ 　**〜まいとして**　　　　　为了不做……　＝「〜ないようにと思って」

✐ 　Ⅰ/Ⅱグループ動詞辞書形（Ⅱグループ動詞ない形も可能）＋まいとして
　　　Ⅲグループ「するまい・しまい・すまい・くるまい・こまい＋として」

➡ 「Aまいとして B」で、強い意志をもって、Aをしない、Aにならないように努力する、注意するという意味。

◇彼女に携帯電話のメールを見られ**まいとして**、ロックをかけた。
◇彼は人前で涙を見せ**まいとして**、さり気なく後ろを向いた。
◇医者は小さい子供をおびえさせ**まいとして**、おもちゃを使って笑わせた。
◇二度と失敗はする**まいとして**、彼はコツコツと努力を続けている。

95

☑ 　**〜まくる**　　　　　不停地……、拼命地……、一个劲地……

✐ 　動詞ます形＋まくる　＝「盛んに〜する/勢いよく〜する」

➡ （同じ動作を）繰り返し繰り返し、しかも激しくするという意味を表す。「〜て〜て〜まくる」はこの表現を更に強調する形である。

◇彼は小説を読むのがすきで、小説なら何でもかまわず、読み**まくった**。
◇あいつは会議の間中、一人でしゃべり**まくって**いたよ。
◇彼は大震災の実状を伝えたいと、寝食を忘れて現場写真を撮り**まくった**。
◇私は長年の間、心に温めてきたことを無我夢中で書いて書いて書き**まくった**。
◇A「いよいよ入試だね。」
　B「朝から緊張し**まくってる**よ。どんな問題が出るのか心配だな。でも、ま、運を天に任せて、頑張るしかないな。」

96

☑ 　**まさか〜とは思ってもみなかった**　　　　真没想到竟然……

✐ 　まさか＋普通形＋とは思ってもみなかった

➡予期しないことが生じたことに対する驚きの気持ちを表す。話し言葉では、「まさか」だけで使われることも多い。

◇**まさか**彼が私をだましてお金を奪う**とは思ってもみなかった**。
◇**まさか**高校生が大会で優勝する**とは思ってもみなかった**。
◇佐藤さんが病気で入院しているとは聞いていたが、**まさか**こんなに悪い**とは思ってもみなかった**。

97

☑　**まして（や）**　　　　　更何况……

✎　≒「余計に、なおさら」

➡「Aは～ましてBは～」あるいは「Aでも～ましてBは」の形でよく使われる。AとAより
　程度の高いBを比べて、「Aでもそうだから、Bはもっとそうだ、もちろんそうだ」とい
　う意味を表す。「ましてや」は書き言葉的な、やや硬い表現。

◇今は大卒でさえ就職が厳しくなっている。**ましてや**高卒では、就職できない
　のではないか。

◇日本語の勉強を始めて３年になるが、まだ新聞を読むのも難しい。**まして**古
　典などはとても読めない。

◇成績優秀な彼女にとっても難しい試験なのだから、**ましてや**この私が合格で
　きるはずはないだろう。

98

☑　**まず～ない/ないだろう/まい**　　　大概不……、応该不……

✎　まず＋動詞ない形＋ない（ないだろう）　＝「～ないだろう」

➡話し手の推量がかなり確かであることを表す。書き言葉的な硬い表現。「～だろう」を伴
　わない場合は、さらに強い確信を持った推量が表される。

◇努力家の彼女が失敗することは**まずないだろう**。

◇実力のある彼のことだから、今度の試験も**まず**問題**ないだろう**。

◇山田さんがこの絵をいくらで手に入れたのかはわからないが、有名画家の作
　品であることから考えても、安くない値段で買ったことは**まず**間違い**ない**。

99

☑　**まるで/まるきり～ない**　　　完全不……、一点也不……

➡否定形や否定的な意味を表す表現を伴って、否定の意を強める。

◇いくら仕事ができても、自分の身の回りのことが**まるで**でき**ない**ようでは、
　一人前の大人とは言えない。

◇みんなの話では、ずいぶん嫌な男のように思えたが、実際に会ってみると、
　聞いていたのとは**まるで**違っていた。

◇世間はオリンピックの話題で盛り上がっているが、私はオリンピックには**ま
　るで**興味が**ない**。　（2015-1　N1）

100

☑ **まんざら～ではない/まんざらでもない**

✍ まんざら～ない＝かならずしも～ない　　　未必一定……、并不完全……

まんざらでもない＝それほど悪くない　　　……其实也不错、并不糟糕

➨ 「まんざら～ではない」の形で、「まったく～でもない」という意味を表す。
「まんざらでもない」の形で、「それほどいやでもない・悪くない気持ちだ。むしろ嬉しい」という意味を表す。

◇彼のことは**まんざら**知ら**ない**わけでもない。
◇彼女は彼とよくケンカするが、**まんざら**嫌いなわけでは**なさそう**だ。
◇A「山田さん今日もお休みだそうよ。」
　B「また、仮病じゃないか。」
　A「いえ、病気というのは、**まんざら**嘘では**なさそう**よ。」
◇彼は、口では旅行に行きたくないと言っていたが、**まんざらでもない**らしい。
◇田舎暮らしも**まんざらじゃない**ね。都会とは違う楽しさがあるよ。

101

☑ **まんまと**　　　　　巧妙地……、漂亮地……、轻而易举地……

✍ ＝「相手の思い通りにうまく～される」

➨ 「非常にうまく」「見事に」の意味。「まんまと」の後には「騙す」「してやる」「一杯くわせる」「忍び込む」など慣用的に固定したものがよく使われる。人の裏をかいたり、騙したりして成功したような場合や、あまりほめられないような手段を使ってうまくいった場合に使われる。話し手の悔しい気持ちやその手口の見事さに驚く気持ちが表される。

◇気をつけていたのに、彼の巧みな言葉に**まんまと**騙された。
◇アニメの主人公は、**まんまと**敵のわなにはまってしまった。
◇犯人は、金をだまし取ることに**まんまと**成功した。
◇あの男がばかみたいなふりをしていたものだから、**まんまと**私はたぶらかされたのだ。

☑ **～ものと思われる**　　　　　看来……、（一般）认为……

✍ ★推測を客観的に述べるときの言い方

➨ 「と思われる」と同じ意味で、客観的な推測の表現として使う。「もの」が入る表現は、ややあらたまった会話や文章で使うのが普通。

◇どうやら彼の一言が離婚の原因になった**ものと思われる**。

◇今後はアジアの経済が世界の中心になっていく**ものと思われる**。

◇選挙の結果については明日の夕方には大勢がわかる**ものと思われる**。

◇この調子の悪さでは、あまりいい結果は期待できない**ものと思われる**。

◇今回の調査で事故の原因が明らかになる**ものと思われる**。　(2009-1　1級)

103

☑　**〜ものとする/ものとして**　　当做……、认定为……、视为……

✏　＝「〜と見なす」「〜と決める」「〜と解釈する」

➥もし事実は違っていても、今の事情を考えて客観的にそうだと判断する、見なすという意味。「ものとする」は公的な文書などに使われる。

◇だれからも意見がないので、全員が賛成した**ものとします**。

◇彼はいつも遅刻するから、いない**ものとして**作業を進めよう。

◇この英会話コースに申し込んだ学生は、基本的な会話はできる**ものとして**扱います。

◇明日は追試験を行います。欠席した場合は進級の意志がない**ものとして**扱います。

104

☑　**〜ようで（いて）**　　看上去好像……但实际上……

✏　＝「〜ように見えるが」「〜ように思われるが」

➥「見かけではこのような印象だが」という意味を表す。「一見/見かけは〜ようで、実際は〜」などとなることが多く、実際の性質は異なっていることを表す。「〜ようだが」と言うこともある。

◇一見やさしい**ようで**、実際やってみると案外難しい。

◇普段はおとなしい**ようでいて**、いざとなるとなかなか決断力に富んだ女性です。

◇大学の教授は何でも知っている**ようでいて**意外に常識を知らないことがある。

◇部長はだれに対しても厳しい**ようでいて**、意外にも子供には甘い顔を見せる。

105

☑　**〜ようでは**　　如果……的话（恐怕会……）

✏　普通形＋ようでは　＝「〜場合は、可能性が低い」

➥「そのような様子では」という意味。後ろに期待に反する事柄や、「ない/難しい/厳しい/困る/だめだ」のようなマイナス評価の表現を伴う。

◇試験の前の日になって勉強を始める**ようでは**、合格は望めない。

◇こんな簡単な問題が解決できない**ようでは**、困る。

◇締め切り直前になってテーマを変える**ようでは**、いい論文は書けないだろう。

◇この程度の練習で文句を言う**ようでは**次の試合に勝てないぞ。

106

☑ 　**〜ように言う**　　　　　　如果……的话（恐怕会……）

✎ 　動詞辞書形＋ように言う　　　★指示・命令を表す

➥後半に「言う」「伝える」などの伝達を表す動詞を伴い、要求内容を間接的に引用するのに使う。

◇彼は、部下に書類を5部ずつコピーしておく**ように言った**。

◇先生に、明日7時に学校へ来る**ように言われた**。

◇隣の人に、ステレオの音量を下げてもらう**ように頼んだ**。

107

☑ 　**〜よし**　　　　　　……说是那样

✎ 　各品詞の普通形＋（との）よし　＝「〜とのこと」

➥「Aよし」で、人から聞いた話の内容を表す。会話ではなく、手紙などで使う硬い表現。「〜とのよし」の形で使われることが多い。

◇「体調を崩された**とのよし**。その後いかがでしょうか。」

◇「当時は小学生だったお嬢様が大学に入学された**よし**。月日が経つのは本当に早いものですね。」

◇「大阪に引っ越された**とのよし**。今度、ぜひお邪魔させていただきたいと存じます。」

108

☑ 　**〜をいいことに**　　　趁着……的时候、利用……的机会

✎ 　名詞＋をいいことに　　　＝「〜という好機を利用して悪いことをする」
　　　イ・ナ形容詞＋の/こと＋をいいことに

➥「〜をいいことに」は「〜の状況を都合よく利用して、良くないことをする」と批判的な気持ちで言いたいときに使われる。

◇彼は相手がおとなしいの**をいいことに**一方的に文句を言い続けている。

◇夜間、人気がないの**をいいことに**、トンネル内の落書きはエスカレートする一方です。

◇中田君は電車が遅れたの**をいいことに**、テストが終わる頃、堂々とやってきた。

◇どうやらうちの猫、飼い主の留守**をいいことに**いたずらをしたらしく、部屋がめちゃくちゃだ。

109

☑ **〜を受けて**　　　　　受到……（影响）、蒙受……

✏ **名詞＋を受けて/動詞辞書形＋の＋を受けて**

➡ 「Aを受けて」の形で、Aの影響の下に存在・活動する。あるいは、他からの働きかけが、そのものに及ぶという意味を表す。

◇円高の影響**を受けて**、日本では安い農産物の輸入が大幅に増えた。

◇新興国の経済発展**を受けて**東アジア圏を中心に富裕層と呼ばれる人が急速に増えた。

◇燃料価格の高騰**を受けて**、複数の航空会社が運賃を値上げした。

(2011-2　N1)

◇今年は、景気の回復傾向**を受けて**、大企業を中心に給与の支給額が増えると見込まれている。（2014-2　N1）

110

☑ **〜を異にする**　　　　……不同、……不一样、和……有区别

✏ **名詞＋を異にする**

➡ 「Aを異にする」の形で、Aが別である、Aが違っているという意味を表す。

◇出展作品は、材質、デザインなどすべてにわたり、発想**を異にした**ものばかりでそれぞれの趣を楽しめた。

◇A「意見がいろいろ出て、会議が長引きましたね。」
　B「いやあ、あれだけ意見**を異にする**人たちが集まっちゃ、無理からぬことですよ。」

◇A「その病気は、動物から人間にも感染することが確認されているらしい。」
　B「はあ、『種』**を異にする**場合も移るんですね。」

◇A「地域によって水質の汚染状況は、著しく程度**を異にする**らしいよ。」
　B「では、やはり、別々に対策を検討するしかないだろう。」

111

☑ **〜を 蔑 _{ないがし}ろにする**　　　蔑視……、瞧不起……、把……不当一回事

✎ 名詞＋を蔑ろにする　＝「〜を無視する」

➡軽んじてはならない物事や人を軽視したり無視したりするという意味を表す。話し手の非難する気持ちが含まれている。マイナス評価しかに使われる。

◇あの人は人の意見<u>を蔑ろにして</u>、独断で物事を決めるきらいがある。

◇社員の福利厚生<u>を蔑ろにして</u>、目の前の利益だけを求めてはいけない。

◇これ<u>を蔑ろにすれば</u>、後で必ず大問題になる。

◇父は責任、責任と言いながら、一番大切な家族に対する責任<u>を蔑ろにした</u>のだ。

112

☑ **〜を等閑_{なおざり}にする**　　　軽視……、忽視……（該做的事情不做）

✎ 名詞＋を等閑にする　＝「〜をいいかげにする/を軽視する」

➡やらなければならないことをやらずに、放ったらかしにしているという意味を表す。話し手の非難する気持ちが含まれている。マイナス評価しかに使われる。

◇あの社員は、仕事<u>をなおざりにして</u>、インターネットに夢中になっている。

◇受験勉強<u>をなおざりにして</u>、遊んでばかりいると、後で後悔しますよ。

◇基本<u>をなおざりにして</u>、難しいことに挑戦しても、絶対にうまくいかない。

◇最近、うちの妻は、家の仕事<u>をなおざりにして</u>、この俳優を追いかけるのに夢中になっている。

113

☑ **〜を振_ふり出_だしに**　　　以……为开端、以……起点

✎ 名詞＋を振り出しに　＝「〜を出発点として」

➡「Aを振り出しに」の形で、Aを物事の始まる出発点とする、という意味。

◇総理大臣は中国<u>を振り出しに</u>アジア諸国を訪問した。

◇彼は平社員<u>を振り出しに</u>、社長の座に登りつめた。

◇彼女は芸能プロダクションのマネージャー<u>を振り出しに</u>この世界に入ってきた。

◇百合子_{ゆりこ}は周辺の企画<u>を振り出しに</u>テレビ・ラジオ番組などの放送作家として活躍している。

114

☑ ～を前(まえ)にして　　面临……、……即将来临之际

✏ **名詞＋を前にして　＝「～に臨んで」**

➻「（場面や時）を目の前にして」という意味で、時を取り上げる時は刻々と切迫しつつある時を表し、場面を取り上げる時は眼前の現象を表す。臨場感や時の切迫感が含まれる。

◇大学の入学試験**を前にして**、さすがの彼も緊張の色を隠せなかった。

◇それほどの札束**を前にしたら**、誰だって目の色が変わるものさ。

◇卒業**を前にして**、優しく指導してくれた教師に感謝の気持ちでいっぱいです。

◇出産**を前にした**妻は、毎日 30 分ぐらいの散歩を続けている。

115

☑ ～んとする　　想……、要……

✏ **動詞ない形＋んとする　＝「～（よ）うとする」**

➻「ある動作をしようと思う。またある状態が現れようとする」という意味である。

◇山田さんは英語を学ば**んとして**アメリカへ留学した。

◇夫婦は二人で家を買わ**んとして**必死に働いてきた。

◇学問を求め**んとする**者はまず謙虚でなければならない。

◇夕日が地平線の彼方に沈**まんとする**頃、私たちは目的地に着いた。

◇子供は溺れてもう少し沈**まんとする**ところを、通りかかりの人に助けられた。

第 3 章

文法付録

- ✎ 助詞総整理
- ✎ 副詞機能別総整理
- ✎ 接続詞機能別総整理

✎ よく使う助詞の総整理

　助詞・形式名詞を中心に取り上げました。ここではそれぞれの語の用法に着目し、品詞の別は細かく区別しない。

- -

か

疑問・質問	◇どこが駅です**か**。
選択	◇犬**か**猫を飼おう。
	◇行く**か**行かない**か**わからない。
不確かさ（疑問詞と）	◇だれ**か**いませんか。
反語	◇負けてたまる**か**。
詠嘆	◇もう秋**か**。
確かめ	◇わかりました**か**。
	◇あの太郎ちゃんも 20 歳になりました**か**。

が

動作の主体・主格を表す	◇花**が**咲く。
対象を表す（対象格）	◇わたしはリンゴ**が**好きだ。
	◇なし**が**食べたい。
並列	◇寿司も好きだ**が**天ぷらも好きだ。
逆接	◇走った**が**、間に合わなかった。
対比	◇寿司は好きだ**が**、天ぷらは嫌いだ。
前置き	◇もしもし、田中です**が**…
慣用例	◇泣こう**が**わめこう**が**
連体格	◇わ**が**家

かしら

独り言	◇ロミオは今ごろ何をしているの**かしら**。
疑問	◇明日のパーティーには、何人ぐらい出席するの**かしら**。
願望	◇早く夏にならない**かしら**。山に行きたいわ。

かな（あ）

独り言（不確かな内容について）	◇明日は晴れる**かな**。
疑問	◇君、英語はできる**かな**。
願望、独り言で	◇電話代がもっと安くならない**かなあ**。

から

場所、時間、視点などの起点

◇田舎**から**おばあちゃんが出てきた。

順番　　　　　　　　　　　◇一年生**から**講堂に入ってください。

動作主（起点）　　　　　　◇鈴木さんには私**から**お礼を言っておきます。

起点（受身文で）　　　　　◇みんな**から**尊敬されている。

材料　　　　　　　　　　　◇ビールは麦**から**作る。

原因・理由（名詞につく）◇社長が働きすぎ**から**病気になった。

原因・理由（節につく）　◇天気がよい**から**出かけよう。

（っ）きり

限定　　　　　　　　　　　◇一人**（っ）きり**で家にいると退屈です。

「〜してから変化がない」◇さっき寝た**きり**起きてこない。

最後　　　　　　　　　　　◇もうこれ**きり**にしてほしい。

くせに

非難　　　　　　　　　　　◇金がある**くせに**、けちだ。

くらい（ぐらい）

例示　　　　　　　　　　　◇お茶**ぐらい**飲んでいきませんか。

およその量、だいたい　　◇昨日は5時間**ぐらい**勉強した。

程度や量が大した物ではないこと

◇コーヒー**ぐらい**ゆっくり飲ませてくださいよ。

◇風邪**ぐらい**なんでもありません。

例示・程度（喩え）（＝ほど）

◇親指**ぐらい**の大きさ

◇休む暇がない**ぐらい**働きます。

慣用的表現

同じ程度の比較（＝ほど）

◇富士山**ぐらい**きれいな山はない。

強調　　　　　　　◇下手な**ぐらい**なら、しないほうがいい。

っけ

回想　　　　　　　　　　　◇昔はよくここで遊んだ**っけ**。

確認　　　　　　　　　　　◇明日の会議は10時からでした**っけ**？

けれども・けど・けども（＝が）

逆接　　　　　　　　　　　◇雪が降っている**けれど**、出かけよう。

対比（＝ても）	◇盗みはする**けれど**殺しはしない。
追加	◇品もいい**けど**値段もいい。
前置き	◇すみません**けれど**、道を教えてください。

こそ

主題（強調「他のものではなく」）

◇君**こそ**行け。

◇鯨**こそ**、哺乳類の中で最大の生物だ。

こと

関連する一切のこと	◇君の**こと**が好きだ。
	◇僕の**こと**は心配するな。
	◇この業界の**こと**はよく知っている。
慣用表現	◇あいつの**こと**だから大丈夫だ。
	◇私とした**こと**が何というへまをしたのだろう。
事柄	◇物事には言って良い**こと**と悪い**こと**があります。
	◇一体何の**こと**ですか。
節を名詞化（＝の）	◇先生が受賞された**こと**を新聞で知りました。
忠告・最上の行為	◇平和のためには核実験を止める**こと**だ。
伝聞	◇彼は近々退院できるという**こと**だ。
詠嘆・感嘆・驚異	◇やれやれ、本当に手のかかる**こと**だね。
感動など（終助詞的に）	◇まあ可愛い子だ**こと**。
慣用的表現	
過去の経験	◇香港に行った**こと**がありますか。
生起の可能性	◇たまには早く起きる**こと**もあるんですよ。
全面否定	◇決して友情を裏切る**こと**はありません。
二重否定（それ以上ではない）	
	◇食べられない**こと**はないがおいしくはない。
不必要	◇君まで行く**こと**はありません。
可能・不可能	◇この美術館でモネの絵を見る**こと**ができます。
物事の決定の結果	◇今度結婚する**こと**になりました。
意思による決定	◇引っ越しする**こと**にしました。
予定	◇今日は中村さんと3時に会う**こと**になっている。
規則・習慣	◇毎朝ジョギングする**こと**にしています。
説明	◇実験中止というのは実験失敗という**こと**です。
「それ以上ではない」（＝に）	

◇手伝う**こと**は手伝いますが、あまり期待しな
いでくださいよ。

感情の強調 ◇困った**こと**に、今、金の持ち合わせがないん
です。

ごと・ごとに

そのたびに ◇10 分**ごとに**熱を計ってください。

まとめて ◇この魚は骨**ごと**食べられる。

ごろ

およそ、約（時刻） ◇明日 10 時**ごろ**来てください。

さ

軽い断定 ◇「もしもし、今どこにいるの？」
「渋谷**さ**。君も来るかい？」

間投助詞 ◇あの**さ**、きのう**さ**、おもしろいもの見たんだ
よ。

さえ

極端な例・上限をひきあいに出して他を寛容（＝すら）
◇日本語の先生で**さえ**漢字はときどき間違える。

必要条件（仮定と）（＝だけ）
◇水**さえ**あればサボテンは何ヵ月でも枯れない。

添加 ◇雨だけでなく雷**さえ**鳴り出した。

し

並列（累加） ◇掃除もした**し**、洗濯もした。

しか

量が少ないことを示唆（否定で）
◇休みは 3 日**しか**ない。

しだい

～による ◇すべて君の決心**しだい**だ。

時点（＝たらすぐに） ◇出来**しだい**、お届けします。

ずつ

一定の量や数の繰り返し ◇このページの漢字を 10 回**ずつ**書きなさい。

すら

「N（で）すら」の形で「他はもちろん、Nでも」（＝さえ）

◇赤ちゃん（で）<u>すら</u>泳げる。

ぜ

念を押す	◇そろそろ出かける<u>ぜ</u>。
独り言	◇これはどうも話がうますぎる<u>ぜ</u>。

そう

推量（見た目）	◇この花は枯れ<u>そう</u>だ。
	◇このカレーは辛<u>そう</u>だ。
伝聞	◇あの映画はとても面白い<u>そう</u>だ。

ぞ

念を押す	◇そろそろ出かける<u>ぞ</u>。
独り言	◇これはどうも話がうますぎる<u>ぞ</u>。

だけ

限定・限界	◇この部屋は国会議員<u>だけ</u>が使える。
程度	◇食べたい<u>だけ</u>取ってください。
慣用的表現	
当然の理由	◇中山さんは学者な<u>だけあって</u>物知りです。
比例・相当量	◇練習<u>すればするだけ</u>上手になりますよ。
追加	◇子ども<u>だけでなく</u>、大人<u>も</u>楽しめます。
「一応」	◇あの人に聞い<u>てみるだけ</u>聞いてみよう。
理由（なおさら）	◇好成績が期待された<u>だけに</u>棄権が悔やまれる。

だって

「他はもちろん、Nでも」	◇横綱<u>だって</u>負けることはある。
並列・列挙	◇馬<u>だって</u>牛<u>だって</u>家畜だ。
全部（疑問詞と）（＝でも）	
	◇何<u>だって</u>食べる。

たら

仮定→結果	◇夏になっ<u>たら</u>カナダに行こう。
発見（主節は過去）	◇家に帰っ<u>たら</u>速達が来ていた。

（っ）たら

主題（「と言ったら」「きたら」の短縮形）

◇佐藤さん**たら**、今度中国へ行くんですって。

たり

並列（例示）　　　　　◇日曜日は本を読ん**だり**テレビを見**たり**します。

並列（相反する事柄の反復）

◇テレビをつけ**たり**消し**たり**する。

◇今日は晴れ**たり**曇っ**たり**です。

ため・ために

受益の対象（名詞につく）◇息子の**ために**働く。

目的（意志動詞と）　　◇私は日本語を勉強する**ために**日本に来ました。

◇英語の勉強の**ため**アメリカに行く。

原因・理由　　　　　　◇大型台風接近の**ために**、学校は休校になりました。

つもり

話者の意図・決意　　　◇僕は進学する**つもり**はない。

仮想　　　　　　　　　◇買物をし**たつもり**で貯金すれば来年は旅行ができるでしょう。

で

動作の場所を表す　　　◇工場**で**働く。

数量の限定・区切りをつける

◇一週間**で**終わらせる。

◇来月一杯**で**打ち切る。

範囲を限定する　　　　◇エベレストは世界**で**最も高い。

道具・手段　　　　　　◇箸**で**ものを食べる。

原材料・媒体など　　　◇セーターは毛糸**で**編む。

原因・理由を示す　　　◇病気**で**死んだ。

状態を表す　　　　　　◇ジュースを１リットル缶**で**売る。

合計　　　　　　　　　◇3つ**で**千円だ。

動作を行う集団・グループを示す

◇みんな**で**歌を歌いましょう。

◇会社**で**補償する。

遠慮・謙遜「充分である」

◇お茶**で**けっこうです。

ても

逆接（仮定条件）	◇（たとえ・どんなに）雨が降っ**ても**、出かける。
逆接（確定条件）	◇（これだけ）走っ**ても**全然痩せない。
対比（＝けれど）	◇盗みはし**ても**殺しはしない。

でも

例示（＝「など」「なんか」）	◇お茶**でも**飲みませんか。
全部（どの可能性についても）（疑問詞と）	◇誰**でも**知っている。
	◇いつ**でも**おいでください。
極端な例をあげる（「他もすべて」）（＝でさえ）*本来はコピュラ＋「も」	◇先生で（あって）**も**知らないことがある。
	◇子ども**でも**分かる。

と

一緒にその動作をする相手・連れ（＝と一緒に）	◇友だち**と**学校に行く。
相手	◇他校**と**試合をする。
	◇友だち**と**喧嘩する。
	◇友人の知り合い**と**結婚する。
変化（＝に）	◇試合は延期**と**なった。
比較の対象	◇東京**と**大阪はどちらが大きいか。
並列（列挙）	◇栗**と**柿**と**リンゴを買う。
引用	◇「危ない」**と**叫んだ。
様子・様態・状態描写	◇雨がぱらぱら**と**降ってきた。
強調（「数詞＋と…否定的な言葉」の形で）	◇二度**と**あんなひどいホテルに泊まるものか。
仮定→必然の結果	◇歩く**と**、10分ぐらいかかる。
発見（主節は過去形）	◇ドアを開ける**と**、少女が立っていた。
逆接（＝ても）	◇だれが来よう**と**会わない。
前置き	◇今朝の新聞による**と**、日本初の人工衛星は失敗だ。
	◇そうだ。先生の話だ**と**来週は休講だって。

とか

並列（例示）	◇休日には掃除**とか**洗濯などをします。

ところ

進行中の時点	
直前	◇今、出かけ**るところ**です。
進行中	◇旅行の準備を**しているところ**です。
直後	◇授業が終わっ**たところ**です。
時間・時	
（主節が移動動詞）	◇家を出ようとしていた**ところに**電話がかかってきました。
（主節が動作動詞）	◇駅に着いた**ところで**電車が出てしまった。
伝聞の範囲・情報源の限定	
	◇私の聞いた**ところでは**あの人は結婚していない。
出来事の累加	◇会社が倒産した**ところへ**病気になってしまった。
逆接（＝ても）	◇薬を飲んだ**ところで**治らないでしょう。
状況（＝のに）	◇お忙しい**ところを**わざわざありがとうございました。

どころ

強い否定	◇海は冷たかった**どころ**じゃありません。まるで氷のようでした。
	◇このお酒は弱い**どころか**かなり強いですね。

な

確認・疑問	◇明日、来るよ**な**。待ってるぜ。
詠嘆	◇うーん、国際電話は高い**な（あ）**。
主張	◇僕はその意見に反対だ**な**。
禁止	◇危ないところへは一人で行く**な**よ。
命令	◇早く行き**な（さい）**。

ながら

動作の同時進行	◇手を振り**ながら**歩く。
逆接	◇知ってい**ながら**、知らないふりをする。

など・なんて・なんか・なんぞ

謙遜	◇私の妹**など**お役に立ちません。
軽蔑	◇東京**など**うるさくて、大嫌いです。
強調	◇私が嘘**など**つくものですか。

◇なぜあんな所に行きたい**など**と言うのでしょう。

◇お金**なんか**、受け取るわけにはいきません。

例示　　　　　　　　　◇東京や大阪**など**の大都市

◇映画**など**見ませんか。

なら

仮定→判断　　　　　　◇君も帰る**なら**、僕も帰る。

に

存在の場所　　　　　　◇海**に**魚がいる。

動作・作用の時　　　　◇7 時**に**起きる。

動作などの及ぶ対象を示す

◇花**に**水をやる。

相手　　　　　　　　　◇友だち**に**会う。

◇先生**に**相談する。

範囲・対象　　　　　　◇この家は都心**に**近い。

◇この金庫は火**に**強い。

目的の場所・移動先　　◇山**に**登る。

◇駅**に**着く。

◇椅子**に**座る。

◇鉄棒**に**飛び付く。

移動を伴う目的　　　　◇泳ぎ**に**行く。

◇映画**に**行く。

用途・目的　　　　　　◇京都へ行く**の**に新幹線を使う。

◇京都へ行く**に**は新幹線がいい。

原因となる対象を表す　◇難病**に**苦しむ。

◇恋**に**悩む。

（変化した後の）状態・結果

◇氷が溶けて水**に**なった。

動作主（受身・使役など）◇先生**に**ほめられる。

◇子ども**に**行かせる。

追加・列挙　　　　　　◇増田さん**に**北村さん**に**川村さん**に**、佐藤さんもいました。

組合せ　　　　　　　　◇黒のスーツ**に**黒のネクタイの男

◇鬼**に**金棒

慣用的表現

　選択・決定　　　　　◇私はコーヒー**にする**。

それ以上ではない（＝こと）

◇デパートへ行く**には**行ったが、何も買わない
で帰ってきた。

によって

動作主（受身で）	◇火縄銃はポルトガル人**によって**持ち込まれた。
変化要因	◇鉄は温度**によって**伸び縮みする。

ね（ねえ）

確認・疑問（話者と聴者が同一の情報をもつ）＊「ね」をとると不自然

◇あなたがスミスさんです**ね**。

主張（同一の情報をもっていない。連帯感を示す）＊「ね」はとってもいい

◇行ったほうがいいと思う**ね**。

間投助詞　　　　　　　　◇あの**ね**、お店で**ね**、こんなもの見つけちゃっ
た。

の

所有格	◇君**の**机
名詞の代わりに使う（代名詞）	

◇あの大きい**の**を見せてください。

所有格＋代名詞	◇この本はあなた**の**ですか。
動作主	◇先生**の**話をよく聞け。
動作の対象	◇子ども**の**世話
属性	◇真珠**の**指輪
	◇浪費家**の**佐藤
連体修飾節中の主語（＝が）	

◇目**の**大きい少女

節を名詞化（＝こと）	◇先生が受賞された**の**を新聞で知りました。
状況を指し示す（≠こと）	◇僕は君が幸江さんと話している**の**を見た。
強調構文として	◇あの人が好きな**のは**ブラームス**です**。
慣用的表現（関連したことを並べて問題にする）	

＊多く「XのXないの」「Xの何の」の形で

◇娘が結婚する**の**し**ない**ので、大騒ぎした。

のだ・んだ

補足説明	◇これはケニヤの切手です。父にもらった**んで
す**。
穏やかな注意	◇車に気を付ける**んです**よ。

ので

原因・理由 ◇雪が降った**ので**、外は真白だ。

のに

逆接（反期待） ◇雨が降った**のに**涼しくならない。

は

文の主題 ◇東京**は**人が多い。

◇僕**は**ウナギだ。

対比 ◇ドイツ語**は**上手だが、フランス語**は**下手だ。

数・程度の上限・下限 ◇千円**は**しない。

◇千円**は**する。

動作の繰り返し ◇パチンコに行って**は**お金の無駄遣いをしている。

ば

仮定→必然の結果（＝と） ◇春になれ**ば**暖かくなる。

仮定→結果（＝たら） ◇金と暇があれ**ば**海外旅行に行きたい。

並列 ◇老人もいれ**ば**子どももいる。

前置き ◇思え**ば**ずいぶん長い年月でした。

◇よろしけれ**ば**お持ちください。

ばかり・ばかし・ばっかし

およその分量（＝約） ◇五分**ばかり**待つと汽車が着きました。

時点（直後・完了） ◇今、出発し**たばかり**だ。

時点（直前） ◇雨が今にも降ら**んばかり**だ。

◇あとは出かけ**るばかり**だ。

反復（もっぱら） ◇マンガ**ばかり**読んでいる。

◇働いて**ばかり**いる。

原因・理由 ◇金がない**ばかり**に馬鹿にされた。

限定（＝だけ） ◇今度**ばかり**は驚いた。

◇気持ち**ばかり**の品

追加 ◇英語**ばかりではく**、フランス語**も**わかります。

はず

確信 ◇今日は日曜日だから、どこでも休みの**はず**です。

納得・疑問氷解（＝わけだ）

◇あいつはアメリカに住んでいたのか。道理で
英語がうまい**はず**だ。

ほど

およその分量（＝約）	◇大学まで１時間**ほど**かかる。
比較の基準	◇ひどい頭痛で医者へ行く**ほど**だった。
程度（比喩）	◇ヨガの修行僧は死ぬ**ほど**苦しい修行をする。
慣用的表現	
程度比較	◇天ぷらも高いが、すし**ほどじゃない**。
最上級	◇日本**ほど**面白い国は**ない**。
比例	◇絵は高けれ**ば**高い**ほど**有名になる。

まで

時間・距離の到達点を表す

◇月曜から金曜**まで**働く。

◇東京**まで**車で行く。

極端な例をあげて「他も全て」とほのめかす

◇子どもに**まで**馬鹿にされる。

◇親友**まで**裏切った。

まま

結果の状態（変わらない様子）

◇私の家は倒れ**たまま**だった。

みたい（＝ようだ）

推量	◇昨夜は雨が降った**みたい**だ。
比況	◇まだ２月だというのにもう春**みたい**です。
例示	◇あなた**みたい**な方と結婚できたらいいんだけど。

も

文の主題（添加）	◇僕**も**帰る。
	◇ピアノ**も**弾く。
極端な例をあげる（「他もすべて」）（＝さえ）	
	◇親に**も**話せない秘密
	◇ナポレオンに**も**できなかったこと
量が多いことを示唆	◇30分**も**待たされた。

並列（累加）	◇肉**も**野菜**も**高い。
全部（疑問詞と）	◇いつ**も**留守だ。
	◇だれ**も**いない。
感動・表現の和らげ（過ぎるもの、変化するものなどに）	
	◇秋**も**深まりましたね。
	◇夏休み**も**あと一週間だ。
	◇弟**も**ようやく結婚が決まった。

もの

当然・当為（＝べき、～が当然だ）	
	◇年長者の意見は聞く**もの**だ。
当然の帰結（＝～が普通だ・当然だ）	
	◇年を取ると忘れっぽくなる**もの**です。
過去の習慣・回想	◇毎年冬には屋根まで雪が降っ**たものだ**。
感慨	◇ジェット機というのは速い**ものです**ね。
	◇ひどいことを言う**もんだ**ね。
主張・反語	◇だれがこの土地を売ったりする**ものですか**。
仮定	◇目立つ服を着よう**ものなら**皆に見られる。
推測	◇犯人は窓から侵入した**もの**と考えられます。
強調	◇夏休みが終わってからという**もの**、休む暇がなかった。
逆接	◇熊本まで行った**ものの**水前寺公園は見ませんでした。
原因・理由	◇電車が止まった**もので**遅れました。
感動など（終助詞的に）	◇だって、行きたいんだ**もん**。

や

並列（例示）	◇桜**や**梅**や**松の樹がある。
「するや（否や）…」というパターンで「～するとすぐ…がおきる」の意味を表す	
	◇山田さんは僕の顔を見る**や否や**、どこか行ってしまった。
詠嘆	◇仕方がない**や**、もう一度やり直そう。
呼びかけ	◇番頭さん**や**、ちょっと来ておくれ。

やら

| 並列・列挙（例示）（＝とか） | |
| | ◇日本人**やら**、外国人**やら**、いろいろな人が来た。 |

不確かさ（疑問詞と）（＝か）
　　　　　　　　　　　◇確かどこ**やら**で見たんだが。
　　　　　　　　　　　◇いつになったら来るの**やら**。
対比（不確かな対比）（＝か）
　　　　　　　　　　　◇降る**やら**晴れる**やら**はっきりしない天気だ。
名前をぼかす（＝か）　◇このパソコンには CD-ROM と**やら**（いうも
　　　　　　　　　　　の）がある。

よ

念を押す　　　　　　　◇じゃあ行って来る**よ**。
呼びかけ　　　　　　　◇息子**よ**、よくお聞き。

よう

推量　　　　　　　　　◇この問題は学生には少し難しい**ようだ**。
婉曲　　　　　　　　　◇この洋服はちょっとあなたには合わない**よう
　　　　　　　　　　　です**。
比況　　　　　　　　　◇このパンは石の**よう**に硬い。
引き合いに出す　　　　◇電話で話した**ように**、この問題はもう解決し
　　　　　　　　　　　ました。
例を引いて説明する　　◇戦後政治史に見る**ように**、連立政権は長続き
　　　　　　　　　　　しない。
他人の言葉等を引用して説明する
　　　　　　　　　　　◇「勝って兜の緒を締めよ」と言う**ように**、油
　　　　　　　　　　　断は禁物だ。
努力目標（無意志動詞と）◇明日からは毎朝 6 時に起きる**ように**します。
状況による決定　　　　◇日本語ができる**ようになりました**。
間接命令　　　　　　　◇部屋ではうるさくしない**ように**頼みました。

より

時（起点）　　　　　　◇会議は 10 時**より**行う。
比較　　　　　　　　　◇日本**より**アメリカの方が大きい。
限定（比較）　　　　　◇あきらめる**より**仕方がない。
　　　　　　　　　　　◇車で行く**より**方法がない。

わ

詠嘆　　　　　　　　　◇すばらしい**わ**。
列挙、程度がはなはだしいことを示す
　　　　　　　　　　　◇朝から電車に乗り遅れる**わ**、財布は落とす**わ**、

まったくろくなことがない。

わけ

説明	◇一人17万、つまり3人で50万強かかる**わけ**です。
納得・疑問氷解	◇熱が40度もあるのですから、苦しい**わけで**す。
可能性の否定（否定で）	◇そんな計画でこの仕事が成功する**わけがない**。
相手の考えを先取りして否定（否定で）	
	◇遊んでいた**わけではありません**。
道徳的・倫理的禁止（否定で）	
	◇今日は忙しいので、遊んでいる**わけにはいか**ない。

を

動作を受ける対象を示す	◇演劇の勉強**を**している。
移動の場所	
離脱点（＝から）	◇家**を**出る。
通り過ぎる場所	◇橋**を**渡る。
移動などをする場所	◇スーパーマンは空**を**飛べる。

✎ よく使う副詞の機能別総整理

　日本人は話者の感情や態度、状態や程度などを伝えるために、かなり豊富に副詞を使っていますが、その中で日常会話でよく出てくる副詞を機能別に取り上げました。これ以外にも副詞はたくさんありますし、擬音語・擬態語を加えると更に多くなりますが、以下のものを覚えておけば日常会話や作文ではとりあえず支障は生じないでしょう。

- -

✏ **断定「～だ／～する」と呼応する副詞）**

□ **必ず**	◇ どんなことがあっても、**必ず**行きます。
□ **絶対（に）**	◇ **絶対**に勝つ。
□ **全く**	◇ **全く**同感だ。
□ **もちろん**	◇ **もちろん**のことだ。
□ **確かに**	◇ **確かに**受け取りました。

- -

✏ **「～ない」や否定を意味する動詞と呼応する副詞**

（１）全面否定

□ **いささか（些か）も**	◇ 突然の知らせにも彼は**些か**も動じ**ない**。
□ **一切**	◇ 私には**一切**関係**ない**。
□ **決して**	◇ これは**決して**高く**ない**。
□ **絶対（に）**	◇ 私への反抗は**絶対**許さ**ない**。
□ **全く**	◇ **全く**話になら**なかった**。
□ **さっぱり**	◇ 何のことか、**さっぱり**わから**ない**。
□ **さらさら**	◇ 彼が犯人だとは**さらさら**思ってい**ない**。
□ **断じて**	◇ 私は彼を**断じて**許すことができ**ない**。
□ **まるで**	◇ そんな人は**まるで**知り**ません**。
□ **ちっとも／少しも**	◇ **ちっとも（少しも）**食べ**ない**。
□ **一度も**	◇ 彼女は**一度も**笑ったことが**ない**。
□ **全然**	◇ あんな男には**全然**関心が**ない**。

（２）婉曲・部分否定

□ **あまり**	◇ 麺類は**あまり**好きでは**ない**。
□ **あながち**	◇ 彼の話は**あながち**嘘も言え**ない**。
□ **一概に**	◇ 彼の意見も**一概に**否定でき**ない**。
□ **必ずしも**	◇ 金持ちが**必ずしも**幸せとは限ら**ない**。
□ **それほど**	◇ **それほど**重要な問題では**ない**。
□ **たいして**	◇ 試験は**たいして**難しく**なかった**。
□ **ろくに**	◇ うちの子は**ろくに**勉強もし**ない**。
□ **まず**	◇ 努力家の彼女が失敗することは**まず****ない**。

| □めったに | ◇このショーはめったに見られない。 |
| □よもや | ◇よもやそのようなことはあるまい。 |

（3）可能形「～（ら）れない／不可能を意味する動詞」と呼応

□なかなか	◇人の名前がなかなか覚えられない。
□とても	◇僕にはとても信じられない。
□とうてい（到底）	◇今からではもう到底間に合わない。

✏ **推量の助動詞「だろう／かもしれない／はずだ」と呼応する副詞**

（1）推量の助動詞と呼応するもの

⇒「～だろう／～はずだ」「～と思う」などと呼応

□たぶん	◇たぶん待っても来ないだろう。
□おそらく	◇おそらく君には無理だろう。
□さぞ	◇さぞ痛かっただろう。
□そのうち	◇そのうち彼の考えも変わるだろう。
□やがて	◇やがて収束に向かうだろう。
□きっと	◇やればきっとできるはずだ。

⇒「～かもしれない」と呼応

□ひょっとすると	◇ひょっとすると雨が降るかも知れない。
□ひょっとしたら	◇ひょっとしたら嘘がばれたかもね。
□もしかしたら	◇もしかしたら転勤になるかもしれない。
□もしかして	◇もしかして、道に迷ったかもしれない。

⇒「～ないだろう」など否定推量と呼応

□果たして	◇果たして成功するだろうか。
□まさか	◇まさか君が犯人ではないだろうね。
	◇まさか彼が知っているはずがないと思うが、…。

⇒「～のだろう／～ことだろう」（感嘆）などと呼応するもの

□なんと	◇なんと今日は寒いんだろう。
□なんて	◇なんて狡い人なんだろう。
□どんなに	◇どんなに喜んだことでしょう。
□どれほど	◇どれほど心配したことだろう。

✏ **「ようだ／そうだ／らしい」と呼応する副詞**

□今にも	◇彼女は今にも泣き出しそうな顔だった。
□どうやら	◇どうやら風邪らしい。
□どうも	◇その話はどうもほんとうのようだ。

□いかにも　　　　　　　◇いかにも彼のやりそうなことだ。
□まるで　　　　　　　　◇まるで水を打ったような静けさだ。
□さも　　　　　　　　　◇父はさも嬉しそうに笑った。
□あたかも　　　　　　　◇今日はあたかも春のような暖かさだ。
◆関連する副詞
□なんだか　　　　　　　◇なんだか気味が悪い話だね。
□なんとなく　　　　　　◇なんとなく嫌な予感がするんだ。

- -

✍　完了形「〜した」と呼応する副詞
（1）過去を表す副詞
□（今）さっき　　　　　◇（今）さっき来たばかりだ。
□たった今　　　　　　　◇僕も、たった今、来たところです。
□この間　　　　　　　　◇この間はどうも失礼しました。
□もう　　　　　　　　　◇その件はもう連絡しました。
□とっくに　　　　　　　◇子どもはとっくに寝ました。

（2）過去のことの推量
□確か　　　　　　　　　◇確か通帳はタンスの中だったと思う。
□てっきり　　　　　　　◇僕はてっきり冗談だと思っていたが。

- -

✍　「〜たい／〜てください」（希望や依頼）と呼応する副詞
□ぜひ　　　　　　　　　◇ぜひ遊びに来てください。
□どうしても　　　　　　◇どうしても勝ちたい。
□なんとしても　　　　　◇何としても志望校に合格したい。
□できれば／できたら　　◇できれば（できたら）参加したい。
□できるだけ　　　　　　◇できるだけ早めに来てください。
□どうか　　　　　　　　◇どうかお許しください。
□せめて　　　　　　　　◇せめて利子だけでも払って欲しい。

- -

✍　「〜てしまった」と呼応する副詞
□つい　　　　　　　　　◇ごめん。つい朝寝坊してしまったんだ。
□うっかり（して）　　　◇うっかり約束を忘れてしまっていた。

- -

✍　「〜ておく」と呼応する副詞
□あらかじめ　　　　　　◇あらかじめ準備しておくように。
□事前に　　　　　　　　◇事前に連絡しておいたほうがいいよ。
□そのまま　　　　　　　◇窓はそのまま開けておいてください。

- -

✏ 仮定や理由を表す助詞と呼応する副詞

（1）「〜たら／〜ば／〜なら」と呼応するもの

□もし	◇もし、お時間がおありでしたら。
□仮に	◇仮に君が彼の立場だったら、どうした？
□万一	◇万一火災が起こったら、この非常口から逃げてください。
□もしも	◇もしも僕に羽があるなら、君のところへ飛んでいきたい。
□一旦	◇一旦約束したら、必ず守る。
□例えば	◇例えば君が僕の立場だったら、どうした？

（2）「〜ても」と呼応するもの

□たとえ	◇たとえ嘘でも、ほめられれば嬉しい。
□仮に	◇仮に彼の立場でも、同じことをした。
□いくら／いかに	◇いくら（いかに）苦しくても、最後までがんばりなさい。
□どんなに	◇どんなに努力しても、彼には勝てない。

（3）「〜からには／〜以上」と呼応するもの

□一旦	◇一旦やると決めたからには、必ずやる。

✏ その他の副詞の機能別整理

（1）回数を表す副詞

□いつも	◇彼はいつも遅刻している。
□いつでも	◇いつでも遊びに来てください。
□しばしば	◇夜中にしばしば目が覚める。
□たびたび	◇たびたびご迷惑をかけてすみません。
□よく	◇最近、よく忘れ物をする。
□ときどき	◇彼はときどきこの店に来ます。
□たまに	◇彼にはたまに会うことがあります。
□めったに〜ない	◇彼女はめったに笑わない。

（2）数量を表す副詞

□全部／全て	◇仕事は全部（全て）終わりました。
□すっかり	◇山の雪もすっかり溶けた。
□たくさん	◇たくさん召し上がってください。
□十分	◇時間はまだ十分あります。
□あまり〜ない	◇私はあまりお酒が飲めません。
□少し／ちょっと	◇ご飯が少し残っている。

□ほとんど～ない	◇残り時間は**ほど**んどありません。
□全然～ない	◇お金が**全然**ない。
□さっぱり～ない	◇今日は魚が**さっぱり**釣れない。

（3）時間の長さを表す副詞

□いつまでも	◇**いつまでも**君のことを忘れない。
□ずっと	◇君が来るのを**ずっと**待っていたんですよ。
□長らく	◇**長らく**お待たせしました。
□しばらく	◇**しばらく**お待ちください。
□少し／ちょっと	◇**ちょっと**待ってください。
□少々	◇**少々**お待ちください。

◆「あまり～ない／ほとんど～ない／全然～ない」も時間を表す。

（4）順序を表す副詞

□最初に	◇**最初に**自己紹介をしてください。
□はじめに	◇**はじめに**お断りしておきますが、…
□先ず	◇**先ず**、私から説明します。
□先に	◇**先に**勉強を済ませなさい。
□次に	◇**次に**校長からご挨拶をいただきます。
□後で	◇**後で**連絡します。
□終わりに	◇**終わりに**、みんなで乾杯しましょう。
□最後に	◇**最後に**一言申し上げます。

（5）数量や程度を表す副詞

⇒高程度

□非常に	◇これは**非常に**高価な品だ。
□すごく	◇彼のことが**すごく**好きよ。
□とても	◇**とても**おいしいです。
□実に	◇**実に**美しい。
□大変	◇生活に**大変**困っている。
□ほんとうに	◇**ほんとうに**すばらしい。
□ずいぶん	◇**ずいぶん**できるようになったね。
□よく	◇**よく**食べる人だね。

⇒中程度以上

□なかなか	◇この作文は**なかなか**よく書けている。
□かなり	◇**かなり**難しいテストです。
□相当	◇**相当**がんばらないと、合格は無理だよ。

⇒低程度

□まあまあ	◇今度の試験はまあまあだった。
□どうにか／なんとか	◇今の給料で、どうにか（なんとか）食べていけます。
□たいして～ない	◇その映画はたいしておもしろくなかった。
□それほど～ない	◇彼がいなくても、それほど困らない。
□あまり～ない	◇あまりいい作品ではないですね。
□ろくに～ない	◇忙しくて、ろくにご飯も食べられない。
□全然～ない	◇全然わからない。

（6）比較を表す副詞

□ずっと	◇北海道は東京より、ずっと寒い。
□むしろ	◇あんな男と結婚するぐらいなら、むしろ死んだほうがいい。
□まして	◇大学生に解けない。まして子供に解けるはずがない。
□もっと	◇もっと早く走れ、もっと高く跳べ。
□更に	◇寒さは更に厳しくなるでしょう。
	◇風に加えて、更に（その上）雨まで降ってきた。
□一層	◇今後一層努力いたします。
□なお／なおさら	◇やすいなら、なお（なおさら）いい。
□よけいに	◇「するな」と言われたら、よけいにしたくなる。

（7）状態変化や発生を表す副詞

⇒自然・無意識の行為

□ひとりでに	◇子どもは母語をひとりでに身につける。
□自ずと	◇年を取れば自ずとわかる。
□いつのまにか	◇いつのまにか、日が暮れていた。
□なんとなく	◇なんとなく嫌な予感がする。
□知らず知らずのうちに	◇知らず知らずのうちに。年をとる。
□思わず	◇思わず「あっ」と叫んだ。
□つい	◇つい大声を出してしまった。

⇒事態の接近、将来の発生

□今にも	◇今にも雨が降り出しそうだ。
□もうすぐ	◇もうすぐ春ですねえ。
□まもなく	◇間もなく電車が到着しますよ。
□そろそろ	◇そろそろバスも来るころだ。
□そのうち	◇そのうち雨もやむだろう。

□やがて	◇やがて君も人の親になる。
□いずれ	◇隠しても、いずれわかることだ。
□遅かれ早かれ	◇遅かれ早かれ、君にもわかる日がくる。

⇒徐々の変化

□少しずつ	◇日本のことが少しずつわかってきた。
□次第に	◇風雨は次第に激しさを増した。
□徐々に	◇勉強が徐々に難しくなっていく。
□だんだん	◇だんだん寒くなる。

⇒急激な状態変化

□にわかに	◇病状がにわかに悪化した。
□たちまち	◇その品はたちまち売り切れた。
□あっという間に	◇あっという間に殴り倒された。

⇒突発事態の発生

□急に	◇その子は急に泣き出した。
□突然	◇突然停電し、真っ暗になった。
□不意に	◇不意にバスが急停車した。
□いきなり	◇彼はいきなり私に殴りかかった。
□とっさに	◇石が飛んで来たので、とっさに身を避けた。

（8）行為・意志表現と結びつき、「すぐ」を表す副詞

□すぐ(に)	◇すぐに実行しなさい。
□ただちに	◇ただちに行動に移れ。
□早速	◇早速持ってまいります。
□さっさと	◇さっさと歩け。
□至急	◇至急それを取り寄せてください。
□早急に	◇早急に連絡をとります。

（9）結論・結果を述べる時に使う副詞

□結局	◇この世の中、結局、金だ。
□いずれにせよ	◇いずれにせよ、これは君の責任だ。
□どうせ	◇どうせ失敗するに決まっている。
□さては	◇最近きれいになったけど、さては恋人でもできたかな。

（10）期待していたことの実現を表す副詞

□ついに	◇やった、やった、ついにやった！

□やっと　　　　　　　　◇やっと就職先が決まった。
□ようやく　　　　　　　◇ようやく締め切りに間にあった。
□なんとか／どうにか　　◇なんとか（どうにか）窮地を切り抜けた。
□いよいよ　　　　　　　◇いよいよ受験のシーズンが始まる。

（11）予想・想像と一致した時に使う副詞
□やはり　　　　　　　◇やはりやめたほうがいいよ。
□なるほど　　　　　　◇東京は、なるほど物価が高い。
□さすが（に）　　　　◇さすがに元プロ、うまいもんだ。
□相変わらず　　　　　◇相変わらずお美しいですね。

（12）言い換えや例示の副詞
□つまり　　　　　　　◇日本の首都、つまり東京
□すなわち　　　　　　◇唐の都、すなわち長安。
□要するに　　　　　　◇要するに君は反対なんだね。
□例えば　　　　　　　◇マスコミ、例えばテレビや新聞などは…。

（13）喩えを表す副詞
□まるで　　　　　　　◇まるで夢のような話だ。
□さも　　　　　　　　◇さも知っているかのようなふりをする。
□あたかも　　　　　　◇今の資本主義社会はあたかも戦場のようだ。
□いわゆる　　　　　　◇会社のためにせっせと働く日本人、いわゆる「働
　　　　　　　　　　　　き蜂」は最近では減ってきている。
□いわば　　　　　　　◇パソコンは、いわば便利な文房具のようなものだ。

（14）最初の状態を表す副詞
□元々　　　　　　　　◇だめで元々、やれるだけやってみるさ。
□本来　　　　　　　　◇あの人は本来気の弱い人だ。
□そもそも　　　　　　◇それがそもそも失敗のもとだ。

（15）不本意を表す副詞
□つい　　　　　　　　◇つい嘘をついてしまった。
□うっかり　　　　　　◇うっかり秘密をしゃべってしまった。
□いやいや　　　　　　◇いやいやながら引き受けた。
□しかたなく　　　　　◇しかたなく引き返した。
□あいにく　　　　　　◇あいにく主人は留守にしておりまして。

（16）真面目な態度を表す副詞
□一生懸命　　　　　　◇一生懸命やったのに…

□ひたむきに／一心に　　◇ひたむきに（一心に）研究に打ち込む。
□必死に　　　　　　　　◇マイホームを買うために**必死に**働いた。
□せっせと　　　　　　　◇**せっせと**手紙を書いている。

（17）特定の事物や行為を選択するとき使う副詞
□特に　　　　　　　　　◇今年の夏は**特に**暑い。
□とりわけ　　　　　　　◇今日は**とりわけ**寒いですね。
□何より　　　　　　　　◇僕は**何より**刺身が大好物です。
□敢えて　　　　　　　　◇**敢えて**危険を冒す。／**敢えて**行けとは言わない。

（18）努力や故意・強制を表す副詞
□わざわざ　　　　　　　◇**わざわざ**来てくれて、ありがとう。
□せっかく　　　　　　　◇**せっかく**辞典を買ってやったのに、使わない。
□わざと　　　　　　　　◇知っているのに、**わざと**知らないふりをする。
□無理に／無理矢理　　　◇**無理矢理**やらされた。
□強いて　　　　　　　　◇**強いて**言えば、彼の方がやや勝る。

✎ よく使う接続詞の機能別総整理

　日常会話でよく出てくる接続詞を機能別に取り上げました。接続詞は文章と文章との関係を表す働きをします。接続の言葉をうまく使うと文章の流れがわかりやすくなります。読む人は接続の言葉の後に来る文章の内容をある程度予測できるからです。接続の言葉は大体次のようなものです。

✏ 並列（二つの事柄を並べて述べる）

接続詞	および
意　味	物事を並べて述べる。硬い表現。
例　文	◇館内での飲食**および**携帯電話のご使用はご遠慮ください。 ◇試験中は、携帯電話**および**音の出る機器はすべて電源を切ってください。

接続詞	ならびに
意　味	物事を並べて述べる。演説や論説などよく使われる。
例　文	◇こちらに住所・氏名**ならびに**電話番号をご記入ください。 ◇本日は社長**ならびに**副社長も参っております。

接続詞	また
意　味	前の事柄に後の事柄を付け加える。
例　文	◇山口氏は音楽家だが、**また**、小説家でもある。 ◇この試験は日本国内の数ヶ所で行われる。**また**、同じ日に外国でも行われる。

接続詞	かつ
意　味	一つの事柄の二つの面を並べる。硬い表現。
例　文	◇東京は政治の中心地であり、**かつ**経済の中心地でもある。 ◇救急医療は迅速**かつ**適切でなければならない。

✏ 添加（前の事柄に後の事柄を付け加える）

接続詞	おまけに
意　味	「AおまけにB」で「AにBを付け加える」。会話文、また、よくないことに使われることが多い。Bに「〜なさい」「〜たい」の表現は使えない。
例　文	◇電車は事故で遅れ、**おまけに**雨でタクシーは長蛇の列。最悪だった。 ◇会社では部長に叱られ、**おまけに**財布を落として、今日は踏んだり

蹴ったりだ。

接続詞	**それに**
意　味	前の事柄に加えて別の事柄もある。会話で理由を述べるときによく使う。
例　文	◇孫も生まれたし、**それに**体調にも自信がないから、今回の旅行はやめておくよ。 ◇仕事を引退して時間がある。**それに**幸いなことに健康だから、何かボランティア活動をしたい。

接続詞	**さらに**
意　味	同じようなことが重なったり加わったりする様子。硬い表現。
例　文	◇テレビだけでなく、舞台にも出てみたい。**さらに**、将来はミュージカルにも挑戦してみたい。 ◇このキャンパスにはいろいろな施設がある。運動場や記念会館がある。それに、乗馬の練習場、レストランなどもある。**さらに**、美しい庭や植物園もある。

接続詞	**しかも**
意　味	前の事柄だけでなく、ほかの事柄も加えて意味を強める。
例　文	◇いろいろな食品が値上がりしている。**しかも**、値上がり率は大きい。 ◇この会社の面接試験は英語で行われる。**しかも**、経済からスポーツ、グルメなど、話題はさまざまだ。

接続詞	**そして**
意　味	前の事柄に、単純に後の事柄を付け加える。前のことに続いて後のことが起こる。
例　文	◇私の故郷は緑が多く、**そして**、気候穏やかなところです。 ◇この仕事が終わったら、温泉にでも行きたい。**そして**ゆっくりマッサージでもしてもらいたいよ。

接続詞	**そのうえ**
意　味	前の事柄と同じ方向の事柄を付け加える。
例　文	◇午後から雨が降り出し、**そのうえ**、風まで強くなってきた。 ◇先生のお宅で食事をごちそうになり、**そのうえ**、お土産までもらった。

接続詞	**それから**
意　味	前の事柄に続いて、もう一つの事柄が起こることを表す。その次に。

例　文	◇お風呂に入った。**それから**、寝た。
	◇ホームセンターでガムテープを買ってきてくれる？**それから**釘も。

接続詞	**それどころか**
意　味	後の文で前の文で言ったことよりずっと程度が上（または下）のこと・前の事柄とは逆の事柄を加える。驚きの気持ちを含む。
例　文	◇彼は年をとっても体力は衰えない。**それどころか**、ますます元気だ。
	◇彼は私と会っても挨拶をしない。**それどころか**、かげで私の悪口を言っているらしい。
	◇この建物は住むのには便利ではない。**それどころか**、危険なところもある。

接続詞	**そればかりか**
意　味	前の事柄だけで全部ではなく、さらにほかの事柄もある様子。
例　文	◇彼は、銀行からの借金が数百万円もあって、返せずにいるという。**そればかりか**、友人たちからも相当のお金を借りているらしい。
	◇お店の人に道を尋ねたら、親切に地図を書いてくれました。**そればかりか**、途中まで一緒に来てくれたんです。

- -

✍　対比（前の事柄と後の事柄を比べる）

接続詞	**一方**
意　味	後の文で前の文とは対比的なことを述べる。
例　文	◇西に味付けは薄みだ。**一方**、関東は味付けが濃いと言われている。
	◇NHK の番組は広告がない。**一方**、民間テレビ局の番組はよくコマーシャルが入る。

接続詞	**その反面/半面**
意　味	一つのものの二つの面を比べて述べる。
例　文	◇田中先生の授業はわかりやすくておもしろい。**その反面**、宿題が多いから大変だ。
	◇彼は友だちの間で非常に人気がある。**その半面**、親とはあまり仲良くないようだ。

接続詞	**逆に**
意　味	一つのことを異なる方向から考えて比べて述べる。
例　文	◇うそは常に許されないとはいえない。**逆に**必要な場合もある。
	◇お金がないと幸せになれないのかもしれない。**逆に**、そう考えると気が楽だ。頑張ってお金を稼げばいい。

接続詞	反対に
意　味	一つのことを逆の視点から考えて比べて述べる。
例　文	◇銀行から金を借りて新たな投資をするか、**反対に**、人員整理をして守りに入るか…。判断の難しいところだ。
	◇電車の中でお年寄りに席を譲ったら、「年寄り扱いするな」と**反対に**叱られてしまった。

✍ 第二の選択（同じレベルの選択肢を二つ示す）

接続詞	あるいは
意　味	どちらか一つを選ぶ。やや硬い表現。
例　文	◇東京からＡ市まで行くには飛行機か新幹線がいい。**あるいは**、高速バスで行く方法もある。
	◇仕事を優先するか、**あるいは**家族を優先するかという悩みは、誰もが一度は経験したことがあるだろう。

接続詞	または
意　味	並列的な二つのうち、どちらか一つを選ぶ。やや改まった会話で使う。
例　文	◇連絡先の住所と電話番号を書いてください。**または**、メールアドレスを書いてください。
	◇この記事については、新聞社が著作権を有している。全部**または**一部を使用する場合には許可を得ることが必要だ。

接続詞	もしくは
意　味	どちらか一つを選ぶ。硬い表現。
例　文	◇結果は月曜日**もしくは**火曜日に郵便でお知らせします。
	◇パスポート、**もしくは**運転免許証などの提示が義務付けられています。

接続詞	それとも
意　味	二つの選択のうち、疑問の形で一つを選ぶ。後の文で別の質問をする。
例　文	◇話し合いで代表者を決めたほうがいいのか。**それとも**、選挙で選んだほうがいいのか。
	◇地球の温暖化はこれからもますます進むのだろうか。**それとも**、進行が抑えられるのだろうか。

✍ 原因・理由（前の事柄の理由を後で述べる）

接続詞 だって

意　味 自分は悪くない、間違っていないと、理由や事情を訴える。言い訳。
文末に「～もん」と呼応する。会話表現。主に女性と児童が使う。

例　文 ◇A「ラストシーンがよかったのに、寝ちゃったの？」
　　B「**だって**、風邪薬飲んだら眠くなっちゃったんだもん。」
◇一緒に行きましょうよ。**だって**、一人で行くのは、怖いもん。

接続詞 なぜなら/なぜかというと

意　味 「その理由は…」などと説明調に理由を述べる硬い表現。後の文で前
の文の理由・原因を述べる。文末によく「から/ゆえ/ため/のだ」な
どと呼応する。

例　文 ◇この大学をやめておこう。**なぜなら**、英語の面接があるからだ。
◇和服を着る人が少なくなった。**なぜなら**、和服は値段も高いし、着
るのも大変だからだ。

接続詞 というのは/というのも

意　味 結論を先に述べ、その理由を付け加える表現。

例　文 ◇今年は例年よりビールがよく売れた。**というのは**、非常に暑い日が
続いたからだ。
◇秋の旅行ですが、私は 10 月がいいです。**というのは**、私の会社は
毎年 9 月がすごく忙しいんです。

接続詞 ゆえに/それゆえに

意　味 文語的表現。論文などで多く見られる。

例　文 ◇三角形の内側の角度を足すと 180 度になる。**ゆえに**、答えは 90 度
となる。
◇この二つの三角形は各辺の長さが等しい。**ゆえに**、この二つは合同
である。

接続詞 したがって

意　味 後の文で前の文から当然のこととして導かれることを述べる。書き言
葉的な硬い表現。

例　文 ◇A と B は等しい。B と C は等しい。**したがって**、A と C は等しい。
◇初級文法は外国語学習の基本になる。**したがって**、正確に身に付け
ることが大切だ。

接続詞	そのため/ために・その結果
意　味	「Aそのため B」で、「Aが原因となっていることを強調して、Bという結果が起きている」ことを表し、後の文で前の文が理由で起こった事実、結果を述べる。
例　文	◇山手線で事故が発生いたしました。**そのため**、電車の到着が大幅に遅れております。 ◇親からの送金だけでは学費や生活費が足りない。**そのため**、留学生はアルバイトをしなければならない。 ◇わずかな不注意から事故になった。**その結果**、大勢の人に迷惑がかかった。

接続詞	だから
意　味	前の事柄の当然の結果として後の事柄が起こった。後の事柄を強く述べる。
例　文	◇午後から雨らしい。**だから**、傘を持って行ったほうがいいよ。 ◇語学留学のビザは2年しか認められていない。**だから**、みんな必死で勉強する。

接続詞	それで
意　味	①「その理由で」「そういうことで」。「だから」より理由の表現としては弱い。「それで」の後には「〜たい」「〜てください」「〜てもらえませんか」などは来ない。後の文は過去形のことが多い。会話でよく使われる。
例　文	◇朝から頭が痛かった。**それで**、学校を休んだ。 ◇最近、仕事が忙しく寝不足気味です。**それで**、ついうとうとしてしまったんです。
意　味	②さらに、話を進めたり、話を変えたり、相手に情報を求めたりする。「で」とも言う。
例　文	◇A「彼は何も言わないで、帰ってしまった。」 　B「**それ**で、どうしました。」

接続詞	そこで
意　味	「Aの出来事を受けて、Bの行動を取る」ことを表し、後の文で前の文の事情に対応する意志的な行為を述べる。少し改まった表現。
例　文	◇夏は食品が傷みやすい。**そこで**、どんな食品が早く傷むのか調べてみた。 ◇薬屋で買った薬はほとんど効かなかった。**そこで**、インターネットでこの薬の情報を探した。

接続詞	それでは
意　味	相手の言葉を受けて、「そのような事情なら…」と後の事柄に続く。
例　文	◇A「明日、10 時ごろ、伺ってもいいですか。」 　　B「ええ、いいですよ。**それでは** 10 時にお待ちしています。」 ◇犬は、人間の友だちになりえる。**それでは**、猫は人間にとってどういう存在だろうか。

接続詞	それなら
意　味	相手の言葉を受けて、新たなことを提案する。会話でよく使う。
例　文	◇A「まだ熱があるんです。」 　　B「**それなら**、会社を休んでください。」 ◇A「パソコンを買おうと思っているんです。」 　　B「**それなら**、ABC 電気がいいですよ。安くて品揃えも豊富です。」

接続詞	すると
意　味	後の文で前の文の動作に導かれて起こった出来事を言う。
例　文	◇1 円玉を 5 枚水の中に入れてみた。**すると**、そのうち 2 枚は沈んだ。 ◇わからない部分があったので、本の著者に直接手紙を出した。**すると**、すぐに返事が来た。

✏ 言い換え・結論（前の事柄について言い換える、結論を言う）

接続詞	すなわち
意　味	前の事柄をほかの言葉で言い換えて説明する。
例　文	◇彼女の母の姉、**すなわち**、私のおばに当たる人だ。 ◇この食品は熱いお湯をかければすぐ食べられる。**すなわち**、インスタント食品である。

接続詞	つまり
意　味	前の事柄を結論的に言い換える。
例　文	◇ここでは優秀な選手を集めて指導している、**つまり**、英才教育を行っているのだ。 ◇H 氏は現在 96 歳である。**つまり**、日本人男性の平均寿命を大きく超えた年齢である。

接続詞	要するに
意　味	前の事柄の重要な点をまとめて言い換える。後の文で前の文章を要約して短く言う。

| 例　文 | ◇外国語の学習では慣れることがとても大切で、有効です。**要するに、**覚えた言葉はすぐ使ってみろということです。 |
| | ◇和食の料理はつけもの、おひたし、焼き魚、さしみ、煮物などである。どれも塩か醤油を使う。旅館の朝食には生たまご、のり、魚の干物などが出る。**要するに、**塩か醤油がなければ、日本の伝統的な食事ができないのである。 |

✍ 補足（前の事柄の不足を補う）

接続詞	**ただし**
意　味	前の事柄に対し、例外や注意など、説明を補う。少し硬い表現。
例　文	◇この試験の過去の問題は公表されている。**ただし、**一部だけである。
	◇授業中のスマホの使用は認めません。**ただし、**辞書機能としての使用は認めます。

接続詞	**ただ**
意　味	前の事柄を認めるが、問題点や不満などがあることを付け加える。
例　文	◇納豆は昔から日本人に親しまれてきた食品である。**ただ、**嫌いな人も多い。
	◇うちのボスは仕事がよくできるし、優しい。**ただ、**熱心なあまり完璧を求めるから、ときどき困るんです。

接続詞	**ちなみに**
意　味	前の事柄に関係のあることを参考に付け加える。「ついでに付け加えれば」。
例　文	◇趣味は自分で皿や茶わんを作ることです。**ちなみに、**そのカップも私が作りました。
	◇大学を卒業していなくても、社会で活躍している人は大勢いますよ。**ちなみに**私も大学中退です。

接続詞	**なお**
意　味	前の事柄を言い終えた後に、さらにほかのことを補う。前の文と関係ある情報を補足する。
例　文	◇合否については３月下旬に本人に郵送で通知する。**なお、**ホームページでも見ることができる。
	◇補助金を受ける人が月に１度報告書を出さなければならない。**なお、**その際、領収書を添付すること。

接続詞	もっとも
意　味	前の事柄に対し、条件や例外を補って、部分的に修正する。後の文で前の文から考えられることに誤解がないように補足する。
例　文	◇アンケート用紙を1200枚用意した。**もっとも**、前回の残りが300枚あった。 ◇参加者のうち83%の人がアンケートに答えた。**もっとも**、全問答えていない人が多かったが。

☞　話題転換（話題や状況を変える）

接続詞	さて
意　味	前の事柄が済み、新たな事柄に話題が移る。
例　文	◇これで今日のニュースは終わります。**さて**、明日の天気ですが、… ◇さあ、これで会議の資料、完成だな。**さて**、一杯、飲みに行くとするか。

接続詞	では
意　味	何かの初め・終わり・別れのときなど、区切りのときに言う。会話で多く使われる。
例　文	◇**では**、お元気で。さようなら。 ◇時間になりました。**では**、出発しましょう。

接続詞	それでは
意　味	前の事柄が終わり、次の段階に進む。
例　文	◇説明は以上です。**それでは**、試験を始めます。 ◇5時になりました。**それでは**、今日の練習はこれで終わりにしましょう。

接続詞	ところで
意　味	前の話題と少し違うことを提示するときに使う。会話でよく使う。
例　文	◇以上のように、調査には住民の協力が必要である。**ところで**、調査の結果は住民の暮らしにどう生かされるのだろうか。 ◇建設工事には以上のようにさまざまな問題があった。**ところで**、今、この工事のスタート時の社会環境を考えてみると、現在とは大きく違っていたことがわかる。

接続詞	それはそうと
意　味	続いていた話を中断して、別の思いついた話題に切り替える。会話で使う。

例 文	◇今年も暑いですね。早く涼しくなってほしいですよ。**それはそうと、**山田さんが結婚するそうですね。
	◇期末試験まであと２週間か…。頑張るしかないね。**それはそうと、**明日の花火大会、一緒に行かない？

接続詞	**それはさておき**
意 味	「それはそうと」よりやや改まった表現。
例 文	◇いろいろ話したいこともあるが、**それはさておき、**本題に入ろう。
	◇皆さんも携帯電話の画面ばかり見ないようにしてくださいね。**それはさておき、**前回の課題は用意してきましたか。

✍ 逆接・反対（前の事柄から予想される結果とは逆の結果になる）

接続詞	**けれども/けど**
意 味	①対照的な二つの事柄を述べる。
例 文	◇田中さんは俳優です。**けれども、**歌手でもあります。
	◇妹は結婚している。**けれども、**妹はまだ独身だ。
意 味	②前の事柄を認めながら、それと逆のことを述べる。
例 文	◇あの先生は優しそうに見えます。**けれども、**厳しいです。
	◇これは美味しいことは美味しい。**けれども、**ちょっと高い。
意 味	③前置きや話題の提示をする。
例 文	◇田中と申します**けれども、**岡崎さんはいらっしゃいますか。

接続詞	**しかし**
意 味	①対照的な事柄を述べる。
例 文	◇このテキストは少し難しい。**しかし、**非常に役に立つ。
	◇このはさみは、小さくたためて便利だ。**しかし、**取り扱いには注意が必要だ。
意 味	②前の事柄とは逆のことや、一部違うことを後で述べる。
例 文	◇１週間くらいのんびり旅行でもしたい。**しかし、**休みがとれない。
	◇30歳までに結婚はしたい。**しかし、**相手がいない。

接続詞	**しかしながら**
意 味	「しかし」と同じだが、文語的な表現。
例 文	◇日本は世界平和に貢献しているといえる。**しかしながら、**それをアピールする力が弱い。
	◇計画は予定通り進められている。**しかしながら、**住民の理解を十分得ているとは言えない。

接続詞	**ところが**
意　味	前の事柄から予想できないことが後に続く。「予想とは反対に」という驚きの気持ちを表す。後には、疑問・意志は来ない。
例　文	◇古い歌だから知っている人は少ないと思った。**ところが**、ほとんどの人が知っていた。
	◇いろいろ薬を試してみたが、一向に風邪が治らない。**ところが**、友達の勧める漢方薬を飲んでみたらすっかりよくなって、驚いてしまった。

接続詞	**それでも/でも**
意　味	①ある事柄を認めるが（A）、それに反する結果や意見を述べる（B）。
例　文	◇いろいろなやり方で試してみた。**それでも**、結果は同じだった。
	◇この商品はキャンペーン中だから2割引になる。**それでも**高くて買えない。
意　味	②相手の意見に反論したり、自分の意見に訂正を加える。
例　文	◇A「今、公衆電話ってほとんど見かけないね。」
	B「**でも**、病院にはあるよ。」
	◇A「タクシーで来たの？贅沢ね。」
	B「**でも**、遅れるよりましだろう？」

接続詞	**だって**
意　味	①相手の批判（「どうして…の？」）という疑問文の形が多い）に対して反論する。
例　文	◇A「どうして参加費を払わないの？」
	B「**だって**、今日までだなんて聞いてなかったんだよ。」
	◇母「どうして言われたことをすぐきちんとやらないの？」
	子「**だって**……」
	母「口答えしないの！」
意　味	②自分の主張に説明を加える。
例　文	◇この店、入る気がしない。**だって**、1時間待ちだよ。
	◇私、今日の集まりには出ない。**だって**、みんな何も発言しないからおもしろくない。

接続詞	**（それ）にもかかわらず**
意　味	前の事柄から当然予想される結果にならない。硬い表現。
例　文	◇お年寄りが目の前にいる**にもかかわらず**、誰も席を譲らなかった。
	◇東京に長年住んでいる。**それにもかかわらず**、東京タワーへ行ったことがない。

接続詞	（それ）にしても
意　味	「AそれにしてもB」は、Bは、Aから予想されていることと同じ方向で、程度が大。Aの事柄を認めながら、否定的な意見や疑問を述べる。
例　文	◇日本に5年住んでいる**にしても**、日本語がうますぎだろう。 ◇帰宅が遅くなるとは聞いていた。**それにしても**遅すぎないか。もう12時だ。

接続詞	（それ）にしては
意　味	「Aそれにしては B」は、Bは、Aから予想されていることと違う方向に程度が大。BでAから考えて当然ではないこと、不釣り合いなことを述べる。「それにしちゃ」とも言う。
例　文	◇日本に10年住んでいる**にしては**、日本語がうまくないね。 ◇ここは有名な観光地だと聞いている。**それにしては**、観光客が少ない。

接続詞	（それ）なのに/それを
意　味	前の事柄から当然予想される結果と反対のことが起きる。不満や驚きを表す。
例　文	◇来週、試験でしょ？**それなのに**、遊んでいていいの？ ◇もう四月だ。**それなのに**、まるで冬のような寒さだ。 ◇君は要らないと言った。**それを**、今頃返せだなんて。 ◇部下「課長、W社から納期を1週間早めてほしいという連絡があったんですが。」 　課長「え、納期の日程を設定したのはあっちだろう。**それを**、納期まで2週間の今になって、早めろと言うなんて勝手すぎる。どういうことなんだ。」

接続詞	（とはいう）ものの
意　味	ある条件が成立しているが（A）、その後が続かない（B）という状況を表す。
例　文	◇パソコンは買った**ものの**、使い方が分からず、そのままにしてある。 ◇クリスマスが近い**ものの**、恋人がいない私にとってはどうでもいい。

接続詞	ものを
意　味	話し手の希望（A）を述べた後、そうならなかった不満の気持ち（B）を述べる。
例　文	◇分からないならそう言ってくれればいい**ものを**、何も言わないから、こんなことになるんだ。 ◇そんなに悩んでいるなら相談に乗ってあげた**ものを**…。かわいそう

に一人で悩んでいたんだな。

接続詞	（だ）からといって
意　味	前の事柄を理由に、後の事柄は成立しない。後の文で前の文の理由から当然考えられることを否定する。
例　文	◇読点（、テン）のつけ方は人によって違う。**だからといって**、全く規則がないわけではない。 ◇タバコは体によくないことは明らかだ。**だからといって**、法律で禁止できるだろうか。

接続詞	といっても
意　味	後の文で前の文から予想されることと違う程度や実情を述べる。
例　文	◇来年この会の規則が変わる。**といっても**、「会費」の部分が変わるだけだ。 ◇体重が２キロ減った。**といっても**、何かダイエットをしたわけではない。

接続詞	（その）くせ（に）
意　味	前の事柄（A）から考えると変だと思われるようなこと（B）が後に続く。話し手の非難の気持ちを含む。
例　文	◇あの人は社長でもない**くせに**偉そうな言い方をする。 ◇彼は知らない**くせに**知ったようなことばかり言う。

接続詞	（だ）が
意　味	①前の事柄（A）からは想像できないような結果（B）が後に続く。
例　文	◇徹夜して復習したん**だが**、元のままで成績が上がらなかった。 ◇何度も確認しました**が**、ミスプリントには誰も気がつきませんでした。
意　味	②対照的な事柄を述べる。「しかし」より硬い表現。
例　文	◇人間の手仕事は機械より能率が悪い。**だが**、機械にはない温かさがある。 ◇ここは夏は涼しくて、避暑地として最高だ。**が**、冬は生活するには厳しい。

接続詞	確かに…。しかし・だが
意　味	あることを前の文で認めておいて、後の文でそれに逆らう内容を言う。
例　文	◇**確かに**この商品はいい。**しかし**、値段が高すぎる。 ◇**確かに**人間の生活は便利になった。**だが**、便利すぎて心配になるときもある。

新版・文法必携バイブル N1
完全制覇文型集

2023 年 4 月 10 日　初版発行

監　　修　　高見澤孟
著　　者　　郭冰雁 ＋ 雍婧

定　　価　　本体価格 2,600 円＋税
発 行 所　　株式会社　三恵社
　　　　　　〒462-0056 愛知県名古屋市北区中丸町 2-24-1
　　　　　　TEL 052-915-5211　　FAX 052-915-5019
　　　　　　URL http://www.sankeisha.com